珍藏版

中华上下五千年

三读国学馆 ○ 编

2

东周：战国
秦朝、汉朝
三国

线装书局

第4章 东周：战国

东周从公元前770年开始，到前256年为止，虽在截止时间的划分上有所出入，但历史上大致默认春秋之后，就是东周的后半期——战国时代（前475—前221年）。这个时代，各国连年征战，在军事、政治、外交各方面斗争十分激烈。最为突出的是齐、楚、燕、韩、赵、魏、秦七个诸侯强国，故这七个诸侯国被称为"战国七雄"。由于秦国的商鞅变法发挥了富国强兵的重要作用，秦国终于后来者居上，逐一灭掉了其他六国，结束了战国纷争的局面，完成了统一大业。

三家分晋

春秋晚期晋国由赵、韩、魏、智、范、中行六卿专权。到了晋出公的时候，历史已进入了战国时期。这时掌握晋国实权的是赵襄子、韩康子、魏桓子和智伯（？—前453）四个卿大夫。

晋出公见四卿的权力太大，自己倒成了他们的傀儡，心中很不情愿，就秘密派人向齐、鲁两国借兵，想消灭四卿。哪知齐、鲁两国出卖了他，不但没有借兵，反而将消息告诉了智伯。智伯就和另外三卿共同出兵将出公赶了出去，另立晋昭公的曾孙为国君，这就是晋敬公。

智伯带头赶走了出公，敬公则完全掌握在他的手中。于是，他的野心越来越大，想独占整个晋国。一日，智伯召集他的亲信秘密商议这件事，谋士绨疵说："想达到目标,先要削弱三家的力量。"

智伯问:"怎么个削弱法呢?"

𫄧疵献计说:"现在东南方的越国势力越来越大。我们就假传敬公的命令,说是为了与越国争霸,让三家各献出一百里土地充作军饷。如果他们同意,我们白得三百里土地;如哪家不同意,就出兵攻打哪家。这办法叫作'吃水果先削皮'。"

智伯觉得这个办法不错,就让自己的兄弟智开去通知三家割地。韩康子听了,心中十分恼火:明明是你智伯这老狐狸敲诈勒索,还要打着敬公的名号!他正要发兵对抗,被手下的谋士段规劝住了:"我们和他硬拼不合算,不如先给他土地,等他再向赵、魏两家要。赵、魏两家要不乐意,与智伯打起来,我们就能坐收渔翁之利。"韩康子采纳了段规的意见,将一百里土地割让给了智伯。

魏桓子见韩康子没有抵制,也装傻卖乖,将自己的一百里土地给了智伯。

只有赵襄子不肯割地,他说:"土地是祖先传下来的,怎能随便割让?让韩、魏去讨好智伯吧!"

智伯大怒,就让韩康子、魏桓子与他共同出兵去讨伐赵襄子,并且与两家约定,灭赵后,赵氏的土地由他们三家平分。

赵襄子见三家人多势众,就听从了谋臣张孟谈的建议,撤至晋阳(在今山西太原西南)据守。晋阳是赵氏的封地,城池经赵氏几代人的修筑,十分牢固,粮草储备也很充足。更重要的是,城内的百姓抵抗进攻、守住家园的士气很高。但是有一个问题使赵襄子着急起来:由于撤走时仓促,所带武器太少,剑戟弓箭十分缺乏,而此时城已被围,这些东西根本无法从外面取得。赵襄子急得团团转,还是张孟谈沉着,他到城内的百姓家中去了解情况,请大家出谋划策,最后终于找到解决的办法:将城内宫室大殿里的大铜柱锯下来铸剑戟和箭头;扒开宫室的内墙,墙里面都是荆条、苇秆,正好拿来做箭杆。这样,武器问题也解决了。军民同心守了一年多,智伯等三家还是攻不破晋阳城。

智伯见一直相持不下,便想出了一条毒计:将晋水上游离城十里处截断,筑堤围坝蓄水,再待雨季一到,开始放水淹掉晋阳。主意已定,他立即命令军士动工。为了使自己的围城军队免遭水淹,他又下令在军营外面筑防水堤坝。这个计划,他也同时告知了韩、魏两家的军队。

果然,一个月后,雨季到来,晋水猛涨,又被堤坝截住,水位一下子超过了晋阳城。智伯一声令下,掘开堤坝,大水随即猛扑城内。虽然晋阳城墙坚固,尚未被冲毁,但老百姓的房屋经水一泡,纷纷倒塌,连煮饭的锅灶也没处安了。人们只好躲到地势高的地方避难。

晋阳城危在旦夕。赵襄子急得如热锅上的蚂蚁,谋臣张孟谈让赵襄子赶紧打造船筏,准备水上作战,而自己则从东门缒城而下,径直到韩军大营内去见韩康子,对他说:"我们都是晋国的卿大夫,智伯的野心是要吞并整个晋国,唇亡齿寒,我们赵氏灭了,就会轮到你们的。"

韩康子被说中了要害,想了一会儿,问张孟谈:"那怎么办?"

张孟谈说:"依小臣愚见,不如我们三家联合起来,去攻打智氏,以消除后患。从今以后我们三家太太平平过日子。"

韩康子一时拿不定主意,就让张孟谈留在营内,决定第二天去和包围南门的魏桓子商量一下。刚好,第二天智伯邀韩、魏两家到龙山,他们一边查看水情,一边喝酒。喝到兴头上,智伯得意地指着晋阳城说:"我现在才知道水也可以灭亡一个国家。"说完,又看着韩康子和魏桓子说:"你们的绛水和汾水恐怕也保不了平阳(在今山西临汾西南)和安邑(在今山西夏县西北)吧?"

平阳和安邑分别是韩、魏两家封地的城池,智伯的狼子野心昭然若揭。魏桓子用手肘碰碰韩康子,韩康子用脚踩踩魏桓子,两人都敢怒而不敢言。席散之后,韩康子将魏桓子约到自己的营中,将张孟谈请了出来,三人一拍即合,在韩康子营中歃(shà)血为盟,商定共同攻打智伯。

第二天半夜,韩、魏两家派军队杀掉智伯守坝的士兵,从西边掘开堵住晋水的堤坝,大水向智伯的军营冲去。智伯军中大乱。待智伯从睡梦中惊醒,水已漫到了他的床边,几个亲信赶忙将他扶到木筏上。智伯回头一看,自己营内的粮草、兵器漂荡一空,营中军士,正在滚滚波涛中挣扎沉浮。智伯还未醒过神来,只听得鼓声震天,韩、魏两家军队乘着水势从小舟上杀来。智伯无力抵抗,急忙带几名随从改乘小舟向龙山背后逃去,刚转出山口,赵襄子和张孟谈引赵家军队突然从山后杀出。赵襄子没费多大力气,就将智伯活捉了。

到第二天天明,智伯的军队全军覆没。赵襄子将智伯斩首,并且与韩、魏两家率军回到晋都绛城,以叛逆的罪名将智伯满门抄斩。智氏的土地,由三家平分。

公元前403年,晋国的韩、赵、魏三家的继承人韩虔、赵籍、魏斯各派使者去向周威烈王要求独立封侯。周王室实际上早是个空架子了,因此只得照他们的意思分别册封他们为韩侯、赵侯、魏侯。于是三家分别定都建国,晋国从此便不存在了。

田氏代齐

田氏,原是妫姓陈国(今河南淮阳)的后裔。齐桓公时期,陈国发生内乱,嫡庶争立,陈太子御寇被杀,公子完奔齐。齐桓公于是任命陈公子完为工正,掌管百工。陈公子完的后代,又称田氏,在齐国发展起来。当时有卜辞预测:"凤凰于飞,和鸣锵锵。有妫之后,将育于姜。五世其昌,并于正卿。八世之后,莫之与京。"

陈公子完初到齐国,非常谨慎。齐桓公宴请公子完饮酒,到了晚上,齐桓公欲点上蜡烛夜饮,公子完说:"臣曾进行占卜,卜辞只说白天饮酒吉祥,并没有卜晚上饮酒的吉凶。"齐桓公只好作罢。这件事表现公子完的明理与沉稳,他不想引导齐桓公酗酒作乐,深恐齐桓公因作乐误了国事。

公子完的后裔陈文子在齐国也是一直谨慎处事。公元前546年,诸侯公盟,盟约规定:齐作为一个比较大的国家,可以不朝楚,但没有说不朝晋。因为齐在与晋的多次较量中皆以失败告终,不得已才承认了晋国的盟主地位。庆封专政时期,对晋国态度非常傲慢,不派使者到晋国朝聘,而陈文子却认为:"齐国力量弱小,不能与晋抗衡,朝聘晋国是理所当然的。"这些表现了陈文子谙明事理的理智态度。当庆封在齐国受到激烈反对时,陈氏是推翻庆封的大家族之一。在斗争中,陈氏又是掩护齐景公的功臣。从这以后,陈氏在齐国政坛上平步青云,扶摇直上。

齐景公(?—前490)是一个非常昏庸的国君。他执政时期,筑高台深池,歌舞升平,征敛无度,老百姓三分之二的收入被官府搜刮,聚敛的财货在府库中朽烂,而齐国人民饥寒交迫;刑罚苛重,人民动辄被砍去双脚,齐国的集市中,买假足的人很多,而买鞋子的人很少,说明齐国被砍去双脚的受刑者是很多的。

齐景公大肆搜刮民财的时候,在齐国初露头角的陈氏家族趁此机会赶紧收买人心。齐国用以称量粮食的量具有四个单位：豆、区(ōu)、釜、钟。四升为豆,四豆为区,四区为釜,十釜为一钟。而陈氏自家的量具则是五升为豆,五豆为区,五区为釜,十釜为一钟。陈氏自家量具比齐国公室量具要大得多。陈氏向齐国百姓以自家的大量具向外借贷,而以齐公室的小量具收回；陈氏把山上的木材运到集市上出售,价钱与山上的木材一样,不加运费；鱼盐之类的海产品在市场出售,亦不加运费。陈氏的这些做法与齐景公的聚敛搜刮形成鲜明的对比。史书上记载,齐国人对陈氏爱之如父母,归之如流水。陈氏得到齐国百姓的拥戴,迅速地发展壮大。

陈氏以厚施于民的方式,得到了齐民的支持,然后又开始以计谋剪灭齐国的大族。齐国的一些世袭大族亦是齐国的支持者。陈桓子首先拉拢鲍氏,诈称支持齐景公的子雅、子尾二家欲攻陈、鲍二家。其实子雅、子尾正在饮酒,毫无准备,陈氏就说："就算他们没有准备攻伐我们两家,但如果今后他们知道了我们去攻他们了,能与我们善罢甘休吗？"于是陈、鲍二家先下手为强,攻灭了子雅、子尾二家。齐景公死后,晏孺子即位。陈乞(陈桓子之子)又发动齐国的大夫攻伐齐国重臣国氏、高氏,从而杀了高昭子,逼走了国惠子,齐国国君晏孺子奔鲁。陈乞派人召回了逃奔在鲁的齐公子阳生,立他为傀儡国君,这就是齐悼公。紧接着,陈乞又以鲍氏叛君为借口,杀掉了鲍牧。这时,齐国的大族一个个被消灭,大权完全掌握在了陈氏手中。

齐悼公即位四年之后被弑,其子壬即位,这就是齐简公。齐简公对陈乞怀着极大的戒心,依靠阚止执政,疏远陈氏。这时陈乞已死,其子陈常继立。陈常发动兵变,杀死齐简公。陈常又立简公的弟弟骜为国君,这就是齐平公。陈常自以为是,专擅齐国之政。他为了扩大自己的势力,把齐国自安平(在今山东淄博市临淄区东北)以东直至琅琊(今山东青岛市黄岛区琅琊台遗址)的土地割给自己作为封邑。自齐国国都以东,直到海边的广大沃野,全部归陈氏所有。陈氏所控制的地盘大于齐公室控制的土地。自齐平公时,陈氏在齐国被称为田氏,故陈常又称为田常、田成子。田常为了更快地夺取齐国,对齐平公说："赏赐,人人皆喜,请您执掌赏赐事宜；刑罚,人人皆恨,让我来执掌刑罚。"这样田常攫取了齐国的刑罚大权,尽诛齐国大族。

齐平公在田常的摆布下,不敢有任何反抗,在位二十五年去世。其子积立,这就是齐宣公。田常的儿子田襄子、孙子田庄子相继为齐宣公的相。齐宣公在位五十一年去世。齐宣公死后,其子贷立,这就是齐康公。这时的田氏连这个傀儡国君也不能忍受了。田庄子的儿子田和将齐康公迁到海岛上,给了他一个封邑,以奉其祖先的祭祀。姜氏政权彻底覆灭。田氏乃自立为齐君,仍定国号为齐,史称齐太公。

公元前386年,齐太公与魏文侯会于浊泽(在今河南新郑市西南)。这时,韩、赵、魏三家已经分晋,并得到周天子的承认。太公和于是求魏文侯向周天子说情,让他承认田和为诸侯国君,周天子答应了这件事。从此,田和正式成为诸侯国君。田氏贵族代替了姜姓贵族的统治,完成了田氏代齐的大业,齐国的江山从此改姓。

吴起的故事

吴起(?—前381)生于战国初期,卫国人,家境富有,少年时就渴望做官,因此到处交友找机会,然而始终没有如愿,而家产却被他挥霍殆尽,他的亲戚邻居都讥笑他,吴起一怒之下,拔剑杀了三十几个讥笑他的人。吴起杀了人,自知犯了法,便开始逃亡。吴起的母亲舍不得儿子从此漂泊天涯,偷偷地把吴起送到城门外,心里感到无限悲痛。吴起见母亲如此悲伤,便对母亲说:"我不是不成材的人,我发誓如果不能做到卿相,绝不回卫国。"

吴起离开卫国,便投拜到曾子门下求学。不久,吴起的母亲病死,吴起想到和母亲临别时的誓言,竟不肯回卫国奔丧。这件事不但没有得到吴起的朋友们的谅解,连曾子也大不高兴,认为吴起不孝,不许吴起在自己门下继续求学。

吴起被迫离开后,便到鲁国学习兵法,同时在鲁国谋到一个官职。有一年,齐国要攻打鲁国,鲁国的国君想任用吴起做大将以抵抗齐国。这时,有个鲁国人向鲁君告密,说吴起的妻子是齐国人,恐怕吴起会暗中勾结齐国。鲁君听到这个消息,心里也很怀疑他,便把任命吴起为大将的事搁置了下来。

吴起在家里左等右等，不见鲁君发布命令，十分着急，一打听，才知道鲁君怀疑自己会和齐国勾结，为了表明自己对鲁国忠贞不贰，和齐国绝无瓜葛，吴起竟然杀了自己的妻子。

鲁君得知吴起杀了妻子，就任命吴起为大将，领兵和齐国作战。吴起由于善于用兵，竟把齐国打得大败。

鲁国刚获得胜利，便有人向鲁君报告说："鲁国是一个小国，现在竟然打了胜仗，名声高起来以后，我怕其他各诸侯国联合起来共同图谋鲁国。"鲁君是个懦弱无用之人，听了也很害怕，就告诉得胜回来的吴起说鲁国不想再打仗，也不再想重用吴起了。

吴起为鲁国效劳，换来的却是这样的结局。吴起伤心地离开鲁国，听说魏文侯礼贤下士，便投靠魏文侯去了。

魏文侯正在积极地整顿军队，知道吴起是有才能的人，于是立刻任命吴起为将。吴起受命以后，一方面训练士卒，一方面策划战略。不久，他便发动了攻击秦国的战争，不但击败秦国，还夺得了秦国的五座城邑。

吴起善于带兵，他身为大将，却和最低等的士兵一同吃饭，穿同样质料的衣服，晚上睡觉不睡床，平时行走不骑马，行军时也亲自带干粮，这种和士兵共甘苦的做法，让士兵们很感动，他们都自愿以死效命。

有一个士兵身上长了疮，生了脓，吴起亲自去看这个士兵，还用嘴为这个士兵吸脓。这个士兵的朋友把这件事告诉了士兵的母亲。士兵的母亲听完之后，便号啕大哭起来，士兵的朋友感到很奇怪，问道："你的儿子只是一个小兵，将军肯亲自为他吸脓，这是光荣的事，你哭什么？"

"你不知道哇！"士兵的母亲边哭边说，"从前我的丈夫在军中也生过疮，吴将军也曾为我丈夫吸过脓，我丈夫感激得不得了。等到病好了，他每次打仗都奋不顾身，他是要报答吴将军，后来我丈夫就死在了战场上。现在，吴将军又替我儿子吸脓，我儿子一定也会肝脑涂地以报答吴将军，看来我儿子是死定了，我怎能不哭呢？"

看到吴起善于用兵且能和士兵同甘共苦，魏文侯便任用他为西河守（西河是地名，守是官职，类似司令长官），以阻挡秦国东进。

不久，魏文侯死了，他的儿子武侯即位。武侯任用公叔痤为宰相。公叔痤没有什么才能,因为娶了魏文侯的女儿为妻,所以才做了高官。公叔痤对吴起又怕又妒,便设计要害吴起。

有一天,公叔痤对魏武侯说:"吴起有了不起的才干,我们魏国靠了他才能抵挡住秦国的进攻。可是,我们魏国国土太小,我怕吴起没有长久留在魏国之心。"

"不错。不过,那又有什么办法呢?"魏武侯忧郁地说。

"我有一个主意。"公叔痤说,"大王不妨告诉吴起,愿意把另一个公主嫁给他,他如果接受,就表示有意长久留在魏国;如果不答应这桩婚事,就表示他无意留在魏国。"

"你的主意很好,那你就召吴起入京吧!"魏武侯说。

公叔痤立刻写信召吴起入京。吴起一到京,公叔痤便把吴起请到自己家里吃饭。在吴起来之前,公叔痤先激怒了妻子(魏国公主),所以当吴起到公叔痤家时,公主盛怒未息,当着吴起的面,羞辱公叔痤,吴起看了,心里很不是滋味。

第二天,吴起进宫,魏武侯向吴起提起这婚事,表示想把公主嫁给吴起。吴起想起了昨天的一幕,公叔痤身为魏国宰相,公主竟敢当众羞辱他,可见公主的气焰实在太高了,虽然魏武侯要嫁的是另一位公主,但是那公主高傲泼辣的性格恐怕是一样的,自己岂不是活受罪。

于是,吴起婉拒了婚事,因为这件事,魏武侯对吴起产生了猜疑之心。吴起感觉武侯对他愈来愈不信任,心里很害怕,便离开魏国,投奔到了楚国。

楚悼王早就听说吴起的才能,就任命吴起为宰相。吴起担任楚国宰相以后,便着手进行改革,把法令修改得更合理,裁减许多闲着没事干的官吏,训练军队,安抚百姓,经过几年,楚国便强盛起来了。然而,楚国许多贵族却十分厌恶吴起,因为吴起把他们许多既得的利益剥夺了。不久,楚悼王去世,楚国的贵族们联合起来作乱,吴起被杀死了。

西门豹治邺

战国时期,魏国有一位著名的政治家叫西门豹(生卒年不详),他聪明能干,深得魏文侯的信任。魏国有个城池叫邺(在今河北临漳县西南),是军事重地,魏文侯任命西门豹为邺的最高行政长官——县令。西门豹到邺上任,只见田地荒芜,人烟稀少,一片荒凉的景象,他就把当地父老请来,询问原因。父老们告诉他,每到夏天,漳河都要发大水,当地人们传说,只要主管漳河的水神河伯每年娶一位漂亮姑娘,他就能保佑邺风调雨顺,不然的话,他就兴风作浪。因为这件事而家破人亡的不在少数。

原来,河伯娶媳妇是当地民间的一种宗教仪式,后来被邺地的三老、廷掾(地方官)利用,成了他们敛财的工具。他们常年向百姓征收赋税,收取的钱达数百万之多,他们用其中的二三十万为河伯娶媳妇,再同庙祝、巫婆一同瓜分其余的钱,占为己有。

仪式期间,巫婆四处巡视,见到贫苦人家的女儿有长得漂亮的,就让她做河神的媳妇,强行下聘礼将她娶走,为她洗澡沐浴,又给她宰牛造酒准备饭食,折腾十几天。日子到了,就弄来一张席子,让女孩坐在上面,放到河中漂行,漂流几十里就沉没了。那些有漂亮女子的人家,害怕大巫师替河神娶他们的女儿,因此大多带着女儿远远地逃离了。所以城里越来越空,人越来越少,也越来越贫困了。巫师们在民间放出话来,说:"假如不给河伯娶媳妇,河伯就要引发洪水,大家一起遭殃。"

西门豹听说之后很生气,因为这明显是有害无益的迷信。他表面上装作很感兴趣的样子说:"等到为河伯娶媳妇时,三老、巫婆、父老们到河边去送新娘,也希望来告诉我一声,我也要去送新娘。"

到了那一天,西门豹到河边同大家相会。三老、官吏、豪绅以及乡间的父老们都到了,连同观看的百姓共两三千人。那个大巫师原来是个七十多岁的老太婆,随从的女弟子有十几个。

西门豹说:"叫河伯的新媳妇过来,我要看看她美不美。"巫婆们就将新娘从帐子里扶出,来到西门豹面前。西门豹看了看,回头对三老、巫婆及父老们说:"这个女孩不漂亮,烦劳大巫婆到河中报告河伯,需要调换一个漂亮女孩,改天送她来。"不由分说,就让士兵把大巫婆扔进河里去了。

过了一会儿,西门豹说:"大巫婆怎么一去这么久,还不回来呢?派一个徒弟去催促她一下。"于是又把一个徒弟投进了河中。过了一会儿,又说,"徒弟怎么还不回来呢?再派一个人去催促她们!"士兵就又把一个徒弟投进河里。总共投进河里三人。

西门豹又说:"方才这几个都是女人,一点事也不会办,烦劳三老替我去禀告河伯。"又把三老投进了河里。西门豹面对河水站着等了很长时间,长者、官吏和豪绅等都非常害怕。

西门豹回头说:"巫婆、三老不回来,怎么办?"想再派廷掾和一个豪绅进去催促他们。廷掾和豪绅都跪在地上磕头,把头都磕破了,血流在地上,脸色如死灰一样。西门豹说:"好吧,暂且等一会儿。"过了一会儿,西门豹说,"都起来吧。看情景河神留客太久了,你们都回家吧。"邺的官吏和豪绅都很害怕,从此以后,再也不敢说替河伯娶媳妇了。

这个故事虽然残酷却引人发笑,司马迁在编写《史记》的时候,把这段故事编进了《滑稽列传》。

后来,西门豹从兴修水利入手。他发动群众在漳河两岸挖了十二道水渠,不但免除了水涝灾害,而且使人们能够引漳河水灌溉农田,促进了农业生产的发展。直到现在,河北还有"西门豹渠"遗址。

商鞅变法

战国时期，秦孝公即位以后，决心改革，变法图强，于是下令在全国寻访有才能的人，以重振秦穆公时代的霸业，向东收复失地，称霸天下。他找了很久，终于找到了一个合适的人才，就是商鞅（约前390—前338）。

商鞅，原名公孙鞅，是卫国人，所以又叫卫鞅，年轻时就喜欢法家的理论，他听说秦孝公寻找人才，就依靠孝公的宠臣景监求见孝公。

孝公召见商鞅，商鞅跟他谈了很长时间，孝公一边听一边打瞌睡，一点也听不进去。事后孝公迁怒于景监，说："你的客人是大言欺人的家伙，这种人怎么能任用呢！"

景监责备商鞅，商鞅说："我用三皇五帝的治国方法劝说大王，既然他听不进去，那我换一套说辞好了。"

过了几天，景监又请求孝公召见商鞅。商鞅再见孝公，孝公感觉比前一次好多了，可是仍然不算明白。事后孝公又责备景监，商鞅说："我用夏商周三代的治国方法劝说大王，既然他还是听不进去，我再换一套说辞，他一定感兴趣。"

商鞅又一次见到孝公，给他讲春秋五霸治理国家的策略。孝公这次明显感兴趣了，可还是不太满意，他对景监说："你的客人还算不错，我可以和他谈谈了。"

景监告诉商鞅，商鞅说："这次我知道该说些什么啦。"于是又见到了孝公。这次孝公跟他谈得非常投机，并且决定任用他了。原来，商鞅这次把什么仁义道德全部撇开不谈，专讲利用权术和计谋的方法，正好符合秦孝公的胃口。

孝公任用商鞅后不久，打算变更法度，又怕天下人议论自己。商鞅说："决策犹豫不决，就不会搞出名堂；办事犹豫不决，就不会成功。圣人只要能够使国家强盛，就不必沿用旧的成法；只要能够利于百姓，就不必遵循旧的礼制。"

接着，商鞅在朝堂上与两个反对变法的大臣甘龙和杜挚辩论，秦孝公认为商鞅说的话更有道理，于是任命他为左庶长，让他开始主持变法。

商鞅的变法主要包括：第一，什伍连坐制。把十家编成一什，五家编成一伍，互相监视检举，一家犯法，十家连带治罪。不告发奸恶的处以腰斩的刑罚，告发奸恶的与斩敌首级的人同样受赏，隐藏奸恶的与投降敌人的人受同样的惩罚。一家有两个以上的壮丁而不分居的，赋税加倍。

第二，军功授爵制。有军功的人，各按标准升爵受赏。为私事斗殴的，按情节轻重分别处以不同的刑罚。王族里没有军功的，不能列入家族的名册。

第三，奖励农耕。那些致力于农业生产，让粮食丰收、布帛增产的百姓，免除自身的劳役或赋税以示奖励；因从事工商业及懒惰而贫穷的，把他们的妻子全都没收，充为官奴。

第四，明确尊卑爵位等级。人民各按等级差别占有土地、房产，家臣奴婢的衣裳、服饰，由各家爵位等级决定。有军功的显赫荣耀，没有军功的即使很富有也不能显荣。

新法制定好后，还没公布，商鞅怕百姓不相信，就在国都的南门竖起一根三丈长的木头，宣称："百姓中谁能把木头搬到北门就赏十金。"百姓觉得这件事奇怪，怕不靠谱，没人敢动。商鞅见无人敢搬，又宣称："能把木头搬到北门的人赏五十金。"有一个人抱着试试看的态度把木头搬走了，商鞅当即就给了他五十金，以借此表明令出必行，绝不欺骗。

新法在民间施行了整一年，秦国诉说新法不方便的老百姓数以千计。正当这时，太子触犯了新法。商鞅说："新法不能顺利推行，是因为上层人触犯了它。"本来应该对太子施以刑罚，考虑到太子是国君的继承人，施加刑法不利于他将来治理国家，于是就对他的老师公子虔和公孙贾处以刑罚。

秦国人看到太子的老师都被处了刑，不敢不照办，也没有人再敢阻碍新法推行了。新法推行了十年，城里路不拾遗，山林里也没了盗贼，家家富裕充足，人们勇于为国家打仗，不敢为私利争斗，乡村、城镇秩序安定。

当初说新法不方便的秦国百姓又来说法令方便，商鞅说："法律的好坏不是你们可以讨论的，只要照着做就行了，说新法好的人和说新法坏的人一样是扰乱教化的刁民。"于是下令把他们全部迁到边疆去了。此后，百姓中再没人敢议论新法了。

公元前350年，秦国把国都从雍地（在今陕西凤翔县）迁到咸阳，又颁布了一些新法:下令禁止百姓中父子兄弟同居一室;把零星的乡镇村庄合并成县,设置县令、县丞,全国总共合并划分为三十一个县;废除井田制,重新划分田地的界线,鼓励开垦荒地,承认土地私有,允许买卖土地;按土地多寡征收赋税;统一全国的度量衡;焚诗书,禁止游说,制定秦律。

公元前342年,周天子把祭肉赐给秦孝公,各国诸侯都来祝贺。

公元前341年,齐国军队在马陵打败魏军,俘虏了魏国的太子申,射杀将军庞涓。第二年,商鞅劝孝公说:"秦和魏是争霸的关系,不是魏国兼并秦国,就是秦国吞并魏国。如今秦国繁荣昌盛,而魏国被齐国打得大败,这可是我们挥师东进,争霸天下的好机会呀!"

于是秦孝公派商鞅率领军队攻打魏国。魏国派公子昂领兵迎击。两军对峙,商鞅利用自己跟公子昂过去的关系把他骗来会见,趁机把他抓住,打垮了魏军,押着公子昂班师回国。魏惠王无奈之下,派使者割让河西地区献给秦国作为媾(gòu)和的条件。商鞅打败魏军回来以后,秦孝公把商(今陕西商洛市东南)一带的十五个城池封给了他,封号叫作商君。

后来秦孝公去世,太子即位。因为太子和商鞅有仇,就派人去逮捕商鞅。商鞅逃到边境关口,想住旅店。旅店的主人不知道他就是商鞅,说:"商君有令,住店的人没有证件而住店,那店主要连带判罪。"商鞅长长地叹息说:"唉!想不到制定新法到头来居然苦了自己!"他离开秦国潜逃到魏国,魏国人怨恨他欺骗公子昂而打败魏军,拒绝收留他。

商鞅打算到别的国家,魏国人不允许并把他抓起来送回秦国。商鞅回到秦国后,潜逃到他的封地,便立即和他的部属发动邑中的士兵,向北攻击郑国谋求生路。秦国出兵攻打商君,把他杀死在了渑池(在今河南省)。秦惠王把商君车裂而后示众,说:"今后谁都不要像商鞅那样做谋反之事!"之后又诛灭了他的全家。

商鞅虽然死了,但他的新法已在秦国民众中扎下了根。他的变法为秦国迅速崛起并最终统一六国,打下了坚实的基础。

孙膑、庞涓斗智

孙膑（生卒年不详）出生在阿城（在今山东阳谷县东北）、鄄（juàn）城（在今山东鄄城县北）一带，是孙武的后代。孙膑曾经和庞涓（？—前341）一起学习兵法，民间传说他俩是鬼谷子的学生。

庞涓在魏国做事以后，当上了魏惠王的将军，他自认为才能比不上孙膑，便暗中派人把孙膑找来想要除掉他。孙膑到了魏国，庞涓就假借罪名砍去他的膝盖骨，并在孙膑脸上刺字，让他成了废人，并把他看守起来，想让他永远不为世人所知。

齐国使者到大梁来，孙膑以刑徒的身份秘密拜见，齐国使者觉得此人不同凡响，就偷偷地用车把他载回了齐国。齐国将军田忌赏识他，把他当作上等的宾客对待。

田忌经常与齐国诸公子赛马，赌注很高。孙膑发现他们的马脚力都差不多，可分为上、中、下三等。于是孙膑对田忌说："您只管下大赌注，我能让您取胜。"

田忌相信并答应了他，与齐王和诸公子用千金来赌马。比赛即将开始，孙膑说："现在用您的下等马对付他们的上等马，拿您的上等马对付他们的中等马，拿您的中等马对付他们的下等马。"三场比赛完后，田忌第一场大败而后两场完胜，在马场上大赢特赢。于是田忌把孙膑推荐给齐威王。齐威王向孙膑请教兵法后，也觉得他很有才能，就把他当作老师来看待。

后来魏国攻打赵国，赵国形势危急，向齐国求救。齐威王打算任用孙膑为主将，孙膑辞谢说："受过酷刑的人，担任主将对士气不利。"于是就任命田忌做主将。孙膑则作为军师，坐在带篷的车里，暗中谋划。

田忌想要率领救兵直奔赵国，孙膑说："想解开乱丝，不能生拉硬扯；解救斗殴的人，不能卷进混战。如今魏赵两国相互攻打，魏国的精锐部队必定在国外精疲力竭，老弱残兵在国内不堪一击。不如率领军队火速向魏国的都城大梁挺进，魏国肯定会放弃赵国而回兵自救。这样,我们一举解救了赵国之围,顺便可以截断魏国军队的归路。"

这就是著名的"围魏救赵"之计,孙膑利用了魏国边境缺乏天险,容易进军的弱点。田忌听从了孙膑的意见,魏军果然离开邯郸回师,在桂陵(今河南长垣县西北)这个地方与齐军交战,魏军被打得大败。

又过了很多年,魏国与赵国联合攻打韩国,韩国向齐国求救。齐国派田忌率领军队前去救援,还像上次一样径直进军大梁。魏将庞涓听到消息后,率军撤离韩国赶回魏国,但齐军已经越过边界向西挺进了。

孙膑对田忌说:"魏军向来凶悍勇猛,而认为齐军怯懦。我们正好可以利用这一点。"

他命令齐国军队进入魏国境内,然后先设十万个灶,过一天设五万个灶,再过一天只设三万个灶。

庞涓注意到齐军留下的灶数,非常高兴,说:"我本来就知道齐军都是胆小鬼,进入魏国境内三天,士兵已经逃跑了一大半。"于是丢下了他的步兵,只和他精锐的骑兵轻装上阵,日夜兼程,追击齐军。

孙膑在马陵道上等待庞涓,马陵道路狭窄,孙膑就叫人砍去树皮,露出白色的树干,写上"庞涓死于此树之下",然后命令一万名善于射箭的齐兵,埋伏在马陵道两旁,约定说:"天黑看见点着的火就万箭齐发。"

当晚庞涓果然赶到砍去树皮的大树下,见到白木上写着字,就点火看树干上的字,还没读完,齐军伏兵就万箭齐发,魏军大乱。庞涓自知无计可施,败局已定,就拔剑自刎,临死前说:"我本来要害他,结果反倒成就了他的名声!"

齐军乘胜追击,把魏军彻底击溃,还俘虏了魏国太子申回国。孙膑也因此名扬天下,后世还流传着他的兵法。魏国从此一蹶不振,齐国却从此强大起来了。

邹忌讽齐王纳谏

邹忌善于弹琴,凭借琴技见到了齐威王,齐威王待他很好。邹忌说:"弹琴就像治理国家。"然后顺理成章地大谈治理国家的事情。齐威王非常高兴,和他谈了三天,然后任命他为相国。

邹忌身高八尺,形体容貌光艳美丽。一天早晨,邹忌穿戴好,照着镜子,对他的妻子说:"我同城北徐公比,谁漂亮?"他的妻子说:"您漂亮极了,徐公哪比得上您呢?"

城北的徐公,是齐国的美男子。邹忌不相信自己会比徐公漂亮,就又问他的妾:"我同徐公比,谁漂亮?"妾说:"徐公怎么能比得上您呢?"

第二天,有客人从外面来,邹忌同他坐着闲聊,邹忌又问他:"我同徐公比,谁更漂亮?"客人说:"徐公不如您漂亮。"

又过了一天,徐公来了,邹忌仔细地端详他,觉得自己不如徐公漂亮;再照镜子看看自己,更是觉得自己与徐公相差甚远。他晚上躺着想这件事,觉得:"我的妻子认为我漂亮,是偏爱我;妾认为我漂亮,是害怕我;客人认为我漂亮,是有求于我。"

于是第二天,邹忌上朝拜见齐威王,说:"我确实知道自己不如徐公漂亮。可是我的妻子偏爱我,我的妾害怕我,我的客人有求于我,他们都认为我比徐公漂亮。如今齐国有方圆千里的疆土,一百二十座城池,宫中的妃子、近臣没有不偏爱您的,朝中的大臣没有不害怕您的,全国范围内的人没有不有求于您的:由此看来,大王您受蒙蔽很深了!"

齐威王说:"说得对!"于是下令:"群臣、官吏和百姓能够当面指责我的过错的,受上等奖赏;以书面形式劝谏我的,受中等奖赏;能够在公共场所批评议论我的过失,并能传到我的耳朵里的,受下等奖赏。"

命令刚下达,许多大臣都来进谏,宫门前庭院内,人多得像集市上一样;几个月以后,还不时地有人来进谏;满一年以后,即使有人想进谏,也没有什么可说的了。

燕、赵、韩、魏等国听说了这件事,都到齐国来朝见齐威王。

千金买马骨

打从孟尝君被撤了相位以后,齐湣王又和楚、魏两国灭了宋国,更加骄横起来。他一心想兼并列国,自己来当天子。这样一来,列国诸侯都对他不满意,特别是齐国北面的燕国,受到齐国的欺负,更想找机会报仇。

燕国本来也是个大国,后来传到燕王哙那里,由于哙听信了坏人的主意,竟学起传说中尧舜禅让的办法来,把王位让给了相国子之。燕国将军和太子平进攻子之,燕国发生大乱。齐国借平定燕国内乱的名义,打进燕国,燕国差点被灭掉。后来燕国军民把太子职立为国君,君民奋起反抗,把齐国军队赶了出去。

燕昭王(?—前279)是在燕国被攻破之后即位的,他以自身的谦恭和丰厚的礼物来招揽贤才。他对郭隗说:"齐国趁我们国内混乱没有防备,攻破了燕国,我深知燕国国家小、力量弱,不足以报仇。可是如果寻求贤士一起来治理国家,雪洗先王的耻辱,这多好哇。先生看到这样的人才,请推荐给我,我亲自侍奉他。"

郭隗于是给他讲了这样一个故事:从前,有个国君,很喜欢马,想用千金重价征求千里马。过了三年,仍无一点收获。

这时,宫里一个职位低下的小侍臣,竟然自告奋勇地站出来说:"请您把这个差使交给我吧!"国君点头同意。

不到三个月,这人果然找到了一匹日行千里的良马,可是当他要买马时,这匹千里马却死了。这个侍臣思考了良久,仍然花费五百金,将死马的尸骨买了回来。

他带着千里马的尸骨回宫向国君复命,国君见是马的尸骨,非常生气,怒斥道:"我要的是活马,你买这死马回来有什么用?不是白费了五百金吗?!"

侍臣解释道:"请国君息怒,您的钱并没有白花。一匹死马您都愿意高价买下来,这消息传开,人们都会相信您是真心实意喜爱良马的国君,而且识货,说话算话。这样,一定会有人自己把千里马送上门的。"

后来不出一年,国君果真得到了三匹由别人主动献来的千里马。

燕昭王听了,对郭隗说:"这个故事很有意思,那么我应该怎么做呢?"

郭隗说:"假若大王一定要招纳贤士,那就先从我郭隗开始。真正的贤才看到连我这样的人都能受到重赏,至于那些比我更贤能的人就更不用说了,难道还会因为距离遥远而不来吗?"

昭王于是给郭隗建了华美的住宅,并像对待老师那样用最高层次的待士礼节服侍他。这时乐毅从魏国到来,邹衍从齐国到来,剧辛从赵国到来,贤士们争着奔赴燕国。燕王吊祭死者,慰问孤儿,和臣子们同甘共苦。

邹衍是阴阳五行家,当时已名闻天下,他在齐国时就很受尊重;周游魏国时,魏惠王亲自到郊外去迎接;到赵国时,平原君侧着身子走路来迎接他,并用衣袖替他拂去座席上的灰尘,对他毕恭毕敬。燕昭王迎接邹衍时,比魏、赵更为恭谨,他亲自用衣袖裹着扫把,退着身子边走边扫,在前面清洁道路。入座时昭王主动坐在弟子坐上,敬请邹衍以师长身份给自己授业。昭王特意为邹衍修建了一座碣石宫,以供他居住讲学。后人因此便用"拥彗(扫把)先驱"这个词语来比喻用优厚待遇尊礼贤才。

公元前284年,燕国殷实富足了,士兵都乐于出击,不惧怕战事。燕王于是任命乐毅为上将军,和秦、赵、魏、韩等国共同谋划,发兵征讨齐国。齐军战败,齐湣王逃到外地。燕军单独追击败逃的齐军,攻入齐都临淄(在今山东淄博市东北),夺取了齐国所有的宝物,焚烧了齐国的宗庙宫室。齐国城池只有莒和即墨(在今山东平度市东南)两处未被攻破,其余都隶属于燕国,达六年之久。

胡服骑射

赵国是战国中后期才逐渐强大起来的国家,它与秦国的争霸持续了几十年,是当时阻挡秦军东进的主力。但是在此之前,赵国夹在燕国、齐国和魏国之间,强敌环伺,发展很困难。公元前325年,赵武灵王(?—前295)即位,进行果断的军事改革,扭转了形势,终使赵国强大了起来。

赵武灵王即位之后,先是利用外交关系和燕国的内乱,获得了一些好处,同时他也认为这种策略是不足以从根本上改变赵国的国力,于是他向大臣们说:"我们东南有齐、中山,南有韩、魏,西为秦、林胡,北为楼烦、东胡,东北为燕。四面八方全是敌人,咱们自己要是再不发愤图强,随时都能被人家灭了。我打算先从改革服装着手,接着再改变打仗的方法。你们觉得怎么样?"

为什么改革服装会影响作战方法呢?原来春秋时期及以前的战场上并没有正式的骑兵,战车部队是机动性最强的兵种,战车上的士兵穿着大袖长袍。可是北方的游牧民族就不一样了,他们已经习惯了骑马射箭,穿的是窄袖的马褂和短小贴身的裤筒,来去如风,速度和灵活性都有很大提升,这种灵活的作战方式让与他们接壤的赵国人吃了很多苦头。所以,赵武灵王决定先从改革服装入手。

可是大臣们都不同意,认为衣服是祖先流传下来的文化传统,万万不可改变;而胡人在他们看来更是野蛮的民族,绝不可以学习胡人的文化和习俗。只有楼缓和肥义两个大臣是支持改革的。

赵武灵王说:"我不怕别人嘲笑我背叛祖先的文化,宁可让大家都嘲笑我,我也不能让国家在夹缝中求生存,至少也要拿下胡人和中山国的地盘,扩大我们的疆土。"

于是,赵武灵王、楼缓和肥义,强迫大臣们穿着小袖子的短衣上朝,他们则带头做示范。

可是赵武灵王的叔叔公子成坚决反对,他拒绝上朝,还引经据典指出服制是礼乐文明的象征,不能改变。赵武灵王亲自去见他,说:"衣服是为了方便生活而存在的,礼仪是为了方便做事而施行的,古代的圣人依据各地习俗的不同,制定的礼仪也多种多样。夏、商、周三个朝代虽然服装不同,但却能统一天下,春秋五霸政教各异却能治理好国家。聪明人制定法令,愚蠢的人被法令制约;贤达的人改革习俗,而愚笨的人却拘泥于旧风陋俗。自古至今,习俗都不同,我们要效法哪一个时代的呢?帝王的礼法也不是世代相承的,我们要遵循谁的礼法呢?我认为那些符合实际而且能够带来好处的做法就是我们应该采取的。"

公子成听后觉得很有道理,就主动换上了胡服。大臣们一见公子成都穿上了胡服,只好也随着换了胡服。过了没有多少日子,全国人不分富贵贫贱,全都穿上了胡服,因为胡服比起以前的衣服实在方便多了。

赵武灵王向胡人学习的第二件事,就是骑马射箭。他亲自穿了胡服,骑上马,在马上练习射箭。不到一年工夫,赵国大队的骑兵就训练成了。军事改革成功后,赵武灵王亲自率兵攻打中山国,后来赵武灵王又收服了东胡和临近的几个部族,接着打发使者去联络秦国、韩国、齐国、楚国。赵国就这么强大起来了,不但收服了中山、林胡、楼烦,还扩张势力,北边一直到燕、代,西边到云中、九原,增加了好些土地。

赵国实力大增,赵武灵王打算跟秦国比比高低。他老在国外打仗,国内的事由谁管呢?他见小儿子很能干,就把太子废了,传位给小儿子,这个小儿子就是后来的赵惠文王,他自己称为"主父",拜肥义为相国,李兑为太傅,公子成为司马,封大儿子为安阳君。国内的政权布置妥当之后,他要去考察秦国的地理形势,还要去侦察一下秦国实力的虚实。

赵武灵王打扮成使臣,到秦国去访问,沿路细心观察秦国的道路和形势。他到了咸阳,以使臣的身份见了秦昭王(前324—前251)。秦昭王感到这个使者不是一般人物,于是派人想把他追回来,可是赵武灵王及随从的骑术都十分精湛,早就逃脱了。秦国人打听到这个使者就是赵武灵王本人,不禁大吃了一惊。

秦国和赵国都觉得对方不好惹,于是联合起来攻打齐国。后来,赵武灵王的儿子赵惠文王听从了苏秦的弟弟苏厉的话,开始重新接受"合纵"策略(指齐、楚、燕、韩、赵、魏等六诸侯联合抗击秦国的策略),秦国和赵国的争霸战争拉开了帷幕。

孟母三迁

孟子（约前372—前289），名轲，是我国战国时期著名的思想家和教育家，是儒家学派的又一代表人物。他幼年丧父，由母亲抚养长大，生活过得很清苦。孟母是个很有教养的妇女，为了把儿子培养成为有用的人，她非常重视对他的教育。

在孟子小时候，他家附近是一片墓地，出殡、送葬的队伍经常从他家门前经过。于是，孟子经常模仿队伍中吹鼓手的形态和孝子们哭哭啼啼的样子，还不时到墓地上玩死人下葬的游戏：在地上挖一个坑，把朽木或腐草当作死人埋下去。看到儿子这样玩耍，孟母很是担忧，认为周围环境不利于他读书成才，便把家迁到了城里。

城里没有墓地，孟子再也不能玩死人下葬的游戏了。于是孟母要儿子熟读《论语》，像孔子那样做人。开始，孟子还能静下心来读书，但日子久了，他的心思又定不下来了。原来他家处于闹市，打铁声、杀猪声、叫卖声终日不绝，听着听着，他就读不下去书了。后来，他又和小伙伴们玩起了做买卖的游戏。孟母觉得在这个地方居住，确实很难让孟子集中心思读书，便再次搬迁到城东的学宫对面居住。

那里的环境果然不一样，学宫内书声琅琅，一派文雅气氛，孟子果然安下心来读书了。有时，他还向学宫里张望，观看里面的学生是怎样读书，观看学生们是怎样跟随老师演习周礼（即周代传下来的有关祭祀等的礼仪）的，回到家里，竟也模仿起来。

一天，孟母发现儿子在磕头跪拜，以为他又在玩死人下葬的游戏了，不禁板起了脸，但听儿子说是在演习周礼，顿时眉开眼笑。不久，她将孟子送进了学宫，让他系统地学习《诗经》《尚书》等内容。孟子进步很快，后来，终于成为一代名儒。

庄周梦蝶

庄子(约前369—前286),名周,宋国蒙地(今河南商丘东北)人,是战国中期道家学派的集大成者。

一天,他在睡觉时做了一个梦,梦见自己变成一只色彩斑斓的大蝴蝶,在开满鲜花的草地上翩翩飞舞,一会儿停在黄色的花朵上,一会儿停在白色的花朵上,一会儿又停在紫色的花朵上,多么轻松愉快!此时此刻,他完全沉浸在一片欢乐之中。忽然,庄周醒来了,他睁开眼睛,不禁大吃一惊:"咦,我怎么是庄周呢?刚才还是一只蝴蝶呢!"他摇了摇头,认真地思索着一个问题:"就我个人来讲,不知道是庄周做梦化为蝴蝶,还是蝴蝶做梦化为了庄周?不管怎样变化,万事万物都是在梦中度过的。"

这时,一个叫长梧子的人走来,对庄周说:"你思考的这个问题很有意思,就连黄帝那样聪明的人听了,也会疑惑不解的。我听说过这样一件事情,艾地有一个小官吏,他有一个女儿,名叫骊姬,长得十分漂亮。晋献公知道后,派人去把她接到了宫里。离开艾地时,骊姬哭得很伤心,三步五步一回头,眼泪把衣服都打湿了。等她到了晋献公的宫里,看到富丽堂皇的宫殿,吃着山珍海味,觉得当初离开家乡时哭泣不已是错误的。骊姬现在后悔当初的行为,又怎知道今后不后悔现在的行为呢?"庄周听了,哈哈大笑起来,拍着长梧子的肩膀说:"看来我们都处在似梦非梦之中!不必太苛求自己。"

庄子的洒脱性情

庄子家里很穷,住在贫民区,生活贫苦,甚至要靠打草鞋过活,在他做漆园吏期间,收入也很微薄,仅够糊口。某年春荒,他无粮下锅,不得不去找监河侯借米。监河侯是宋国管黄河水利的官员,为人极其小气,他说:"到了年底,我领地的百姓给我交纳赋税来,我一定借给你三百金。"庄子遭到婉言谢绝,又不好发怒叫骂,只好讲了一个笑话讽刺对方,也揶揄(yé yú)自己。

他说:"我来这儿的路上看到一条鲫鱼躺在路边车轮碾成的槽内,鲫鱼说:'求你给一升水,便可以使我活命。'我绕开它说:'我要去游江南,再去蜀国放水入长江,引长江灌黄河,让黄河泛滥,洪水滚滚而来,这样你就得救了。'鲫鱼说:'那你还不如早些到干鱼店去找我。'"由此可窥庄子生活的清苦与窘困之一斑。他在见魏王时也只穿麻布衣衫且襟上打了补丁。

庄子的妻子死后,朋友惠施前去吊唁。他看到庄子坐在地上边敲瓦盆边唱歌,就说:"你的妻子跟你过了一辈子,为你生儿育女辛苦一生,现在她死了,你不哭就够可以的了,还唱歌,这恐怕太过分了。"庄子说:"不是这样的,她刚死时我怎能不伤心呢?但后来我想到世上最初本没有生命,连形体也没有,只是经过变化才产生生命。人死了在天地间如同睡觉一般安稳,我还要哭她,这是不懂天命的自然变化啊!"

苏秦与"合纵"

战国时代七雄并起,到后来秦国最为强大,尤其秦国在打败魏国后,就像是猛虎出了兽笼。在这种情况下,就有人出来倡导"合纵"政策,"合纵"就是联合其他六国来共同抵抗秦国。"合纵"的倡导者就是苏秦(?—前284)。

苏秦是洛阳人,他和张仪曾一同拜鬼谷子为师,学成以后下山谋职,却没有一个君主肯用他。

苏秦的钱用光了,黑貂皮大衣也穿破了,折腾了几年仍旧是个无业游民,只好把车马卖掉作为路费,一个人扛着行李颠颠簸簸地走回家,面容憔悴,看起来像个病人。

苏秦回到家,他媳妇正在织布,见苏秦回来,连眼皮都懒得抬;他的父亲母亲绷着脸不理他;苏秦饿得受不住,请嫂嫂做点吃的东西,他嫂嫂也不搭理他。苏秦感到很生气,从此痛下苦功求学问。

读书本来就是一件苦事,为了不让自己偷懒贪睡,苏秦想了一个法子。他一瞌睡,就用尖尖的锥子猛刺自己的大腿,鲜血直流,痛得睡不着,只有继续苦读。成语"悬梁刺股"就出此而来。同时,他仔细研究天下大势,对诸国局势有了深入的了解。如此过了一年,他向弟弟借了路费,告别家人,又上路了。

苏秦去周王那里求职,不料没被重用,他就到秦国去。因为从前商鞅在秦国变法,很得秦王重用,苏秦也想在秦国求发展,没想到等他到了秦国,秦孝公和商鞅已经死了,新即位的秦惠王最讨厌献计的谋士,不愿意接见苏秦。

面对这种窘迫情况,苏秦日夜苦思,终于想出"合纵"的策略,即联合韩、赵、魏、楚、燕、齐六个国家一同对付秦国。可是六国之间,明争暗斗,彼此不合,亏得苏秦凭着三寸不烂之舌到各国去游说,才使合纵计划能够完成。

苏秦先到了燕国,劝说燕国和赵国不要敌对,应该联合起来对抗秦国。然而燕国比较弱小,它不想得罪其他强国,其他强国却想兼并它,于是燕文侯给了苏秦一份厚礼,委托他游说赵国。

苏秦不光劝得赵国与燕国联合,还把韩国、魏国也拉了进来,于是又到齐国和楚国,劝说齐宣王和楚威王。他们看到燕赵韩魏四个强国已经联合,马上也加入了阵营。

六国联合的阵营结成了,苏秦就是这个阵营的实际掌控者,被称为"从(纵)约长",同时做了六国的相国,身佩六国的相印。

这次苏秦可够神气了。他的车队走在路上,前前后后有二十里长,各国的官员远远望着车子扬起的尘土就下拜。以前不屑见苏秦的周天子,现在听说他要回洛阳,居然派人清扫道路,在郊外为他搭起了帐篷,里面摆满了酒菜供他享用。

苏秦的老母亲扶着拐杖站在路旁观看,嘴里赞个不停;他的弟弟、妻子及嫂嫂跪在道路旁迎接,头不敢抬,眼睛也不敢向上望。苏秦在车里斜着眼对他嫂嫂说:"咦,你以前不是不肯做饭给我吃吗?现在又何必这么客气?"苏秦的嫂嫂说:"你现在有钱又有势,和从前不一样了。"

苏秦叹了一口气,把家里的人接上车,共享荣华富贵。

张仪与"连横"

张仪(?—前309)是魏国人,当初曾和苏秦一起师从鬼谷子先生,学习游说之术,苏秦自认为才学比不上张仪。

一开始,张仪的仕途比苏秦要顺利多了,他在楚国宰相昭阳门下为宾客。有一天,昭阳心爱的玉璧在酒席上被人偷走了。因为张仪贫穷,其他人便怀疑是他偷的,昭阳把他拘捕起来拷问,打了个半死,直到最后也没问出结果,就把他放回去了。他的妻子又心疼又气愤地说:"唉!你要是不读书游说,又怎么能受到这样的屈辱呢?"张仪对他的妻子说:"你看看我的舌头还在不在?"他的妻子笑着说:"舌头还在呀。"张仪说:"我就靠三寸不烂之舌吃饭,舌头还在就够了。"

那时,苏秦害怕秦国趁机攻打各诸侯国,使盟约在结缔之前就遭到破坏,又考虑可以选一个合适的人可以派到秦国,他想到了张仪,于是派人暗中引导张仪说:"您当初和苏秦感情很好,现在苏秦已经当权,您为什么不去结交他,用以实现功成名就的愿望呢?"于是张仪离开楚国前往赵国,呈上名帖,请求会见苏秦。苏秦先前就告诫门下的人不给张仪通报,所以过了好几天张仪才见到苏秦。张仪见到苏秦后,苏秦让他坐在堂下,赐给他奴仆吃的饭菜,张仪还没张口就受到如此待遇,心里很不是滋味。但他还是请求苏秦给他一个机会做官,让他可以有所作为,苏秦没答应而是敷衍着把张仪打发走了。

张仪来投奔苏秦,认为都是老朋友了,能够求得好处,不料反而被羞辱,很生气,想要报复苏秦,又考虑到诸侯中只有秦国跟苏秦是死对头,于是就到秦国去了。

不久苏秦对他的一个门客说:"张仪是天下最有才能的人,我比不上他呀。如今能够掌握秦国权力的,只有张仪。然而他很贫穷,我担心他因为满足于小的利益而不能成就大的功业,所以把他召来羞辱他,用来激发他的意志,您替我暗中照顾他。"

苏秦派这个门客暗中跟随张仪,和他投宿同一家客栈,逐渐地接近他,还把车马金钱奉送给他,凡是他需要的,都供给他,却不说明谁给的。于是张仪才有机会拜见了秦惠王。惠王任用他为客卿,和他策划攻打诸侯的计划。

这时,苏秦派来的门客要告辞离去,张仪说:"依靠您鼎力相助,我才得到显贵的地位,正要报答您的恩德,为什么要走呢?"门客说:"我并不了解您,真正了解您的是苏先生。苏先生担心秦国攻打赵国而破坏合纵联盟,认为除了您没有谁能掌握秦国的大权,所以激怒先生,派我暗中给您提供钱财,这都是苏先生谋划的策略。如今先生已被重用,请让我回去复命吧!"

张仪感慨地说:"我没有苏先生高明啊!请替我感谢苏先生,苏先生当权的时代,我张仪怎么敢奢谈攻赵呢?"

张仪出任秦国宰相以后,写信警告楚国宰相说:"当初我陪着你喝酒,并没偷你的玉璧,你却鞭打我。现在你要好好地守护住你的国家,我要'偷'你的城池了!"

苏秦主张"合纵",张仪就主张"连横",所谓"连横",就是拉拢其他国家跟秦国联合,用来打垮六国联盟。苏秦死后,在张仪的拉拢下,魏国最先脱离"从(纵)

约",然后张仪又用他自己的封地作为诱饵,骗得楚国背叛盟约。楚国被孤立起来,最后不得不割让土地向秦国表示友好。这样,苏秦建立的"从(纵)约"就土崩瓦解了。

苏秦和张仪都是高明的外交家,一个主张"合纵",一个主张"连横",他们的外交政策都对当时的政治形势产生过很大的影响,后人把他们这类说客叫作"纵横家"。

田单的火牛阵

战国时期,燕、齐相攻,燕国的大将军乐毅拿下齐国七十多座城市,齐人能守住的只有莒和即墨两个地方。

田单(生卒年不详)当时仅是临淄管理市场的辅助人员,不被人知晓。燕国派乐毅(生卒年不详)攻打齐国,齐国战败,不久退守莒城。燕国军队迅速进军,平定齐国绝大部分地区。

田单逃奔安平,事先让人把车轴两头的尖端部分锯断,再用铁箍包住。待到燕国军队攻打安平,城墙倒塌,齐人奔逃,由于车轴头被撞断,车子也就毁坏了,被燕军所俘。唯有田单宗族的人由于用铁帽包住了车轴,得以逃脱。田单往东逃到即墨,据城坚守。

燕军已经把齐国其他城邑全部攻破了,只有莒城和即墨没有攻下。

齐人知道田单有领导才能,因此,当燕军攻打即墨,城中无主时,齐人共推田单为将。

当时,乐毅的计策是:对齐国仅余的两个城市,采取"缓攻"的方法,慢慢消化,使二城不战而降。这本来是个好主意,但碰到田单却行不通了。

田单派了间谍到燕国去散布谣言,说乐毅已打下了七十多座城市,难道还攻不破莒和即墨两座城?这明明是乐毅想偷偷与齐国讲和,自己当大王;齐国人最担心燕国换一个将军,这样的话,齐国就连莒和即墨两座城也保不住了。

燕国的燕惠王早就觉得乐毅靠不住,一听到这个谣言便信以为真,立刻换下了乐毅,改由骑劫这个无能的人当大将军,整个燕军都很愤怒。

田单晓得两国兵力悬殊,他必须使百姓承认自己有超人的才能德行。于是他想出一个办法:命令即墨城里的老百姓,每天吃饭时,必须祭祖,祭祖时把供品陈放在庭院。天上的乌鸦看到了美食,成群飞下啄食,燕兵远远看到这个景象很奇怪,田单乘机放出话说:"这表示不久之后有神人下凡来帮助齐国。"

不久,果然有一位神人出现,大模大样,田单尊他为"神师"。神师所到之处,齐兵都恭敬地下拜。其实,这个神师是田单找来的一个小兵装扮的。可是齐人都以为真是神仙下凡帮助齐国来了。

接着,田单利用反宣传,派人在燕军中散布谣言:若燕人把齐兵的鼻子割了,放在队伍前面,齐国人一定会感到害怕而马上投降。骑劫一听就这么干了,城中的人看见齐国那些投降燕军的人都被割掉了鼻子,都愤怒地坚守,害怕城破之后被活捉割鼻。

田单为了激励民心士气,增加大家杀敌的决心,又向燕军传出谣言:齐国人最担心祖坟被挖,祖骨被毁,倘若燕军真的开始挖坟,齐人为保全先人骨骸,一定会开门投降。

骑劫又相信了这个谣言,命人挖掘齐国城外全部的坟墓,焚烧死尸。即墨人从城上望见,都流泪哭泣,都想出战把燕兵砍光,以报不共戴天之仇。

田单知道民心士气已经提高,可以一战了。他发布命令:由老弱妇孺在城墙上巡逻,壮丁都藏起来,让城外的燕国敌军误以为即墨的男子都死光了。同时,田单又在民间搜集金银财宝,送到燕军的军营之中,作为贿赂之用,表示希望投降的时候,得以保全一条性命。

骑劫得到了这些消息,很高兴地等着即墨来投降,无形之中,军备逐渐松懈了。

另外,田单把城里的一千多头牛集中在一起,然后把五颜六色的长布披在牛身上,好像牛穿上了花衣裳。此外,在每一头牛的角上绑上刀子,用麻和芦苇浸油,扎在牛尾巴上,拖在后面,像个大扫把。

在约好投降日子的前一天晚上,田单召集了五千名壮士,在他们脸上抹上油彩,画成大花脸,命他们各自带好兵器,跟在牛群后面。然后,用火点着牛尾巴,牛痛得奔出城门，好戏上演了：燕兵睡到半夜，忽然听到山崩地裂般的震动，大群怪物猛扑而来，角上还有利刃，被碰到的人非死即伤，燕兵早听说齐军中有"神师"，都以为这会儿真的碰到鬼了。

那五千花脸齐兵闷声不响，见到人就砍，燕兵一看牛头马面，好像到了地狱，手脚发软，加上田单率齐国百姓在城楼上敲铜打锣，燕兵在睡梦中以为被阎王爷召到地狱，连逃跑的勇气都没有了，在糊里糊涂的状态之下，不是死在牛角之下，就是命丧齐兵之手。

这场战争，齐军大获全胜，燕国元气大伤。田单的兵力一天比一天多了，燕军天天败逃，最后退到了黄河北岸燕国境内，而齐国的七十多座城邑又成为齐国领土。于是田单迎接襄王（齐湣王之子，名法章）进入临淄处理政事。襄王封赏田单为安平君。

完璧归赵

战国时候，赵惠文王得到了一块名贵宝玉——和氏璧。这件事情让秦昭王知道了，他就写了封信，派人去见赵王，说他愿意用十五座城池来换那块宝玉。

赵王看了信，心里想，秦王一向是只想占便宜，不肯吃亏的人。这一次怎么这么大方呢？要不答应吧，怕秦国兴兵来进攻；要答应吧，又怕上当。他想来想去拿不定主意，就跟大臣们商量。大臣们也想不出什么好办法来。

蔺相如（生卒年不详）知道了，对赵王说："大王，让我带着和氏璧去见秦王吧，到那里我会见机行事。如果秦王不肯用十五座城来交换，我一定把和氏璧完整地带回来。"赵王知道蔺相如是个又勇敢又机智的人，就同意他去了。

蔺相如带着和氏璧到了咸阳。秦昭王得意地在别宫里接见了他。

蔺相如把和氏璧献给秦昭王，秦昭王接过璧，看了看，挺高兴。他把璧递给美人和左右侍臣，让大伙儿传着看。大臣们都向秦昭王庆贺。

蔺相如一个人站在旁边，等了很久也不见秦王提起割让十五座城池的事，知道秦王根本没有用城池换宝玉的诚意。可是宝玉已经到了秦王手里，怎么才能拿回来呢？他想来想去，想出了一个计策，他走上前去，对秦王说："这块和氏璧看着虽然挺好，可是有一点小毛病，让我指给大王看。"秦王一听有毛病，赶紧叫人把宝玉交给蔺相如。

蔺相如拿着和氏璧往后退了几步，身子靠在柱子上，气冲冲地对秦王说："当初大王差人送信给赵王，说情愿拿十五座城池来换和氏璧。赵国大臣都说，千万别相信秦王骗人的话。可我不这么想，我说秦国的老百姓都讲信义，何况秦国的大王！赵王听了我的劝告，这才派我把和氏璧送来。方才大王把宝玉接了过去，随便交给下面的人传看，却不提换十五座城池的事情。这样看来，大王确实没有用城换璧的真心。现在宝玉在我的手里。如果大王硬要逼迫我，我情愿把自己的脑袋跟这块宝玉一块儿撞在这根柱子上！"说着，蔺相如举起和氏璧，对着柱子，就要摔过去。

秦王本来想叫武士去抢，可是又怕蔺相如真的把宝玉摔碎，连忙向蔺相如赔不是，说："大夫不要着急，我说的话怎么能不算数呢！"说着叫人把地图拿来，假惺惺地指着地图说："从这儿到那儿，一共十五座城，全部划给赵国。"蔺相如心想，秦王常常会耍鬼把戏，可别再上他的当！他就跟秦王说："这块和氏璧是天下有名的宝贝。我送它到秦国来的时候，赵王斋戒了五天，还在朝廷上举行了隆重的送宝玉的仪式。现在大王要接受这块宝玉，也应该斋戒五天，在朝廷上举行接受宝玉的仪式，我才能把宝玉献上。"秦王说："好！就这么办吧！"之后，秦王派人送蔺相如到公馆去休息。

蔺相如拿着宝玉到了公馆，就叫一个手下打扮成做买卖的人，把那块宝玉包着，藏在身上，偷偷地从小道回到赵国去了。

过了五天，秦昭王召集大臣们和在咸阳的别国使臣，在朝堂举行接受和氏璧的仪式，秦昭王唤蔺相如上朝，蔺相如不慌不忙地走上殿去，向秦昭王行了礼。

秦昭王说："我已经斋戒五天，现在你把璧拿出来吧。"

蔺相如说："秦国自秦穆公以来，前后二十几位君主，没有一个讲信义的。我怕受欺骗，丢了璧，那样就对不起赵王了，所以把璧送回邯郸去了。请大王治我的罪吧。"

秦昭王听到这里，大发雷霆，说："是你欺骗了我，还是我欺骗了你？"

蔺相如毫无惧色地对秦王说："所有的人都知道秦国强,赵国弱,如果秦国先把十五座城池给赵国,赵国肯定会把和氏璧送来。我是事出有因,所以请大王处死我吧!"秦王左右的人一听此言,都想把蔺相如拉出去杀掉。秦王想了一下,说:"现在即使把蔺相如杀掉,也得不到和氏璧,而且还会伤害两国的关系。"于是秦王把蔺相如放回了赵国。

将相和

蔺相如不顾个人安危,完璧归赵后,赵惠文王很高兴,封他为上卿,让他处理国事。

秦王一心要使赵国屈服,于是接连进扰赵国边境,侵占了一些地方。公元前279年,秦王派人送信给赵惠文王,约请他到渑池(今河南渑池西)会面,签署修好条约。

赵王有些犹豫,就召集众臣商议,有人说秦国向来不讲信用,此行恐有诈,不去为好。蔺相如、廉颇主张去,不然会叫秦国看不起,还给秦王找到进攻的理由。

赵王只好硬着头皮答应会面。为防万一,廉颇辅助太子留守本国,大将李牧率五千人马与赵王同行,平原君带兵在渑池三十里外接应,蔺相如随驾前往赴会。

会上,秦王一副盛气凌人的样子,他命人取来瑟递到赵王面前,说:"听说赵王通晓音律,请弹奏一曲为大会助兴。"赵王感到很难堪,但慑于秦王的威严,只得勉强弹奏一曲。曲罢,秦王命御史记录:"某年月日,秦王与赵王会饮,令赵王鼓瑟。"赵王面红耳赤,大臣们面面相觑(qù)。

蔺相如不慌不忙地站起来,将缶(fǒu)递给秦王说:"秦王擅长秦国的乐器,请大王击缶与大家同乐。"秦王面露愠色,不去理他。蔺相如很气愤,他大义凛然地说:"秦国未免太欺负人了,你们国家虽然强大,但在五步之内,我可以把自己的血溅到大王身上。"秦王见蔺相如怒发冲冠,咄咄逼人,只好随便地敲了一下缶。

蔺相如命赵国御史记录:"某年月日,秦王为赵王击缶。"

秦国的大臣见没有占到什么便宜,于是高声说:"请赵国割十五座城池为秦王祝寿!"蔺相如不甘示弱,也大声说道:"请秦国把咸阳献给赵王祝寿!"

秦王早就领教过蔺相如的厉害,知道再这样下去也不会有什么结果,想翻脸,又考虑到赵国有强大的军事力量做后盾,百般无奈,只好与赵国签订了友好协定。

赵王见蔺相如为他挣足了面子,认为他是难得的人才,便拜他为相国。

廉颇见蔺相如仅凭一张嘴,眨眼间就爬到自己的头上,而自己戎马一生,战功赫赫却位居其下,心里很不服气,决定找机会羞辱他一番。蔺相如知道后,处处躲着廉颇,有时还称病不肯上朝。

有一天,蔺相如带门客出去,看见廉颇的车迎面而来,忙让自己的车退进小巷里,让廉颇的车先过去。蔺相如的门客觉得很憋气,埋怨蔺相如不该胆小怕事。

蔺相如笑笑说:"你们说廉将军跟秦王比,谁的势力大?"门客答:"当然秦王势力大。"

蔺相如接着说:"天下诸侯都惧怕秦王,而我却敢当面指责他。秦国之所以不敢进攻赵国,就是因为有廉将军和我在,倘若我与廉将军不和,秦国定会趁机来攻打赵国,所以我情愿让着廉将军。"

后来,蔺相如的话传到了廉颇那里,廉颇感到无地自容。

一天,蔺相如正在书房读书,一个门客急匆匆地跑来说:"廉将军找上门来了。"蔺相如愣住了,不知廉颇此来何意,忙出门迎接,只见廉颇裸着上身,背上绑了一捆荆条,见到蔺相如便双膝跪地,说道:"我心胸狭窄,请相国责罚我吧。"蔺相如连忙扶起他,两人的手紧紧地握在一起。蔺相如说:"咱们两个人都是赵国的大臣,将军能体谅我,我已经万分感激了,你怎么还来给我赔礼呢?"

从此,二人齐心协力,共同保卫国家,使秦国十几年都不敢攻打赵国。

孟尝君厚待门客

战国时候,齐国相国孟尝君(生卒年不详)有门客三千人,其中有一人十分爱慕孟尝君的夫人。

一天,孟尝君的好友对他说:"门客对尊夫人如此不敬,应该把他杀了!"孟尝君考虑了一阵说:"男女相见,产生爱慕之心是人之常情,没有什么值得大惊小怪的,不要提它了。"

不久,孟尝君召见那位门客说:"你与我相处很久,大官没有做成,封你为小官又委屈了你的才能。这样吧,卫国的君主与我是好友,我向他推荐你,你到那里去做官吧!"于是孟尝君写了一封信,又赠送了些车马、金银给他,让他走了。

门客到了卫国后,果然受到了重用。不久,齐国和卫国的关系恶化,卫国国君想联合其他诸侯国进攻齐国。那个门客对卫国国君说:"当年,孟尝君与您是好友,并订立了世世代代互不侵犯的条约。今天卫要伐齐,是您违背盟约,欺骗了孟尝君,您不出兵伐齐则罢,如您出兵攻打齐国,我就死在您面前。"卫国国君只好取消了联合其他诸侯国伐齐的计划。

孟尝君胸怀宽广,没杀那位门客,终于转祸为福,将坏事变成了好事。

鸡鸣狗盗

孟尝君有一次出使秦国,被秦昭王扣留。孟尝君害怕被秦昭王杀掉,急于脱身,就去求秦昭王的宠妃,让她在秦昭王面前为他说情。秦昭王的宠妃非常喜欢狐狸皮袄,孟尝君正好有一件世上独一无二的白色狐狸皮袄,不巧的是,他已经献给了秦昭王。这下可愁坏了孟尝君,他问遍了所有门客,寻求解决办法。其中一个最低等的门客出主意说,他可以夜里钻狗洞到王宫里把那件白色狐狸皮袄偷回来。孟尝君觉得这个主意可行,说可以,这个门客就在夜深人静时从王宫中盗回了狐狸皮袄。孟尝君把它献给秦昭王的宠妃,宠妃欣然接受并劝说秦昭王释放了孟尝君。当孟尝君离开秦都后,秦昭王又后悔了,派人追孟尝君,要把孟尝君抓回去。

孟尝君一路东逃,逃到函谷关前,已是半夜,依照关口规定,只有等到鸡鸣时才允许百姓出入。孟尝君让门客们再想办法。门客中有一个人善学鸡叫,这个门客一学鸡叫,别的鸡也跟着叫了起来。关吏打开关门,孟尝君逃出函谷关,安全地返回了齐国。成语"鸡鸣狗盗"就来源于这个故事。

孟尝君与冯谖

孟尝君从秦国逃难回国途中,到了赵国,见到了赵国的贤臣平原君,平原君和他一见如故,谈得非常投机,就一定要留他住下来。孟尝君推辞,说国内有重要事情等着他,他不便留在赵国,就离开赵国,回到了齐国。

齐湣王因为派遣孟尝君去秦国却遭扣留而感到内疚。孟尝君回到齐国后,齐王就让他做了齐国宰相,执掌国政。

孟尝君在齐国很得人心,他手下的门客也越来越多。这几千门客要管理起来也还真不容易,有些人有点本事,有些人干脆就是来混饭吃的。所以孟尝君只得定了一条规矩,他手下的人,按照能力和德行分成不同的等级,一等的人出去可以有车马,二等的人吃饭有鱼有肉,三等的人只给他们一些粗茶淡饭。

有一个叫冯谖的人,听说孟尝君乐于招揽宾客,便穿着草鞋远道而来见他。孟尝君说:"承蒙先生远道光临,有什么指教我的?"

冯谖回答说:"听说您乐于养士,我只是因为贫穷,想归附您谋口饭吃。"

孟尝君便把他安置在下等食客的住所里。十天后孟尝君询问住所的负责人,说:"客人近来做什么了?"负责人回答说:"冯先生太穷了,只有一把剑,还是用草绳缠着剑把。他时不时弹着那把剑唱道:'长剑哪,咱们回家吧!吃饭没有鱼。'"

孟尝君听后,让冯谖搬到了中等食客的住所里,吃饭有鱼了。过了五天,孟尝君又向那位负责人询问冯谖的情况,负责人回答说:"客人又弹着剑唱道:'长剑哪,咱们回去吧!出门没有车。'"

于是孟尝君又把冯谖迁到上等食客的住所里,进出都有车子坐。又过了五天,孟尝君再次询问那位负责人,负责人回答说:"这位先生又弹着剑唱道:'长剑哪,咱们回家吧!没有办法养活家。'"

孟尝君听了很不高兴,不过还是帮助了他。过了整一年,冯谖没再说什么。

孟尝君当时正任齐国宰相,受封万户于薛邑(在今江苏睢宁县北)。他的食客有三千人之多,食邑的赋税收入不够供养这么多食客,就派人到薛邑贷款放债。由于年景不好,没有收成,借债的人多数不能付给利息,食客的需用将无法供给。

对于这种情况,孟尝君焦虑不安,就问左右侍从:"谁可以被派往薛邑去收债?"负责人说:"上等食客住所里的冯老先生从外貌长相看,很是精明,又是个长者,一定稳重,派他去收债该是合适的。"

孟尝君便对冯谖说:"宾客们不知道我无能,光临我门下的有三千人,如今食邑的收入不能够供养宾客,所以在薛邑放了些债。可是薛邑年景不好,没有收成,百姓多数不能付给利息。宾客吃饭恐怕要成问题了,希望先生替我去索取欠债。"

冯谖答应了,到了薛邑,他把借孟尝君钱的人都集合起来,索要欠债利息,共得十万钱。他用这笔钱酿酒、买牛,然后召集借钱的人,能付给利息的都来,不能付给利息的也来,让他们一律带着借钱的契据,以便核对。随后他让大家一起参加宴会,当日杀牛炖肉,置办酒席。宴会上正当大家饮酒尽兴时,冯谖拿着契据走到席前一一核对,能够付给利息的,给他定下期限;穷得不能付息的,取回他们的契据当众将其烧毁。接着他对大家说:"孟尝君之所以向大家贷款,就是给没有资金的人提供资金来从事行业生产;他之所以向大家索债,是因为没有钱财供养宾客。如今富裕有钱能还债的按约定日期还债,无力还债的烧掉契据废除全部债务。请各位开怀畅饮吧。有这样的封邑主人,日后怎么能背弃他呢!"在座的人都站了起来,行跪拜大礼。

孟尝君听到冯谖烧毁契据的消息,十分恼怒,立即派人召回冯谖,责问道:"我的封地本来就少,而百姓还大多不按时还给利息,宾客们连吃饭都怕不够用,所以请先生去收缴欠债。听说先生收来钱就大办酒肉宴席,而且把契据烧掉了。这是怎么回事?"

冯谖回答说:"是这样的。如果不大办酒肉宴席就不能把债民全都集合起来,也就没办法了解谁富裕谁贫穷。富裕的,给他限定日期还债;贫穷的,即使监守着催促十年,他们也还不上债。时间越长,利息越多,到了危急时,他们就会用逃亡的办法赖掉债务。我烧掉毫无用处、徒有其名的借据,废弃有名无实的账簿,是让薛邑平民百姓信任您以彰扬您善良的好名声啊。您有什么可疑惑的呢?"

孟尝君听后觉得很不高兴,但是也没有办法,只好作罢。

齐王受到秦国和楚国的蛊惑,认为孟尝君的名声压倒了自己,独揽齐国大权,于是罢了孟尝君的官。那些宾客看到孟尝君被罢了官,一个个都离开了他,只有冯谖为他谋划说:"借给我一辆可以跑的车子,我一定让您在齐国更加显贵,食邑更加宽广。"孟尝君便准备了马车和礼物送冯谖上了路。

冯谖西入大梁,对魏惠王说:"齐国之所以能称雄于天下,都是因为孟尝君辅佐有功,现在齐王听信谗言,把孟尝君放逐到诸侯国去了,这必然使孟尝君对齐王产生不满。孟尝君的治国谋略和才能是世人皆知的,大王若能接他来梁国(公元前361年,一说前364年,魏惠王迁都大梁,从此魏亦称"梁"。大梁,今河南省开封市),在他的辅佐下,梁国定能国富而兵强。"惠王也久闻孟尝君的贤名,一听这话喜出望外,立即空出相位,派出使节,以千斤黄金、百乘马车去聘请孟尝君。魏国使者接连跑了三趟,可孟尝君坚决推辞不就任。齐王听到后很是震惊,待探明情况后,便召回孟尝君并且恢复了他的官位,同时还给了他原来封邑的土地,又给他增加了千户。冯谖诱使魏惠王聘请孟尝君,这引起了齐王的高度重视,提升了孟尝君的价值,这才使得孟尝君官复原职。

孟尝君对冯谖感叹说:"我生平喜好宾客,乐于养士,接待宾客从不敢有任何失礼之处,有食客三千人。宾客们看到我被罢官,都离我而去,没有一个顾念我的。如今靠着先生得以恢复我的官位,那些离去的宾客还有什么脸面再见我呢?如果有再见我的,我一定唾他的脸,狠狠地羞辱他。"

冯谖说:"富贵的人多宾客,贫贱的人少朋友,事情本来就是如此。您难道没看到过人们奔向市集吗?天刚亮,人们向市集里拥挤,侧着肩膀争夺入口;日落之后,经过市集的人甩着手臂连头也不回。不是人们喜欢早晨而厌恶傍晚,而是由于所期望得到的东西已经没有了。"

孟尝君给他下拜施礼说:"您说得对,我还会像从前那样对待宾客的。"

屈原行吟沉江

战国末期,楚国和秦国交战,楚国屡战屡败,失地折兵,国力大大削弱。

秦国为了及早吞并楚国,便同楚国内部的亲秦派暗中勾结,玩弄联姻的花招。秦昭王装出很客气的样子,写信给楚怀王(？—前296),约楚怀王到武关(在今陕西丹凤县东南)会盟,并表明只要楚怀王答应联姻,两国就可言归于好。

楚怀王接到信后,既害怕秦国,又幻想秦楚亲善,就把以往破城失地的教训忘却了,打算前去赴约。这时屈原(约340—约278)只是一个三闾大夫,早已失去过问朝政的权力,他见怀王要去秦国,挺身而出,谏阻怀王说:"秦国如虎狼一般,这次邀请大王,一定不怀好意,大王不宜前往。"

可是楚怀王的小儿子子兰怕激怒秦王,失掉亲善的机会,竭力怂恿楚怀王答应秦王的要求。楚怀王听信了子兰的话,离楚赴秦。楚怀王一进武关,秦国伏兵立即封锁了关口,断了楚怀王归国的后路,把楚怀王扣为人质,要求楚国割让土地。楚怀王这才知道秦人的奸诈残暴,他拒绝秦的要求,又冒险逃走,但被抓回,后病死在了秦国。

公元前298年,楚怀王之子顷襄王即位,任用他的弟弟子兰为令尹,后又娶秦王女,媚敌忘仇,完全屈从于秦国。屈原与惑君误国的亲秦派保守贵族集团的斗争更加激烈了。亲秦派为了彻底扫除障碍,便多次在顷襄王面前诬告屈原,说他的坏话。顷襄王听了勃然大怒,把屈原革职流放。

屈原在流放的日子里,穿着宽大的衣服,戴着高高的帽子,佩一把闪亮的长剑,终日在洞庭湖滨徘徊吟咏。虽然他形神憔悴,但那双锐利的眼睛,仍然炯炯有神。他为濒临灭亡的楚国而忧虑,望着北方的国都——郢,不断地吟咏出感情炽烈的诗句,歌颂祖国美好的河山与悠久的历史,揭露贵族统治集团的污浊与黑暗,担忧国家的命运,倾吐心中的不平。

一天,面色憔悴、形容枯槁的屈原,漫无目的地来到汨(mì)罗江畔,悲伤地吟咏着诗句,用以抒发他的忧国忧民之思。

这时,江边有一个渔夫,见到屈原便说:"您不就是朝廷的三闾大夫吗?怎么沦落到这种地步呢?"

屈原愤愤不平地说:"因为举世都混浊,只有我才清白;大家都喝醉了酒,唯有我才清醒,我就被流放到这儿来了。"

渔夫不以为然地说:"既然举世都混浊,您为什么不顺着浊流而随波逐流呢?大家都喝醉了酒,那您何必独自清醒呢?世道既已如此,何必与众不同而致使自己被放逐呢?"

听到这里,屈原的脸色沉了下来。他反驳说:"我听说,刚刚洗过头的人,要掸去帽子上的灰尘;刚刚洗过澡的人,一定要把衣服抖抖。我宁愿投入大江,葬身鱼腹,也绝不能容忍那混浊的世道污染了自己。"

屈原说完,昂首而去。他回到自己的破屋里,写下他的绝命词《怀沙》,然后来到汨罗江边,抱着一块大石头,最后一次向郢都的方向望了一望,随后向激流中跳去。

伟大的诗人屈原,就这样结束了他光辉的一生,这天,是公元前278年五月初五(夏历)。

远交近攻

范雎(?—前255),魏国人,字叔。他曾周游列国,希望有国君接受自己的主张而有所作为,但没有成功,便回到魏国打算给魏王效力,可是因家境贫寒而没有办法筹集活动资金,就先在魏国大夫须贾门下做门客。

有一次,须贾奉魏昭王的命令出使齐国,范雎也跟着去了。他们在齐国逗留了几个月,也没有什么结果。当时齐襄王得知范雎很有口才,就派人给范雎送去了黄金以及牛肉美酒之类的礼物,但范雎一再推辞不敢接受。

须贾知道了这件事,大为恼火,认为范雎一定是私通齐国,出卖了魏国的秘密,所以才得到这种馈赠,于是他让范雎收下牛肉美酒之类的食品,而把黄金送回去。回到魏国后,须贾把这件事报告给了宰相。

魏国的宰相是贵族魏齐。魏齐知道后大怒,命令左右近臣用板子、荆条抽打范雎,打得范雎肋骨折断,牙齿脱落。

范雎假装死去,魏齐就派人用席子把他卷了,扔在厕所里,又让宴饮的宾客喝醉,轮番往范雎身上撒尿,故意侮辱他,借以惩一儆百,让别人不再乱说。

卷在席子里的范雎还活着,他对看守说:"如果你放我走,我日后必定重重地谢你。"看守心地好,就向魏齐请示把席子里的"死人"扔掉。

魏齐正喝得酩酊大醉,就顺口答应说:"扔掉吧。"范雎因而得以逃脱。魏齐酒醒之后后悔了,又派人去搜寻范雎。魏国人郑安平听说了这件事,就带着范雎一起逃跑了,他们隐藏起来,范雎改名为张禄。后来通过郑安平的安排,范雎到了秦国咸阳。秦昭王叫他住在客馆里,等候召见。

当时秦国的宰相是穰侯魏冉,他痛恨秦国以外的人,因此,范雎住在客馆里足有一年多,秦昭王也没召见过他一回。范雎觉得很失望。

穰侯要越过韩国和魏国去攻打齐国的刚(在今山东宁阳县东北)、寿(在今山东东平县西南),想借此扩大他的陶邑(在今山东菏泽市定陶区西北)封地。范雎就上书启奏秦王说:

> 我听说圣明的君主推行政事,有功劳的不可以不给奖赏,有才能的不可以不授官职,劳苦大的俸禄多,功绩多的爵位高,能管众多事务的官职大。所以没有才能的不敢担任官职,有才能的也不会被埋没。假使您认为我的话可用,希望您推行并进一步使这种主张得以实现;如果认为我的话不可用,那么长久留我在这里也没有意义。
>
> 况且我听说周室有砥砨(è),宋国有结绿,魏国有县藜,楚国有和氏璞玉,这四件宝玉,皆产于土中,而著名的工匠却误认为是石头,然而,它们终究成了天下的名贵器物。既然如此,那么圣明君主所抛弃的人,难道就不能使国家强大吗?

要说的至深话语,我不敢写在书信上,一些浅陋的话又不值得您一听。想来是我愚笨而不符合大王的心意吧?还是推荐我的人,人贱言微而不值得听信呢?如果不是这样,我希望您赐给我少许空闲时间,让我拜见您一次。如果一次谈话没有效果,我请求领罪受死。

秦王看他说的话有些道理,又好奇他究竟会献上什么样的策略,就派人去接范雎。

范雎这才得以去离宫拜见秦昭王,到了宫门口,他假装不知道是内宫的通道,就往里走。这时恰巧秦昭王出来,宦官发了怒,驱赶范雎,呵斥道:"大王来了,快离开这里!"

范雎故意乱嚷着说:"秦国哪里有王?秦国只有太后和穰侯罢了。"他想用这些话激怒秦昭王。昭王走过来,看到范雎正在与宦官争吵,便上前去迎接范雎,并向他道歉。

秦昭王长跪着向范雎请求说:"先生怎么赐教于我?"范雎说:"嗯嗯。"停了一会儿,秦昭王又长跪着向范雎请求说:"先生怎么赐教于我?"范雎说:"嗯嗯。"像这样重复了三次。秦昭王长跪着说:"先生终究也不赐教于我了吗?"

范雎说:"不是这样的。我是个寄居异国他乡的臣子,与大王交情不深,而我所希望陈述的都是关系重大的事情,涉及您与亲人、大臣们的关系,可不知大王心里是怎么想的。这就是大王连续三次询问我而我不敢回答的原因。"

秦昭王让他但说无妨,范雎这才开口说:

大王的国家,四面都是坚固的要塞,雄师百万,战车千辆,有利就进攻,不利就退守,想要建立霸王的事业是完全能够办到的,可是您的臣子们却都不称职。秦国到现今已经闭关固守十几年,之所以不敢向崤山以东进兵,这都是因为穰侯为秦国出谋划策不肯竭尽忠心,而大王的计策也有失误之处哇。穰侯越过韩、魏两国去进攻齐国的刚、寿,这不是个好计策。出兵少就不能损伤齐国,出兵多反会损害自己。大王不如结交远邦而攻伐近国,这样攻取一寸土地就为自己增加一寸土地,攻取一尺土地也就为自己增加一尺土地。如今放弃近国而攻打远邦,不也太荒谬了吗?

秦王向范雎询问现在应该怎么做,范雎说:

现在韩、魏两国,地处中原,是天下的中心,大王如果打算称霸天下,就必须先亲近中原国家把它作为掌握天下的关键,以此威胁楚国、赵国。楚国强大您就亲近赵国,赵国强大您就亲近楚国,楚国、赵国都亲附您,齐国必然恐惧了。齐国恐惧,必定拿出丰厚财礼低声下气地侍奉秦国。齐国亲附了秦国,那么韩、魏两国便乘势可以收服了。

秦昭王听了十分佩服,于是授给范雎客卿官职,同他一起谋划军事。他听从范雎的谋略,派五大夫绾带兵攻打魏国,拿下了怀邑(在今河南武陟县西南)。两年后,又夺取了邢丘(在今河南温县东)。

昭王后来又听从范雎的计策,废弃了太后,把穰侯、高陵君以及华阳君、泾阳君驱逐出国都,任命范雎为相国。

赵括纸上谈兵

公元前262年,秦昭王按范雎远交近攻的策略,派大将王龁(hé)进攻韩国,占领了野王(在今河南沁阳市),切断了上党(今山西沁水县以东一带)和韩国都城的联络。这样一来,韩国在上党的军队就变成了孤军。

孤军的首领冯亭对将士们说:"我想与其投降秦国,不如投降赵国。赵国得到了上党,秦国一定去争,这样,赵国就不得不和韩国联合起来,共同抵抗秦国。"

大伙儿全都赞成这个办法,当即就打发使者带着上党的地图去献给赵国。这时候赵惠文王已经去世,他儿子即位,就是赵孝成王。此时是平原君赵胜做相国,他带领五万人马去接收上党后回朝,仍然派冯亭为上党太守。平原君临走时,冯亭对他说:"上党现在归了赵国,秦国一定要来攻打。公子回去之后,请赵王尽快派大军前来,才能够打退秦军。"

平原君回去把所有的经过向赵孝成王报告了。赵孝成王非常高兴,天天喝酒庆祝,把抵抗秦国的事搁下了。后来秦国的大军包围了上党,冯亭守了两个月,一直不见赵国的救兵。将士们和老百姓急得没有办法,只好开了城门,拼死往赵国逃跑。冯亭带着残兵败将和上党的难民,一直到了长平(在今山西高平市西北),这才碰见赵国的大将廉颇率领二十万大军来救上党,可是上党已经丢了。

廉颇和冯亭会合在一起,正打算反攻,秦国的兵马跟着就到了,一下子把赵国的前哨部队打败了。廉颇连忙退回阵地,压住阵脚,叫士兵们增高堡垒,加深壕沟,准备跟远来的秦军对峙下去,进行长期抵抗。秦军屡次三番地向赵军挑衅,赵军说什么也不出战。

秦国主帅想不出进攻的法子,就派人去禀报秦昭王说:"廉颇是个很有经验的老将,不肯轻易出来交战。我们老远地到了这儿,真要是这么长时期对峙下去,粮草就供应不上了,这可怎么办呢?"

范雎对秦昭王说:"要打败赵国,得先想办法叫赵王把廉颇调回去。"

过了几天,赵孝成王听到左右大臣纷纷议论,说:"廉颇太老了,不敢跟秦国交锋,要是叫年富力强的赵括(?—前260)去,秦国这点兵马早就给他打散了。"

赵孝成王便派人去催廉颇开战,但廉颇还是坚守阵地。赵孝成王立刻把赵括叫来,问他能不能把秦军打退。赵括说:"要是秦国派白起(?—前257)来,我还得考虑。如今来的是别人,那他根本不是我的对手。"赵孝成王一听,特别高兴,当时就任赵括为大将去替换廉颇。

赵括还没动身,他母亲便上了一道奏章,请求赵孝成王别派她儿子去。赵孝成王就把她召来,要她说一说理由。赵括的母亲见了赵孝成王,说:"他父亲赵奢临死的时候再三嘱咐,说:'打仗是多么危险的事,战战兢兢,处处都得顾虑到,就这样还怕有疏忽的地方。赵括却把打仗当作儿戏,一谈起兵法来,就眼空四海,目中无人。将来要是大王用他为大将的话,我们一家大小遭了灾祸倒还在其次,怕的是连国家都要断送在他手里。'我请求大王千万别用他。"赵孝成王说:"我已经决定了。"

公元前260年,赵孝成王叫赵括再带领二十万兵马,到长平关代替廉颇。验过兵符(两块可以相合的老虎形的信物,也叫"虎符"),办了移交,廉颇回邯郸去了。赵括统领着大军,声势十分浩大。他下了一道命令:"秦国来挑战,必须迎头打回去;敌人打败了,就得追下去,不杀得他们片甲不留不算完。"冯亭劝阻他,把廉颇成心消耗秦国粮草的用意说了一遍,赵括说:"他一个老头儿懂得什么!"

那边范雎一得到赵括替换廉颇的消息,就让武安君白起去指挥军队。白起布置了埋伏,故意打了几次败仗,把赵括的军队引了出来,切断了他们的后路,赵括的大军就成了孤军。赵括的大军守了四十六天,内无粮草,外无救兵,最后赵括被乱箭射死，冯亭战死，赵军全垮了。白起叫人挑着赵括的脑袋，命赵军投降。赵军已经饿得没有力气了，他们一听说主将被杀了，全都投降了。

白起清点了投降的赵军，一共有四十多万人。

毛遂自荐

白起打败了赵国的四十万大军后，又亲自率领大队人马，要围攻邯郸。赵孝成王、平原君和大臣们惊惶失措，一点主意都没有了。正巧燕国的大夫苏代（苏秦的兄弟）愿意帮助赵国，自告奋勇，去见范雎。范雎一来怕白起势力太大，不容易管；二来几次打仗，秦国的兵马也死伤不少，需要调整，他就叫韩国和赵国割让几座城，答应他们讲和。秦昭王也同意了，吩咐白起撤兵回国。后来秦昭王想叫白起再次去攻打赵国，白起不服，秦昭王就革了他的官职，又送他一把剑让他自杀了。秦昭王随后命人统领二十万大军，把邯郸围困了快半年，还是打不下来，于是又命郑安平带两万精兵前去增援。

赵孝成王急忙请平原君去楚国搬救兵。平原君打算带二十个文武双全的人跟他一同到楚国去，可是一般的人，要么只能文，要么只能武，文武全才真不易找。平原君挑来挑去，只挑了十九个人。

平原君叹息道："我费了几十年工夫，养了三千多人，如今连二十个人都挑不出来。"

忽然有个坐在末位的门客站起来，自己推荐自己说："不知道我能不能来凑个数？"

平原君笑着说："你叫什么名字？"

他说："我叫毛遂，到这儿三年了。"

平原君冷笑一声，说："有才能的人就好像一把锥子，搁在袋子里，它的尖很快就露出来了。可是先生在我这儿三年了，我就没见你露过一回面。"

毛遂说："因为我今天才请求进到袋子里。如果我早早地就进到袋子里，又何止露出个尖呢？"

平原君佩服他的胆识和口才，就拿他凑上了二十人的数。平原君一行人当天辞别了赵王，上楚国陈都（今河南淮阳）去了。

平原君跟楚考烈王在朝堂上讨论着合纵抗秦的大事，毛遂和其他人站在台阶下等着。平原君把嘴都说得冒了白沫子，楚考烈王说什么也不同意抵抗秦国。他说："合纵抗秦是贵国提出来的，可是于我国没有什么好处。苏秦当了纵约长，被张仪破坏了；我们的怀王当了纵约长，下场是死在了秦国；齐王也想当纵约长，反倒被诸侯杀了。各国诸侯就只能自顾自，谁要打算联合抗秦，谁就先倒霉。还有什么话可说呢？"

平原君说："以前的合纵抗秦也确实有用处。苏秦当纵约长的时候，六国结为兄弟。自洹水之会以后，秦国的军队就不敢跑出函谷关来。后来楚怀王上了张仪的当，背叛了齐国，让秦国钻了空子，这可不是合纵的错。齐王呢，借着合纵的名义打算吞并天下，惹得各国诸侯跟他翻了脸，这也不是合纵的错。"

可是，平原君好说歹说，嘴皮子都快磨破了，楚考烈王就是愁眉苦脸地不敢答应平原君。突然，楚考烈王瞧见一个人拿着宝剑上了台阶，那人跑到他跟前，嚷道："合纵不合纵，只要一句话就行了。怎么从早晨说到这会儿，太阳都落山了，还没说完呢？"

楚考烈王很不高兴地问平原君："他是谁？"

平原君说："是我的门客毛遂。"

楚考烈王骂毛遂说："滚！我跟你主人商议国家大事，你来多什么嘴？还不滚下去！"

毛遂拿着宝剑又往前走了一步，说："合纵抗秦是天下大事，天下人都有说话的份儿！这怎么叫多嘴呢？"楚考烈王见他跑上来，害怕了，又听他说出来的话挺有道理，就好像斗败了的公鸡悻悻地收起羽毛来，马上换了副笑脸对他说："先生有什么高见？请说吧。"

毛遂说："楚国有五千多里土地、一百万军队，本来就是个大国。自从楚庄王以来，一直做着霸主。以前的历史多么光彩呀！没想到秦国一起来，楚国接连打败仗，堂堂的国王当了秦国的俘虏，死在敌国，这是楚国最大的耻辱。紧接着又来了个白起，把楚国的国都郢都夺了去，改成了秦国的南郡，逼得大王迁都到这儿。

这种仇恨,十年、二十年、一百年也忘不了哇!把这天大的仇恨说给小孩子听,他们也会难受,难道大王不想报仇吗?今天平原君来跟大王商议抗秦的大事,也是为了楚国,哪里单是为了赵国呢!"

毛遂的话一句一句就像锥子似的扎在楚考烈王的心上。他不由得脸红了,连声说:"是!是!"

毛遂又问了一句:"大王决定了吗?"

楚考烈王说:"决定了。"毛遂当时就叫人拿上鸡血、狗血、马血来。他捧着盛血的铜盘子,跪在楚考烈王跟前,说:"大王做合纵的纵约长,请先歃血。"

楚考烈王和平原君当场歃血为盟。平原君和那十九个门客全都佩服这把"锥子"的尖锐劲儿。

公元前257年,楚考烈王派春申君黄歇为大将,率领八万大军,同时,魏安釐王也派晋鄙为大将,率领十万大军,共同去救赵国。

信陵君窃符救赵

秦昭王听到魏国和楚国发兵去救赵国,就派人去对魏安釐王说:"邯郸早晚会被秦国打下来。谁要去救赵国,攻克邯郸后我就先打谁!"

魏安釐王吓得连忙派使者去追晋鄙,叫他立刻停止前进。晋鄙把魏国的十万兵马驻扎在邺城(在今河北临漳县西南)。春申君也不再前进,在武关(在今陕西丹凤县东南)驻扎下来。秦昭王叫大将加紧攻打邯郸。赵孝成王只好再打发使者偷偷地跑到魏国,催魏安釐王快点进兵救赵。

魏安釐王想要进兵,怕得罪秦国;不进兵吧,又怕得罪赵国,只好不进不退,干耗着。平原君也派人上邺城请魏国大将晋鄙进兵,晋鄙回答不敢自作主张。平原君又给魏公子信陵君(?—前243)写信,大意是,邯郸万分危急,敝国眼看快要亡了。您姐姐(平原君的夫人是信陵君的姐姐)黑天白日地哭着,公子也得替您姐姐想一想啊!

信陵君接到了这封信,再三央告魏安釐王叫晋鄙进兵,魏安釐王就是不答应。信陵君对门客们说:"大王不愿意进兵,那我自己上赵国去,要死就跟他们死在一起。"他预备了车马,决计去跟秦军拼命,有一千多个门客也愿意跟着他一块儿去。

路过东门,信陵君下车去跟他的朋友侯生辞别。侯生淡淡地说:"公子保重。我老了,不能跟您一块儿去。"信陵君向他告别后就走了。没走多远,信陵君越想越觉得不对劲儿,侯生竟连一句体贴的话都没说,他便忍不住返回去问。

侯生见信陵君回来了,说:"我料定公子准得回来!"

信陵君说:"我想我一定有得罪先生的地方,特地回来请先生指教。"

侯生说:"公子就这样到秦国的兵营里去,正像绵羊去跟狼拼命,不是白白去送死吗?"

侯生接着对信陵君说:"咱们大王最宠爱的是如姬。当初如姬的父亲被人害死,她请大王给她报仇,后来还是公子叫门客去给如姬报的仇,并把仇人的脑袋给她送了去。如姬为了这件事非常感激公子,她就是替公子死也心甘情愿。公子只有请她把兵符偷出来,拿了兵符去夺取晋鄙的军队,才能跟秦国打仗。"

信陵君经侯生提醒,就去跟如姬商量。如姬当晚就把兵符偷了出来交给了信陵君。信陵君拿着兵符到东门去跟侯生辞别,侯生说:"我的朋友朱亥,是天下数一数二的勇士,要是晋鄙不把兵权交出来,公子就叫朱亥杀了他。"

信陵君带着朱亥和一千多个门客到了邺城,见了晋鄙,对他说:"大王特地派无忌(信陵君名叫魏无忌)来接替将军。"说着,就拿出兵符。

可晋鄙起了疑心,说:"这军机大事,我还得奏明大王……"他的话还没说完,朱亥从袖子里拿出一个四十斤重的铁锤,冲着晋鄙的脑袋一砸,晋鄙当场毙命。

信陵君拿着兵符给将士们下令:"父亲和儿子都在军队里的,父亲可以回去;哥哥和弟弟都在军队里的,哥哥可以回去;独子可以回去奉养老人;有病的或者身子弱的也可以回去;其余的人都跟我去救赵国。"

信陵君重新编排队伍,总共有八万精兵。他指挥着这八万将士向秦国的兵营冲杀。秦军没想到魏国的军队会突然来攻打,手忙脚乱地抵抗了一阵。平原君也开了城门,带着赵国的军队杀了出来。两边夹攻,打得秦国的军队就像山崩似的溃败了下来。

多少年来，秦国没打过这么大的败仗。秦昭王赶紧下令退兵，尽管这样，也已经死伤了一半人马。郑安平的两万人被魏国的军队切断了退路，变成了孤军，他带领两万人马投降了信陵君。

赵孝成王亲自到魏国兵营来向信陵君道谢，说："全仗着公子救了赵国！"信陵君也谦逊了一番。他不敢再回魏国，就把兵符和军队交给魏国的将军带回去，自己留在了赵国。

范雎的报复

范雎做了秦国相国之后，秦国人仍称他张禄，而魏国人对此毫无所知，认为范雎早已死了。魏王听到秦国即将向东攻打韩、魏两国的消息后，便派须贾出使秦国。

范雎得知须贾到了秦国，便隐藏了相国的身份改装出行，他穿着破旧的衣服偷空步行到客馆，见到了须贾。须贾一见范雎，不禁惊愕道："范叔原来没有死呀！"

范雎说："是呀。"

须贾笑着说："范叔是来秦国游说的吧？"

范雎答道："不是的。我以前得罪了魏国宰相，所以流落到这里，怎么还敢游说呢！"

须贾问道："如今你做什么事？"

范雎答道："我给人家当差役。"

须贾听了有些怜悯他，便留下范雎一起坐下吃饭，又不无同情地说："范叔怎么竟贫寒到这个样子！"还取出一件粗丝袍送给了范雎。

范雎回去后准备了一辆四匹马拉的大车，并亲自给须贾驾车，拉着他直接进了秦国相府。相府里的人看到范雎驾着车子来了，有些认识范雎的人都回避了，须贾见到这般情景感到很奇怪。到了相国办公地方的门口，范雎对须贾说："请等一等，我先进去替您向相国张君通报一声。"须贾就在门口拽着马缰绳等着，等了很长时间也不见人来，便问门卒说："范叔进去很长时间不出来，是怎么回事？"

门卒说："这里没有范叔。"

须贾说："就是刚才跟我一起乘车进来的那个人。"

门卒说："他就是我们相国张君哪。"

须贾一听大惊失色，自知被诓骗进来，就赶紧脱掉上衣光着膀子双膝跪地而行，向范雎认罪。范雎派人挂上盛大的帐幕，又召来许多侍从，才让须贾上堂来见。

范雎说："你的罪状有三条：你以前认为我对魏国有外心而暗通齐国，还在魏齐面前说我的坏话，这是你的第一条罪状；当魏齐把我扔到厕所里肆意侮辱我时，你不加制止，这是第二条罪状；更有甚者，你喝醉之后往我身上撒尿，你何等狠心哪，这是第三条罪状，但你之所以能不被处死，是因为你赠我了一件粗丝袍，从这点看你还有点顾念老友之情，所以我给你一条生路，放了你。"

随即范雎进宫把事情的原委报告了昭王，决定不接受魏国来使，责令须贾回国。

须贾去向范雎辞行，范雎便大摆宴席，请来所有诸侯国的使臣，与他同坐堂上，酒菜饭食很丰盛。而让须贾坐在堂下，在他面前放了一槽草豆掺拌的饲料，又命令两个受过墨刑的犯人在两旁夹菜，像喂马一样喂他吃饲料。范雎责令他道："给我转告魏王，赶快把魏齐的脑袋拿来！不然的话，我就要屠平大梁。"须贾回到魏国，把情况告诉了魏齐，魏齐大为惊恐，便逃到了赵国，躲藏在平原君的家里。

后来秦国把平原君骗到秦国来，准备用他交换魏齐。魏齐就躲到赵国宰相虞卿那里，虞卿认为秦国的要求绝不能轻易答应，就向信陵君求援。信陵君认为平原君的安全更为重要，结果拒绝帮助魏齐。魏齐无奈自杀，秦昭王才放平原君放回去。

范雎散发家里的财物，用来报答那些曾经帮助过他而处境困苦的人，包括救他出国的郑安平和向秦昭王推荐他的王稽。凡是给过他一顿饭吃的小恩小惠他也必定报答，而瞪过他一眼的小怨小仇他也必定报复。

荀子的故事

春秋战国时代是我国学术史上的黄金时代,这期间涌现出了许多伟大的思想家,像孔子、孟子,都是大家所熟悉的,此外,还有许多学者如荀子、庄子、老子、韩非子等,也在学术界占有重要地位。

荀子(约前313—前238),名况,赵国人。他从小就非常聪明,10岁已有"神童"的美誉,学问很好。他长大后曾北游燕国,但是很可惜,没得到燕王的赏识。到他50岁时,齐襄王招纳贤士,许多学者都前往齐国讲学,加上齐国以藏书丰富出名,所以荀子也被吸引前往齐国。

荀子在齐国待了几年,很受齐王尊敬,被封为"列大夫",当了齐国的谋士。因为他年纪比较大,学问又好,因此他在53岁到七八十岁间,曾三度被众人推选为"祭酒"。祭酒的意思是,每当国家有重要的宴会或祭典时,由荀子出面行祭酒的礼节。有些气量狭小的人,看到次次都是荀子当祭酒,不免眼红,到处说荀子的坏话。齐王听信谗言后,渐渐和荀子疏远了。荀子是个有骨气的人,不愿再在齐国待下去,就决定离开齐国。

这时,他已是八十多岁的老翁了,不知往哪里去,心情沉重万分。他听说楚国春申君爱好贤士,决定到楚国去。春申君仰慕荀子美名,决定请他担任兰陵令。荀子年纪大了,不想再过漂泊的生活,便答应了。

没想到运气坏得很,春申君有位门客进谗言说:"商汤以亳为根据地,周武王以镐起家,都不过拥有百里之地,结果统一天下。现在你给荀子一百里地,他又是天下有名的贤人,你不怕吗?"春申君左右思量后,终于辞退荀子,荀子也懒得去解释,拖着缓慢的步伐又上路了。

他经过秦国,拜见了秦昭王。此时秦昭王正和范雎设计"远交近攻"的谋略以攻伐天下,对荀子讲的大道理提不起一点兴趣,荀子只好回到赵国。

春申君赶走了荀子又后悔了,加上有人责备他:"从前,伊尹去(离开)夏入商,不久夏朝灭亡,商朝兴起;管仲去鲁入齐,于是,鲁国衰弱,齐国强大。能干的国君应该懂得任用贤人。"春申君又派人到赵国多次请荀子,并且再三赔不是,最后荀子拗不过春申君的好意,又回到楚国当兰陵令。后来春申君死了,荀子也九十多岁了,就辞了官,开始写文章,这就有了留传后世的儒家名著——《荀子》。

孟子主张性本善,荀子主张性本恶,因此有人误会荀子不是好人,其实不是这样的。他们两者都是发扬孔子思想的大儒,只是看法有异。

荀子认为:一个人眼睛爱好美色,耳朵喜欢好听的音乐,舌头爱好美味,想吃、想玩、好逸恶劳,这都是人的天性,所以人才有七情六欲。这些天赋予的自然的本能并不是不好,可是如果依人天性顺其发展,必然会引起争夺暴虐,这个世界便成为自私恐怖的世界了。

所以人们要想办法压抑这些本性,提倡礼让、仁爱等道德标准,否则就会像刺猬一样挤在一起彼此刺戳。所以一切的善都出于"伪",伪的意思就是"人为",也就是后天的改造。所以荀子最重视"教育"和"礼乐",认为只有如此才能矫正先天的坏习性,培养好品行。

荀子还认为:礼是社会上自然形成的公共法则,每个人都得遵守,不能选择,不许怀疑。在他担任兰陵令时,李斯(?—前208)、韩非子都曾拜在其门下,之后这两个学生把荀子的学说发扬光大,使其发展成为了法家思想。

令嬴政仰慕的韩非

公元前246年,秦始皇嬴政(前259—前210)还是秦国国君的时候,一个大臣曾送给他一册竹简。嬴政展开一看,上面是几篇关于怎样治理国家的文章。他被那些精彩的论述吸引住了,饭也顾不上吃,一口气把它读完了,然后叹息一声说:"我从来没有读过这么好的文章。如果我能见到作者,和他交个朋友,就是死了也甘心啊!"

这个让嬴政如此仰慕的人就是韩非子(约前280—前233)。韩非是战国时期韩国的公子,著名的思想家,子是人们对他的尊称。

嬴政读了韩非的文章后,非常想见到他。大臣李斯说:"韩非是韩国的公子,我和他一起在荀子门下读过书。大王要见他,只要派使者去韩国把他召来就是了。"

嬴政大喜,立即派使者去韩国请韩非子。韩王这才意识到韩非的价值,他不舍得把这么好的人才送给秦国,就拒绝了嬴政的请求。嬴政立刻派出十万大军攻打韩国。韩王害怕了,只好交出韩非。嬴政见到韩非非常高兴,一连几天谁也不见,只和韩非在一起,听他阐述政治见解。嬴政经常向韩非请教一些他多年来没有想明白的问题,韩非的见解常常让他茅塞顿开。

李斯见嬴政如此重视韩非,心里便嫉妒起来。他知道自己的才能不如韩非,韩非在秦国时间长了,地位肯定会超过自己,要保住自己的地位,唯一的办法就是除掉韩非。一天,李斯对嬴政说:"韩非是韩国的公子,心里终究是向着韩国的,如今大王要兼并其他诸侯国家,韩非恐怕不会真心实意为秦国着想。"

嬴政觉得李斯说得有道理,就想把韩非送回韩国。李斯又说韩非是很有才能的人,如果把他送回去肯定对秦国不利,要杜绝后患,最好把韩非杀了。嬴政不想杀韩非,也不想放他回去,就把他关了起来。韩非想找嬴政申辩,但李斯百般阻挠,不让他见嬴政。在韩非绝望之际,李斯派人给韩非送来一碗毒酒,韩非就在狱中服毒自尽了。韩非死后,嬴政用他的法制思想治理国家,使秦国越来越强大,最后吞并六国,统一了天下。

人鼠之叹

李斯曾在郡中做小吏。有一天,他上厕所时被吓了一跳,原来是一大群正在抓蛆吃的老鼠因为遇到人而被吓得四下逃窜。

后来有一天,李斯去郡里的仓库巡视,发现粮食堆里有几只大老鼠正在偷吃粮食。李斯去赶它们,老鼠毫不理会地继续细嚼慢咽,不慌不忙。原来,仓库里很少有人进来，所以这里的老鼠没有半点恐惧感。看到仓库里的老鼠养尊处优，长得又肥又大，李斯再联想到厕所里的老鼠，不由得感慨万分：同是老鼠，由于所处的环境不同，其状况竟有天壤之别！人也同样，爬上去了就是贤者、君子，沦落下层就是愚民、小人，这不是和老鼠一样吗？

从此以后，李斯发誓要爬到统治阶层。经过多年的努力，他终于受到了秦王的重用，为秦王统一六国作出了重大贡献。

奇货可居

吕不韦（？—前235）原籍卫国濮阳（今河南濮阳），曾是"家累千金"的大商人。

有一年，他到赵国都城邯郸去做生意，结识了秦国公子异人。当时，异人在赵国当人质，处境不太好。吕不韦以为"奇货可居"，盘算着收买异人，用作政治投机的资本，日后必定功成名就。

于是他先是送给异人金钱，后来又将他宠爱的美女赵姬送去以博异人的欢心。赵姬为异人生了个儿子，取名政，就是后来的秦始皇。接着，吕不韦游说秦孝文王的后妃华阳夫人的姐姐贿赂买通华阳夫人，立异人（后改名子楚）为太子。

公元前249年，秦孝文王去世，太子子楚在客卿吕不韦的支持下即位，这就是秦庄襄王。秦庄襄王以吕不韦为相国，主持军政，并封吕不韦为文信侯，食邑河南洛阳十万户。吕不韦凭着相国的政治地位和经济实力，在洛阳城大建宫室，广招门客。这些门客中三教九流，无所不有。吕不韦将这些见解心得整理成书面文字，汇集起来，就成了一部二十余万言的巨著——《吕氏春秋》。他把这部书作为秦国统一天下的经典，并把这部书在秦国首都咸阳公布，悬了赏格，即有能在书中增加一字或削减一字者，就赏赐千金（合黄金一斤）。成语"一字千金"就出自这个故事。

吕不韦声势显赫，如同诸侯国君。公元前246年，秦庄襄王太子嬴政继位。嬴政年幼，尊吕不韦为"仲父"，秦国内政、外交都取决于吕不韦。

赵太后与吕不韦旧情不断,而秦王嬴政已渐渐长大并对二人私情似有察觉。为退身计,吕不韦就把嫪毐(lào ǎi)引荐给赵太后。赵太后非常宠信嫪毐,私下和他生了两个儿子。由于赵太后的大力扶持,嫪毐的势力迅速强大起来。

公元前238年,秦王嬴政亲政,嫪毐预谋发动叛乱,嬴政以政治家的胆略,镇压了叛乱。吕不韦受到牵连,在第二年被免去相国之职,回到封地,归居洛阳。

虽然吕不韦回洛阳为平民,但由于他在七国中的声望,前来洛阳拜访的人络绎不绝,他家日夜门庭若市。消息传到咸阳,秦王嬴政感到不安。为根除隐患,秦王嬴政下令吕不韦举家迁往四川。吕不韦不堪遭受侮辱,遂饮毒酒而死。门客趁消息还未传到咸阳,便悄悄地把他的尸体葬在洛阳北邙(今河南洛阳北)。

秦王嬴政闻信大怒,下令严厉打击吕不韦党羽。数千门客有的被革职,有的被流放,吕不韦的封地也被没收了。

荆轲刺秦王

战国末期,秦国的力量一天比一天壮大,尤其到了秦王嬴政时,更是显赫无比。各国诸侯都不满秦国,其中,燕国的太子丹曾经在秦国做人质,更是恨透了秦王,日日夜夜都想除掉他。

太子丹听说有个贤人叫田光,为人勇敢而深沉,于是决定聘他。可是田光推说自己年纪太大了,没法儿帮忙,因而大力推荐荆轲(?—前227)。

荆轲是卫国人,他的祖先是齐国人,后来迁移到了卫国,卫国人称他庆卿。他到燕国后,燕国人称他荆卿。荆轲喜爱读书、击剑,凭借着剑术游说卫元君,卫元君没有任用他。

荆轲到燕国以后,与一个宰狗的屠夫及擅长击筑的高渐离结交。荆轲特别好饮酒,天天同屠夫和高渐离在燕市上喝酒,喝得似醉非醉以后,高渐离击筑,荆轲就和着节拍在街市上唱歌,相互娱乐,不一会儿又相互哭泣,旁若无人。

荆轲虽说混在酒徒当中,可是他为人却深沉稳重,喜欢读书;他游历诸侯各国,都与当地贤士豪杰、德高望重的人相结交。他到燕国后,燕国隐士田光先生知道他不是平庸的人,也友好地对待他。

太子丹请来荆轲,以头叩地说:

田先生不知道我不上进,让我能够到您跟前,您能听我冒昧地陈述,这是上天哀怜燕国,不抛弃我呀。如今秦王有贪利的野心,不占尽天下的土地,使各国的君王向他臣服,他的欲望是不会满足的。燕国弱小,多次被战争所困扰,如今调动全国的力量也不能够抵挡秦军。

我私下有个不成熟的计策,认为如果真能得到您这样的勇士,派往秦国,劫持秦王,让他全部归还侵占各国的土地,像曹沫劫持齐桓公那样,那就太好了;如不行,就趁势杀死他。他们秦国的大将在国外独揽兵权,而国内出了乱子,那么君臣就会彼此猜疑,趁此机会,东方各国得以联合起来,这样就一定能够打败秦国。这是我的愿望,却不知道把这使命委托给谁,希望您仔细地考虑这件事。

荆轲说:"这是国家大事,我的才能低劣,恐怕不能胜任。"太子丹上前以头叩地,请求荆轲不要推托,于是荆轲答应了。随即太子丹就尊奉荆轲为上卿,让他住进上等的房屋。太子丹天天到荆轲的住所拜望,供给精美的饮食,还时不时地献上奇珍异物、车马美女任荆轲享用,以满足他的心愿。

过了很长一段时间,荆轲仍没有行动的表示。此时,秦将王翦已经攻破赵国的都城,俘虏了赵王,把赵国的领土全部纳入了秦国的版图。大军一路向北挺进,夺取土地,直到燕国南部边界。

太子丹害怕了,于是请求荆轲说:"秦国军队早晚会横渡易水,那时即使我想要长久地侍奉您,怎么能办得到呢!"

荆轲说:"太子就是不说,我也要请求行动了。现在到秦国去,没有让秦王相信我的东西,那么秦王就不可以接近。秦王悬赏黄金千斤、封邑万户来搜求樊於期的脑袋。如果真能得到他的脑袋和燕国督亢的地图,一并献给秦王,秦王一定高兴接见我,这样我才能够有机会报答您。"

太子丹说:"樊将军到了穷途末路才来投奔我,我不忍心为自己的私利而伤害这位长者的心,希望您考虑别的办法吧!"

荆轲明白太子丹不忍心,于是就私下会见樊於期说:"秦国对待将军可以说是残酷至极,父母、家族都被杀尽。如今听说用黄金千斤、封邑万户悬赏将军的首级,您打算怎么办呢?"

樊於期仰望苍天,叹息流泪说:"我每每想到这些,就痛入骨髓,却想不出办法来!"

荆轲说:"现在只要您一句话就可以解除燕国的祸患,洗雪将军的仇恨。如果我把您的首级献给秦王,秦王一定会高兴地召见我,那样我就有了除掉他的机会,将军的仇恨也就可以洗雪了,将军是否有这个心意呢?"

樊於期说:"这是我日日夜夜切齿碎心的仇恨,今天才听到您的教诲!"于是就自刎了。太子丹听到这个消息,驾车奔驰前往。他趴在尸体上痛哭,极其悲哀,但已经没法儿挽回了,于是就把樊於期的首级装到匣子里密封起来。

当时太子丹已预先寻找到天下最锋利的匕首,并让工匠用毒水淬它,用人试验,只要见一丝血,没有不立刻死的。他把这把匕首赠给荆轲,送他出发,并派秦舞阳做荆轲的助手。

太子丹和宾客都穿着白衣、戴着白帽为荆轲送行。到了易水岸边,饯行之后,荆轲上路,高渐离击筑,荆轲和着节拍唱歌,发出苍凉凄婉的声调,送行的人都流泪哭泣,荆轲一边向前走一边唱道:"风萧萧兮易水寒,壮士一去兮不复还!"复又发出慷慨激昂的声调,送行的人个个怒目圆睁,头发直竖,把帽子都顶了起来。在送行的歌声中,荆轲上车走了,始终没回头。

秦王听到荆轲带了樊於期的首级以及地图来了,非常高兴,就穿上礼服,在咸阳宫召见燕国的使者。荆轲和秦舞阳走到殿前台阶下,秦舞阳看到秦军威严,不由得脸色突变,害怕得发抖,大臣们都感到奇怪。荆轲回头朝秦舞阳笑笑,上前谢罪说:"北方藩属蛮夷之地的粗野人,没有见过天子,所以心惊胆战。希望大王宽容他,让他能够在大王面前完成使命。"

秦王对荆轲说:"递上舞阳拿的地图。"荆轲取过地图献上,秦王展开地图,图卷展到尽头,匕首露了出来。荆轲趁机左手抓住秦王的衣袖,右手拿匕首直刺。秦王大惊,自己抽身跳起,将衣袖挣断。秦王慌忙抽剑,剑很长,只握住了剑鞘。当时秦王心里又慌又急,剑又套得很紧,所以不能立刻拔出来。

荆轲追赶秦王,秦王绕柱奔跑。大臣们都吓呆了。按照秦国的法律规定,殿上侍从大臣不允许携带任何兵器;宫廷的侍卫武官也只能拿着武器依序守卫在殿外的台阶下,没有皇帝的命令,不能进殿。所以,秦王来不及传唤下边的侍卫官兵,荆轲才有机会追赶秦王。

这时,侍从医官夏无且用他所捧的药袋投击荆轲,延迟了他的动作。侍从们喊道:"大王,把剑推到背后!"秦王把剑推到背后,才拔出宝剑去攻击荆轲,砍断了他的左腿。荆轲用匕首直接投刺秦王,没有击中,却击中了铜柱。

秦王接连攻击荆轲,荆轲被刺伤八处。荆轲自知大事不能成功了,就倚在柱子上大笑,并骂道:"大事之所以没能成功,是因为我想活捉你,迫使你订立归还诸侯们土地的契约,以回报太子。"

这时侍卫们冲上前来杀死了荆轲,秦王赐给夏无且黄金二百镒(古代重量单位,二十四两为一镒,一说二十两为一镒),奖赏他的勇敢行为。

秦王因为这件事而大怒,于是增派军队前往赵国,命令王翦的军队去攻打燕国。秦军很快就攻克了蓟城。燕王喜、太子丹率领着残部退守辽东。秦将李信紧紧地追击燕王,代王嘉写信给燕王喜说:"秦军之所以追击燕军这么紧,是因为太子丹的缘故。现在您如果杀掉太子丹,把他的人头献给秦王,一定会得到秦王宽恕,而国家或许侥幸能得以保全。"燕王还在犹豫,但李信率军穷追不舍。太子丹隐藏在衍水河中,燕王没办法,只好派使者杀了太子丹,准备把他的人头献给秦王。秦王知道后还不解气,又派王翦攻打燕国。

此后五年,秦国终于灭掉了燕国,俘虏了燕王喜。

第 5 章　秦朝

秦朝是中国历史上一个极为重要的朝代,是由战国后期的秦国发展起来的统一王朝。秦朝的建立结束了自春秋时期以来长达五百多年的分裂割据局面,成为中国历史上第一个统一的、多民族的中央集权的封建国家。秦始皇统一法律,统一货币,统一度量衡,统一文字,甚至用"焚书坑儒"等方式来统一思想。他还在全国修筑道路,开凿了由咸阳通往全国各地的驰道。他下令修建万里长城,还动用了大量人力、物力修造阿房宫、骊山陵,给人民带来了沉重的徭役负担。秦二世在位时,依然施行暴政。终于,残暴的统治迫使人民开始反抗,秦朝最终灭亡,仅持续了十五年。

秦灭六国

秦统一六国的战争,既是战国末期最后一场诸侯兼并战争,又是中国历史上最早的一场封建统一战争。从公元前 230 年到公元前 221 年,秦国用了十年的时间,相继灭掉了韩、赵、魏、楚、燕、齐六个国家,结束了春秋以来长达五百余年的诸侯割据纷争的战乱局面,建立了中国历史上第一个统一的中央集权国家。

公元前 359 年,秦孝公任用商鞅进行变法改革,国力逐步强盛。从秦孝公到秦王嬴政的一百多年时间里,秦国不断改革军事制度,实行按郡县征兵,完善了军队组织,提高了军队战斗力。其士卒勇猛,车骑雄盛,远非其他六国可比。在军事策略上,改变了经常失利的劳师远征的战略,采用范雎远交近攻的策略,逐渐蚕食周边地区并对其占领地区实行有效控制。秦国这种强大的战略优势为统一六国打下了基础。秦国相继灭掉西周、东周,攻占韩国黄河以东和以南地区,设置太原、上党、三川三郡,领土包括今陕西大部、山西中南部、河南西部、湖北西部、湖南西北部和四川东北部的广大地区。

与此同时,六国统治集团内部相互倾轧,争权夺利,政局很不稳固。再加上六国之间长期战争,实力消耗,国力被削弱。六国面对强秦的威胁,虽然屡次"合纵"抗秦,但在秦国"连横"策略下先后失败。他们时而"合众弱以抗一强",时而"恃一强以攻众弱",因此无法形成稳固统一的抗秦力量,从而给秦国提供了击破各国的可乘之机。当时的有识之士已经看出这种趋势,如子顺就曾经说过:"当今崤山以东的六国衰弱不振,韩赵魏三国向秦国割地求安,燕齐楚等大国向秦国屈服,二周也已被秦灭亡。照此看来,不出二十年,天下必然是秦国的了。"

嬴政掌权后,采纳了李斯统一天下的战略方针:先笼络燕齐,稳住楚魏,消灭韩赵,然后各个击破,统一全国。就这样一场统一战争开始了。

公元前236年,秦王嬴政乘赵攻燕、国内空虚之际,分兵两路大举攻赵,拉开了统一战争的帷幕。秦国经过数年连续攻赵,极大地削弱了赵国实力,但一时还无力灭亡赵国。于是,秦国转攻韩国,公元前231年,攻下韩国南阳,次年,秦内史滕率军北上,攻占韩国都城阳翟(今河南禹州),俘虏韩王安,在韩地设置颍川郡,韩国灭亡。

公元前229年,秦大举攻赵,名将王翦率军由上党(治今山西长治北)出井陉(今河北井陉县),杨端和由河内(治今河南武陟县西南)进攻赵都邯郸。赵国派大将李牧迎战,双方屡有胜负,陷入僵局,相持一年之久。后来赵王中了秦的离间计,误以为李牧企图谋反,于是撤换了李牧。由于临阵易将,赵军士气受挫,失去了相持能力。公元前228年,王翦向赵国发起总攻,秦军很快攻占邯郸,俘虏了赵王迁,赵军残部败逃,赵国灭亡。

秦国在攻赵的同时,兵临燕境。燕国无力抵抗,太子丹企图以刺杀秦王的办法挽回败局。公元前227年,太子丹派荆轲以进献燕国地图为名,谋刺秦王嬴政,结果阴谋暴露,荆轲被秦国处死。秦王嬴政以此为借口,派王翦率兵攻打燕国,秦军在易水(在今河北西部)大败燕军。次年十月,王翦攻陷燕国国都蓟(今北京西南），燕王喜与太子丹率残部逃到辽东(治今辽宁辽阳)，燕国名存实亡。

秦国灭掉韩赵、重创燕国以后，北方大部分地区已归秦有，只剩下地处中原的魏国，孤立无援。公元前225年，秦将王贲率军出关中，东进攻魏，迅速包围魏都大梁(今河南开封西北)。秦军引黄河水灌城，攻陷大梁，魏王假投降，魏国灭亡。

公元前226年，秦王嬴政问诸将攻楚需要多少兵力，老将王翦认为楚国地广兵强，必须有六十万军队才能伐楚，而李信则说只用二十万军队就能攻下楚国。秦王以为王翦年老怯战，没有听取他的意见，而是派李信和蒙恬率军二十万攻打楚国。公元前225年秦军南下攻楚，楚将项燕率军抵抗。秦军一开始进军顺利，在平舆(今河南平舆县北)和寝(今安徽临泉县)击败楚军，一路进兵到城父(今河南襄城县西南)。项燕率军反击，在城父大败秦军，李信败逃回国。公元前224年，秦王嬴政亲自向王翦赔礼，命他率六十万大军再次伐楚。双方在陈(都今河南商丘市睢阳区)相遇，王翦按兵不动，以逸待劳，楚军屡次挑战，秦军不与交战，项燕只好率兵东归。王翦乘楚军退兵之机，挥师追击，在蕲(今湖北蕲春县)大败楚军，杀楚将项燕。次年，秦军乘胜进兵，俘虏楚王负刍，攻占楚国国都郢(今湖北荆州)，设置郢郡，楚国灭亡。

五国灭亡后，只剩下东方的齐国和燕、赵残余势力。公元前222年，秦将王贲率军歼灭了辽东燕军，俘虏燕王喜，回师途中又在代(今河北蔚县东北)北俘获赵国余部及代王嘉，然后由燕地乘虚直逼齐国。齐王建慌忙在西线集结军队，准备抵抗。公元前221年，秦军避开西线齐军主力，从北面直插齐国都城临淄(今山东淄博)。在秦国大兵压境的形势下，齐王建不战而降，齐国灭亡。

秦统一六国的战争之所以胜利，是由于秦国在战争中战略战术运用得当。秦王嬴政在位时期，国力富强，有足够的人力物力支撑战争，在战略上处于进攻态势。相反，六国方面势力弱小，在战略上又不能联合，各自为战，根本不能阻挡秦国的进攻。他们在战争中消极防御，被动挨打，以致一个个被秦国灭亡。

千古一帝

秦始皇（前259—前210）名嬴政，为战国时代秦庄襄王之子，秦王朝的创建者，他是中国历史上第一个称"皇帝"的君主。他建立了中国历史上第一个中央集权的封建制国家，拉开了中国两千多年封建历史的序幕，被誉为"千古一帝"。

嬴异人（庄襄王）曾作为人质落魄于赵国，豪商巨贾吕不韦认为他"奇货可居"，决定帮助他，并将自己的爱姬赵姬许给他。公元前259年，嬴异人之子嬴政出生于赵国。据说嬴政刚出生时，高鼻大眼，胸向前突，哭叫声音尖厉，像是豺狼嗥叫。当时，秦赵两国正在交兵，嬴政在战火中的邯郸待了三年，幼小的他在喊杀声中成长。公元前257年，嬴异人在吕不韦的帮助下，逃回秦国。

公元前249年，嬴异人继承王位，他就是秦庄襄王。但秦庄襄王在位三年就病死了，接着，年仅13岁的嬴政继承了王位，因他年幼，国家政权便落入了已是太后的赵姬和相国吕不韦手中。

吕不韦被秦王嬴政尊为"仲父"，权势极大，食邑十万户，奴仆万人，富可敌国。同时，吕不韦为了扩大自己的政治影响力，又命令门客搜集史料，编纂了鸿篇巨制——《吕氏春秋》，以期彪炳千古。

赵太后与吕不韦旧情不断，而秦王嬴政已渐渐长大并对二人私情似有察觉。为退身计，吕不韦就把美男子嫪毐推荐给赵太后。赵太后对嫪毐非常宠信，并且大力扶持他。就这样，嫪毐的势力越来越大，甚至能够与吕不韦相抗衡。

这样，嬴政的身边就有了两个对他的权力构成威胁的人，一个是吕不韦，另一个就是嫪毐。公元前239年，嬴政满20岁，依照秦国的旧制，第二年要举行冠礼，之后嬴政就可以亲政了。公元前238年，吕不韦和嫪毐向他示威：吕不韦公开拿出了《吕氏春秋》；嫪毐则依仗赵太后的势力，不把嬴政放在眼里。嬴政在挑衅面前不动声色，按计划举行了冠礼。而嫪毐却等不及了，他想乘机叛乱，杀掉嬴政，结果其叛乱被早有防备的嬴政平息，嫪毐被捉，最后被处以车裂酷刑，并诛其三族。他的同党被诛杀的有二十多人,受牵连的达四千余人。赵太后被逐出咸阳,软禁起来。后经过群臣的劝说,嬴政亲自把母亲接回了咸阳。

除掉嫪毐的第二年,嬴政又免掉了吕不韦的相国职位,把他赶出咸阳,让他到自己的封地河南去了。后来,嬴政为了避免吕不韦和诸侯宾客串通作乱,派人给吕不韦送去绝命书。他在信中对吕不韦大加斥责:"你对秦国有什么功劳,竟能封土河南,食邑十万?你和秦国又有什么亲缘,居然得到'仲父'的称号?你们全家人都迁到蜀郡去吧!"吕不韦知道自己最后难免一死,干脆服毒自杀了。于是,22岁的嬴政掌握了真正的大权。

此后,他重用李斯、尉缭、姚贾、蒙恬、王翦等文武人才,在李斯"灭诸侯,成帝业,为天下一统"的劝勉声中,吹响了统一全中国的号角。从公元前230年到公元前221年的十年中,秦王嬴政采取了分化瓦解、各个击破的策略,或武力威胁,或重金收买,或离间君臣,或挑拨将帅,或蚕食,或强攻,相继灭掉了韩、赵、魏、楚、燕、齐六个国家。中国进入了一个大一统的时代。

公元前221年,嬴政统一中国。他为了炫耀自己统一天下的功德,确立至高无上的权威,于是创立了"皇帝"的尊号,自称"始皇帝",并宣布以后他的子孙继承皇位,按次序称二世、三世等,妄图无穷尽地传下去。

秦王朝建立后,秦始皇在全国实行郡县制,将全国分为三十六个郡,郡下设县。他规定国家一切重大事务由皇帝决定,朝廷和地方的重要官员由皇帝直接任免;废除六国原有的法令法规,统一法律;拆毁各诸侯国原来的城防工事,修筑道路。这不仅方便了交通,而且还加强了中原地区与西南地区的联系。

战国时,各诸侯国言语异音,文字异形,十分不利于不同地区之间的文化、经济交流。于是,秦始皇采纳李斯的意见,将秦国原来使用的篆书稍加简化,作为正字推广开来,同时淘汰了通行于其他地区的异体字。这种经过简化的篆书就是小篆,是我国第一种规范化的字体。此外,他还把圆形方孔铜钱作为全国统一流通使用的货币,对度量衡也做了统一的规定。

这些举措的实施,大大推动了社会经济、文化的发展,有利于国家的统一。秦始皇的这些作为在当时都是前无古人的,因此,后人称他为"千古一帝"。

秦始皇的长生梦

秦始皇在扫平六国、统一天下之后,为了安抚原来东方六国的贵族和人民,同时也为了开拓海外疆域,曾先后几次到东部沿海地区巡游。其实,还有一个重要的原因促使他东巡,就是秦始皇打算派人到海外仙山去寻求长生不老的仙药。正是因为有这样的目的,所以他十分信任那些号称能使人与神沟通消息的方士。

徐福(生卒年不详)就是秦始皇最初派往海外寻仙的方士。徐福是齐人,曾两次被派往海上寻仙。秦始皇第一次巡游至海边时,他就向这位渴望长生的"始皇帝"描绘了一番海上三神山的仙境,并说仙人就住在那里,请求派自己前去寻访。秦始皇听后果然动心,当即答应了徐福的请求,派他带人入海,去寻找仙人,以求取长生不老药。

徐福第一次出海一去就是好几年,结果却一无所获。他害怕秦始皇治他的罪,也想得到更多的费用以便再次出海,于是就谎称:得到蓬莱的仙药并不会很困难,但是他在海上航行时,每每受到大鲛鱼的骚扰,而不能到达目的地。所以他请求秦始皇派一些善使弓弩的人与他一块儿去。而在这期间,秦始皇意外地梦见了与海神作战,海神长得好像人的模样。秦始皇就询问占梦博士,博士说:"陛下祭祀周到恭谨,却还是遇上了这种恶神,那就应当将它除去,这样就可以请来善神。"秦始皇听后,立即亲自率领人马带着捕大鱼的网具和连弩,到海上射杀大鱼。

等一切准备好了以后,徐福就带领几千童男童女第二次出海,这次他同样没有找到海外仙山,也就自然没敢再回到秦始皇身边。据说,他带人航行到一片平原广泽之后就在那里定居下来,有人认为,他定居的地方其实就是现在的日本。

在徐福之后,秦始皇又派燕人卢生入海求仙。卢生也是一无所获,他为了逃避秦始皇的惩罚,就对秦始皇说一些神鬼之事,使得秦始皇将信将疑。卢生还献上了一本图书,上面有一句谶语:"亡秦者胡也。"秦始皇对此深信不疑,认定这是匈奴将来会灭亡秦朝的预言。于是他就派大将蒙恬率三十万大军前去攻打匈奴。

此后，秦始皇继续派卢生出海求仙问药。但三年过去了，卢生还是找不到长生不老药。于是，他就对秦始皇说："陛下求仙之心如此虔诚，却总是找不到，一定是有人在背地里捣乱，不想让陛下遇到仙人。陛下应该隐蔽行踪，不让臣子知道，这样才能迎来神仙。如果让别人知道了陛下居住的地方，那么神仙就不会来了。"

秦始皇对此仍深信不疑，而且还按照卢生说的去做了。这导致他的行踪只有几个亲信的宦官知道，他的臣子包括丞相在内，对他的行踪都知之甚少。

秦始皇还曾派韩众、侯生和石生向仙人求不死之药，可惜他们都未能替秦始皇求得仙药。随着时间的推移，秦始皇对卢生这些方士渐渐失去了信任。卢生担心自己会被秦始皇杀掉，就暗地里散播秦始皇的流言，说他十分残暴，朝廷里没有人敢说真话。卢生、侯生这些方士成功挑起了秦始皇的怒火，但他们自己却逃之夭夭了。秦始皇得知自己被骗后，盛怒之下，坑杀了大批为他们说情的儒生。

焚书坑儒

秦朝确立了专制主义中央集权的国家行政体制后，一些儒生和方士针对时政，引用《诗经》《尚书》中的论述和诸子百家的话，以古说今，议论朝政，发表不同意见。有鉴于此，公元前213年，丞相李斯提出"焚书"的建议，得到了秦始皇的认可。当时所焚之书包括两部分：一是统一前的列国史书，二是百姓私藏的《诗经》《尚书》和诸子百家语录。至于秦国的史书、博士官收藏的图书和百姓家藏的有关医药、卜筮、种植等技艺之书，则不在此列。其所禁书籍都必须在三十天之内上交地方官府进行焚毁。

焚书的次年，又发生了坑儒事件。秦始皇晚年为求长生不老，寄希望于方士求仙问药，因此，方士侯生、卢生等人很受宠。后来，侯生、卢生等人无法继续行骗，便以秦始皇贪于权势、不可为其求仙药为由，与一些儒生相约逃亡。秦始皇闻讯大怒，认为儒生、方士用妖言惑乱老百姓，于是下令让御史（主管司法的官吏）立案查问儒生、方士。受株连的儒生、方士达四百六十余人，他们最后都被活埋于咸阳。

坑儒事件激起了儒生的普遍反抗，连秦始皇的长子扶苏也觉得过于残忍，他对秦始皇说："天下初定，百姓尚没有全部归顺，众多读书人都学习孔子之道，而皇帝陛下却下旨严厉处罚他们，我担心这样做恐怕会引起骚动。"秦始皇听了，不但没有丝毫触动，反而把扶苏贬到上郡去监督蒙恬的军队。

焚书坑儒禁锢了思想，摧残了文化，激起了人民的普遍反抗，焚书坑儒加速了秦朝的灭亡。

万里长城

长城是我国古代极为重要的、宏伟的军事防御工程，也是世界上规模最大的军事工程。它因工程浩大而艰巨，被誉为人类古代建筑史上的一大奇迹。它距今已有两千多年的历史。

早在春秋时期，各诸侯国为了相互防御，就修筑起烽火台、列城，以后逐步用城墙把它们连接起来，这就是修筑长城的开端。到公元前7世纪时，各诸侯国就已经修筑起若干段的长城。后来，燕、赵、秦三国又修筑了防范北方游牧民族东胡、匈奴进扰的长城。秦始皇统一中国后，就在这个基础上大规模地修建长城，西起临洮，东到辽东，绵延万里。同时，秦始皇还在沿线设立了十二郡来开发和管理长城内外地区。

秦以后，各朝各代也都对长城进行了大规模的修筑和增建。尤其是明代，在二百七十多年的时间里，大规模修筑长城竟达十八次之多，而且把原来土筑城墙的一部分都改为了砖石结构。明长城西起甘肃嘉峪关，东至河北山海关，全长六千多公里，通称"万里长城"。这也就是我们今天看到的长城。

张良受书

秦始皇(前259—前210)统一六国后,原来东方六国的贵族们并不甘心失败,于是开始暗中策划行刺秦始皇。张良(？—前189或前190)就是其中比较有名的一个。张良出身于贵族世家,他的祖父和父亲,曾相继担任过韩国的宰相。而秦灭韩,使张良失去了继承先辈事业的机会,张家的显赫地位在战火中灰飞烟灭,他的父亲和弟弟也相继离世。

国仇、家恨使得年轻的张良决定放手一搏,他散尽家财,四处结交英雄豪杰,以寻找志同道合的义士一起刺杀秦始皇。功夫不负有心人,张良终于结识了一个大力士,此人能挥动重达120斤的大铁锤。他们决定一起前去行刺,这样就会有很大把握。接着他们就一起研究刺杀大计。

那个时候,秦始皇经常到各地去巡视,既是为了震慑全国各地的反抗势力,也是为了祭祀名山大川来彰显自己的英明。张良探知了秦始皇东巡的行程,于是和大力士定下了在博浪沙(今河南原阳县)进行刺杀的计划。当秦始皇的车队到达博浪沙时,他们将铁锤抛过去,结果只是将秦始皇所乘车驾后边的副车砸了个粉碎。秦始皇大为愤怒,下令搜捕刺客。张良看到未砸中秦始皇,当机立断,决定按计划撤离,根本就没让秦兵看见他们的影子。

刺杀行动失败后,为了躲避搜查,张良隐姓埋名,到处流浪,直到逃到了下邳(治今江苏睢宁县北),才安顿下来。与此同时,他一面钻研兵法,一面等待报仇的机会。

有一次,张良出去散步,来到一座桥上,看见对面走来一个穿着粗布短袍的老头儿。他走到张良身边时,故意把脚一抖,脚上的一只鞋子就滚到桥下去了。老头儿很不客气地对张良说:"小伙子,下去把我的鞋子捡上来。"张良听后很纳闷,但还是强忍着心中的不满和怒气,走到桥下,将老人的那只鞋子捡起来,然后重新回到桥上,将鞋子递给老人。不成想,那老头儿坐在桥头看都不看,只是把脚一伸,说:"给我穿上。"此时的张良真想挥拳揍他,但他已不是当初那个锋芒毕露的年轻人了,他转念一想,既然自己都把鞋捡上来了,索性就好人做到底。于是张良跪在地上,恭恭敬敬地帮老人把鞋子穿上了。

这下老头儿虽没再要求什么,但也没表示感谢,而是笑着走了。张良很奇怪,只是呆呆地盯着老头儿的背影。没多久,老头儿又回到桥上,对张良说:"孺子可教矣。"停了一下又接着说,"我很有兴趣教导你,五天之后,天亮之时,再到桥上和我相会。"张良不知老人是何意,但觉得他必定不凡,于是赶紧恭敬地跪地应诺。

时间很快过去了,第五天一大早,张良就急匆匆地赶到桥上。谁知老人已经坐在桥上等着他了。看见张良才到,老人生气地责备张良:"小伙子,你和老人家约定时间相会,就该早一点儿来,怎么反叫我等你呢?你也太不尊重老人家了。好了,今天就这样吧。五天之后再来,记得早一点儿到。"说完老人就走了。

就这样又过了几天,第五天天才蒙蒙亮,张良一听见鸡叫声,就赶忙往桥那边跑。结果,他还没上桥,就看见老头儿又坐在那儿等着他了。张良脸一红,不知该说什么。老人也只是淡淡地说:"再过五天,别再迟到了。"

这回张良学乖了,他在第四天半夜就来到了桥上,这次没有看到老人在,于是他就坐在桥上安静地等着天亮。天亮没多久,那老头儿也一步一步地走到桥上来了。看到张良已经在桥上等着了,他就笑着说:"嗯,很好,这才对嘛。"老人说完,便从衣袖中抽出一部书,交给张良,说:"回去仔细研读,等你真正精通此书了,将来可当帝王的军师,凭此可以兴邦立国。"说罢,他不容张良多问,也不再多言,转身扬长而去。张良回过神来,一看手中的书,原来是一部《太公兵法》。此后,张良就刻苦钻研这部兵书,最终辅佐刘邦灭掉强秦,建立汉朝。他也成了一代"谋圣",受人敬仰。

沙丘的阴谋

公元前210年,秦始皇到东南一带去巡视。随同他一起去的,有丞相李斯(？—前208)、宦官赵高(？—前207),还有他的小儿子胡亥。秦始皇平时喜欢胡亥,胡亥要求一起去,秦始皇也就答应了。

秦始皇渡过钱塘江,到了会稽郡,再向北到了琅琊(今山东青岛市黄岛区琅琊台西北),冬季出发,一直到次年夏天才回来。回来的路上,秦始皇感到身体不舒服,随从的医官给他看病、进药,都不见效。

到了沙丘(今河北广宗县西北大平台)的时候,秦始皇的病越来越重。他知道自己的病好不了了,便吩咐赵高说:"快写信给扶苏,叫他赶快回咸阳去。万一我好不了,叫他主办丧事。"信写好了,但还没得及交给使者送出,秦始皇就咽了气。

丞相李斯跟赵高商量说:"这里离咸阳还很远,不是一两天就能赶到的。万一皇上去世的消息传开,恐怕里里外外都会发生混乱;倒不如先暂时保密,不要发丧,等赶回咸阳再处理。"

他们把秦始皇的尸体安放在车里,关上车门,放下车帷子,外面的人什么也看不见。随从的人除了胡亥、李斯、赵高和五六个内侍外,别的大臣都不知道秦始皇已经死了。车队照常向咸阳进发,每到一个地方,文武百官都照常在车外奏事。

李斯叫赵高赶快派人把信送出去,叫公子扶苏赶快回咸阳。赵高是胡亥的心腹,跟蒙恬一家有冤仇。于是他偷偷地跟胡亥商量,准备假传秦始皇的遗诏,杀掉扶苏,让胡亥继承皇位。胡亥当然求之不得。

赵高知道要干成这事,非得跟李斯商量不可,于是就去找李斯,说:"现在皇上的遗诏和玉玺都在胡亥手里,要谁接替皇位,全凭我们两人一句话,您看怎么办?"

李斯吃了一惊,说:"你怎么说出这种话来?这可不是我们做臣子的该议论的事！"

赵高说："您别急。我先问您，您的才能比得上蒙恬吗？您的功劳比得上蒙恬吗？您跟扶苏的关系比得上蒙恬吗？"

李斯愣了一会儿，才说："我是比不上他。"

赵高说："要是扶苏做了皇帝，他一定拜蒙恬为相。到那时候，您只好回老家。这是明摆着的事。公子胡亥心眼好，待人厚道。要是他做了皇帝，你我就一辈子荣华富贵受用不尽。您好好考虑考虑吧。"

赵高连哄带吓地说了一通，李斯也怕扶苏继承皇位以后，自己保不住丞相的位子，于是就和赵高、胡亥合谋，伪造了一份诏书给扶苏，说他在外不能立功，反而怨恨父皇，又说将军蒙恬和扶苏是同谋，都该自杀。

扶苏接到这封假诏书后，哭着想自杀。蒙恬怀疑这封诏书是伪造的，要扶苏向秦始皇申辩。扶苏是个老实人，他对此信以为真，非常悲观地说："既然父皇要我死，我哪里还能再申辩？"于是他就自杀了。

赵高和李斯急急忙忙催着人马赶路。那时候，正是夏末秋初，天气还很炎热，没过多少日子，秦始皇的尸体就腐烂了，车子里散发出一阵阵臭味。

赵高派人去买了一大堆咸鱼，在每辆车上都放了一筐。车队周围的咸鱼气味，就把秦始皇尸体的臭味掩盖过去了。

他们一行人到了咸阳后，才宣布秦始皇去世的消息，然后举行了葬礼，并且假传秦始皇的遗诏，立胡亥继承皇位，胡亥就是秦二世（前230—前207）。

秦二世做贼心虚，怕篡夺皇位的事泄露出来，就把兄弟姐妹都定了死罪，因此受牵连的大臣更是不计其数。后来赵高又用诡计唆使秦二世把同谋的李斯也杀了。于是赵高自己当了丞相，独揽大权。

秦二世的黑暗统治

公元前209年,在野心家赵高和丞相李斯的默许下,秦始皇的小儿子胡亥被推上了帝位。胡亥即位后,被称为二世皇帝。虽说胡亥已经做了皇帝,但是仍有人对他继位的合法性表示怀疑。为了消除人们的怀疑,也为了自己能随心所欲地享乐,胡亥在赵高的提示下开始排除异己,将对自己有怀疑和不服从自己命令的人直接铲除。

秦二世和赵高的屠刀首先伸向了战功卓著的蒙氏兄弟。原本秦二世还想拉拢蒙氏兄弟为自己效力,毕竟他们有战功,有威望。但是赵高不同意,因为赵高早年犯罪,受到当时的蒙毅(蒙恬兄弟)将军的严厉处罚,他一直怀恨在心,就想趁现在自己上位的时机,给蒙毅罗织罪名。

赵高先是向秦二世进谗言,说先帝早就想立胡亥为太子,只是因蒙家和公子扶苏交好,所以蒙毅坚决谏阻,先帝这才未将胡亥立为太子。这样,赵高就使得秦二世打消了拉拢蒙氏兄弟的念头。接着赵高故意找了个罪名,将蒙毅囚在代郡(治今河北蔚县东北)狱中。然后,他又派人到代郡监狱宣告蒙毅的"罪状",准备杀害蒙毅。蒙毅据理力争,坚称自己并没有犯那些罪,可是来人已经得到了授意,根本不顾蒙毅的申辩,强行逼杀了蒙毅。之后,赵高又以秦二世的名义,派使者到阳周(今陕西靖边县),逼迫蒙恬自杀。蒙恬不肯速死,希望进谏后再死。但是使者却不允许,蒙恬无法,又不想造反,最后只得仰天长叹,服药自杀了。

除掉了蒙恬、蒙毅兄弟后,秦二世和赵高又将目光对准了朝中众臣。秦二世让赵高主管刑律,负责办理各类案件。赵高上任后,便立刻大肆罗织罪名,将大批朝臣诛杀。右丞相冯去疾和将军冯劫认为自己身为将相,不能忍受这种侮辱,于是不等赵高派人传唤,就相继自尽,以明心志。

一时间,朝臣纷纷含屈而死,但是赵高并未就此收手,反而变本加厉,对每个不顺从他的朝臣都要株连亲友,就连担任宫廷警卫的亲近侍臣也不能幸免。此时,咸阳城内血雨腥风，人人自危。赵高趁机将自己的亲信纷纷安插到各部门的关键位置，大肆培植党羽，以图架空秦二世。但秦二世对此却根本不知情，仍一如既往地相信赵高。

丞相李斯为了保住自己的官帽，就写了一篇《行督责书》献给秦二世。其中提出作为皇帝，秦二世应该高度集中权力，独断专行，用深罚重刑控制臣民，实行极端残酷的血腥统治政策。秦二世读后大为赞赏，下令马上照此实行。

在杀完了勋将和朝臣后，秦二世同赵高又把屠刀挥向了秦二世的兄弟姐妹。一次，在咸阳市集上，秦二世将十二个兄弟同时处死，场面触目惊心。后来又在杜县（治今陕西西安东南）又将六个兄弟和十个姐妹碾死，场面惨不忍睹。公子将闾等三人也是胡亥的兄弟，他们比其他兄弟都沉稳，平时行为也十分谨慎，胡亥找不出什么罪名陷害，就把他们囚在内宫。等其他公子大都被杀以后，秦二世派使者对将闾等人说："你们不尽臣道，依律当被处死。"

将闾对来人说："宫廷中的礼节，从不敢不服从遵守。朝廷规定的礼节，我也没有违背，听命应对，我更没有一点儿过失。怎么能说是不尽臣道呢？我希望知道罪名后再死。"

来人答道："我不知道你们为什么被定罪处死，我只是奉命行事。"将闾三人听后痛哭流涕，最后拔剑自刎。

秦二世和赵高联手，通过血腥的屠杀，控制了朝政，但也使得这个时期成了秦朝历史上最为黑暗的时期。秦二世在巩固了自己的统治之后，制定了一系列严刑峻法，来控制天下臣民。为了享乐，秦二世修筑宫室，役使民夫，横征暴敛。他继续修建阿房宫、骊山墓等，以方便自己随心所欲地玩乐；他还调征精兵屯卫咸阳，演习射猎，命令各地郡县向咸阳转运粮草。这些举措导致赋敛日趋沉重，徭役越来越多，民力逐渐枯竭，国家处在崩溃的边缘。

揭竿而起

公元前210年,秦始皇病死在东巡的路上,奸臣赵高假传秦始皇的遗诏,让胡亥继承皇位,胡亥便是秦二世。

胡亥虽然当上了皇帝,可是,大权实际上掌握在赵高手里。赵高为人阴险毒辣,专横跋扈,搞得全国上下怨声载道,人们都对他恨之入骨。公元前209年,一批九百人的壮丁队伍被政府征调到渔阳(治今北京密云区西南)去戍守边防,陈胜、吴广二人担任屯长职务,带领这支队伍。当他们走到大泽乡(今安徽宿州市东南)时,遇上了连绵大雨,因此队伍无法继续前进,只好暂时驻扎下来。

雨越下越大,道路和桥梁被大雨冲毁,队伍已经不能按期到达戍边的地点。当时的法令很严,队伍若不能如期赶到渔阳,那么所有人都要被杀头。夜里,陈胜、吴广合计道:"如今逃跑也是死,举事起义也是死,同样都是死,为国而死难道不可以吗?"二人商量了一番,决定起义。为了号召大家,他们利用当时大多数人都迷信鬼神的特点,想出了一条计策。

他们拿来一块白绸布,用朱砂在上面写上"陈胜王"三个大字,塞在一条鱼的肚子里。有兵士碰巧买来这条鱼,他将鱼肚剖开,发现了绸布,感到十分惊奇。陈胜又暗中派吴广到驻地附近的一座草木丛生的古庙里,等到半夜时,就点起一堆篝火,模仿狐狸的声音叫喊:"大楚兴,陈胜王。"大伙儿都听得又惊又怕。

第二天,大伙儿对昨晚发生的事议论纷纷,都对陈胜、吴广指指点点。

后来有一天,吴广趁押送队伍的将尉喝得酩酊大醉时,故意多次说要逃走,从此来激怒将尉,惹他当众侮辱自己,从而以激怒众人。果然,将尉把吴广打了一顿,还拔出宝剑威胁要杀了他。吴广奋起,夺过宝剑杀死了将尉,这时,陈胜也赶来协助,他们合力杀死两个将尉。

陈胜和吴广趁机号召大家说:"大丈夫岂能白白去送死?王侯将相难道是祖传的吗?"

大伙儿在陈胜、吴广的号召之下，齐声高喊："对！我们听您的！"

于是，大伙儿筑坛盟誓，用将尉的头祭祀上天。陈胜自立为将军，吴广担任都尉。起义军首先占领了大泽乡。接着，附近的老百姓也纷纷拿起铁锹、锄头参加这支起义军队伍。

起义军队伍渐渐地壮大，他们没有刀枪和旗帜，就砍下树枝做刀枪，削了竹竿做旗杆。就这样，一支庞大的农民起义军队伍形成了。

李斯未能善终

秦二世得益于当初李斯和赵高的沙丘密谋，当上了皇帝。但是，胡亥在继位后只跟赵高商量事情，基本上将李斯排除在大权之外。这逐渐引起了李斯的不满。而赵高在尝到了掌握权力的滋味之后，当然也不愿意和别人一起分享。于是他暗中设计，想要陷害李斯。

赵高寻找时机向李斯暗示，说如今关东地区的盗贼很多，但二世皇帝不管这些，只顾着征派民众去建造阿房宫，或是饮酒玩乐。赵高说自己地位卑下，人微言轻，想进言劝谏，又怕二世皇帝不会听。但李斯身为丞相，位高权重，说出来的话又有水平，想来皇帝一定能听进去，所以李斯应该承担劝谏皇帝的责任。李斯丝毫没有察觉出赵高的话有什么不妥，反而真的认为只有自己才劝得了皇帝，于是他高兴地称赞了赵高，并且表示，自己一定会找机会劝谏皇帝。只是苦于皇帝总是不上朝，住在深宫里，他就是想见皇帝，也没有人为自己通报。赵高听后立刻说，他一定找机会让李斯见到皇帝，给他制造劝谏皇帝的机会。

一天，胡亥在宫中饮酒作乐，宫女们翩翩起舞。赵高见胡亥玩兴正浓，就派人对李斯说："皇帝在宫中正说起你呢，现在正是向皇帝进言的时候。"

李斯听到这个消息后，立刻兴冲冲地来到宫门口，求见皇帝。胡亥此时正在兴头上，根本就没有心思见他，就让李斯等着。李斯左等等不到召见，右等也等不到召见，心下着急，就一连让人通传了三次。这下他可闯祸了，胡亥嫌他事多，就恨恨地说:"朕平时闲着没事情的时候,不见丞相求见,而现在却一再来烦我。他是看我年轻就不把我放在眼里吗?"

赵高要的就是这个效果,于是他马上在旁边说:"皇上,臣觉得事情没那么简单。臣觉得李丞相是邀功来了。想当初沙丘密谋时,李丞相对陛下也有一份拥护之功。现在陛下当了皇帝,可李斯本来就是丞相,朝廷上已经没有比这更高的官职了。因此臣想李丞相大概是自以为功大,打算让陛下对他裂土封王。"眼看秦二世听得认真,显然有些默认了,赵高就继续挑拨道:"原本有些事皇帝您不问我,我也不敢说什么。今天我觉得我有必要讲出来。丞相的长子李由,是三川郡的郡守。盗贼陈胜和丞相李斯都是楚地人,他们的家乡离得很近,所以那里的盗贼才敢在光天化日之下到处活动,盗贼们经过三川郡时,李由也不派兵清剿。我听说他们之间还有书信来往,只是不知道具体讲些什么,因此不敢向皇帝您报告。朝廷的事一向都是由丞相掌管的,人们都认为他的权力比皇帝您还大呢!"

秦二世听了这话之后,对李斯起了疑心,于是马上派人调查关于李由通盗的事情。李斯得到消息后,很是不解。他怀疑是赵高从中作梗,于是上书给皇帝,说赵高意图谋反。可惜,胡亥对赵高非常信任,不但不把李斯的话当回事,反而把李斯告状的事告诉了赵高。赵高趁机说:"丞相现在只担心我一个人了。哪一天他如果把我杀掉了,就可以篡夺皇帝的权力了。"这话惹得秦二世对李斯更是不满。渐渐地,李斯失去了秦二世的信任。

终于,李斯被秦二世关进了监狱。此时的李斯十分后悔当初在沙丘跟赵高一起玩弄阴谋,把胡亥扶上皇位。现在,眼看着秦朝的江山在起义军的打击下随时都可能崩塌,自己尽心竭力辅佐始皇帝开创的事业行将付诸东流,而自己又身陷囹圄,因此他感到无限凄凉。

在狱中,赵高对李斯一点儿情面都不讲,只是一味地严刑拷打,刑讯逼供。李斯经不住残酷的折磨,被迫承认谋反。但是,他还对秦二世抱有一丝希望。于是李斯就在狱中上书二世皇帝,历数了自己的七条"罪状",其实都是正话反说,为自己评功邀好。他满怀希望地把奏书交给狱吏,希望秦二世看了奏书后能被他打动,最终赦免他。可惜奏书却落到了赵高手里,秦二世根本没有看到这封奏书。为了打击李斯,赵高派人对他说:"囚犯哪里还有上书的权利?"

秦二世看了李斯的口供,很是庆幸地对赵高说:"要不是你,我差点儿就被李斯蒙骗了!"于是,秦二世认定李斯谋反是真的,在赵高的操作下,他下令将李斯处以腰斩之刑。行刑的那一天,与李斯一同被押赴刑场的,还有他的二儿子。父子相见,悲从心生。李斯对儿子说:"我想再跟你一起,牵着黄毛猎狗,回家乡上蔡(治今河南上蔡县)东门外的野地里追逐狡兔。可那样的日子还会有吗?"说罢,父子俩抱头痛哭,然后一起被处以腰斩之刑。事后,秦二世和赵高又下令诛灭了李斯三族。可怜李斯害人终害己!

指鹿为马

公元前208年,赵高利用秦二世胡亥杀死了丞相李斯,自己则当上了丞相,掌握了朝政大权。从此,赵高更加野心勃勃,妄图篡夺皇位。

赵高为人专横跋扈,专干不得人心的事,朝中大大小小的官员都对他很不满。然而他大权在手,官员们既对他恨之入骨,又都敢怒而不敢言。

一天,赵高正在梦想着篡权做皇帝,可篡夺皇位终究不是件容易的事,即使当上了皇帝,朝中的文武百官会顺从他吗?经过一番苦思,赵高终于想出一个办法来。

赵高趁胡亥上朝时,牵着一头鹿来到殿上,故意对胡亥说:"皇上,臣献给你一匹好马。"胡亥一见,笑着说:"你错了,这是一头鹿,怎么说是一匹马呢?"赵高把脸一沉,然后奸笑了一声说道:"皇上,这是一匹马,不信你问左右群臣!"在场的文武百官都默不作声,生怕说出实话来得罪了赵高,要遭杀身之祸。隔了好一会儿都没有人作声,赵高有点儿耐不住了,他为了在皇帝和众大臣面前显示自己的权势,因此点出几个亲信来回答,他们都一致说是马。这时,群臣中有几个官员实在忍不住了,纷纷指责赵高丧心病狂、颠倒黑白的行为,他们说:"这明明是一头鹿,怎么能故意说成是一匹马呢?"退朝后,这几个说是鹿的官员,一个个都被赵高杀害了。从此以后,朝中再也没有人敢说实话了。

之后过了不久,赵高便迫不及待地想要篡夺皇位,于是派人去刺杀胡亥。胡亥连忙下令左右官员保驾,可是,大臣们都躲在一边不敢上前,仅有一人跟在胡亥身边,胡亥对这个大臣说:"赵高的阴谋你为何不及早告诉我,不然我也不会是这样的结局。"大臣说:"要是早告诉你,我不是早被赵高杀了吗,哪里能活到现在呢?"

赵高指鹿为马,上欺君下压臣,真是荒谬绝伦、飞扬跋扈到了极点。

赵高终于死了

赵高在完全掌控了帝国的政权后,野心进一步膨胀。而此时全国各地的起义风起云涌,大秦帝国风雨飘摇。秦二世也终于知道了帝国的糟糕情况,于是派使者质问赵高:"丞相不是总说关东盗贼不能成气候吗?如今怎么会到了这种地步?"赵高听了大惊失色,知道秦二世对自己产生了怀疑与不满,为了自己的身家性命和野心,他决定铤而走险。经过一系列的谋划,他掌控了皇宫的一切,然后派女婿阎乐去杀掉秦二世。秦二世无法,只得自杀。

阎乐在秦二世死后,火速派人报告赵高,说已大功告成。赵高欣喜若狂,马上召集群臣和众位公子举行朝会,当众宣布了秦二世已死的消息。然后,赵高趁机对众人说:"我们大秦帝国原本只是一个王国,因为始皇帝的丰功伟绩得以统一了天下,所以先皇就称帝以显示自己无上的荣耀。但是,现在关东盗贼四起,齐、楚、燕、赵、韩、魏六国都已经复国。我朝的国土面积越来越小,如果我们再称帝,也只是自我安慰罢了。与其徒有其名不如自己果断放弃帝号,还跟过去一样称王。如此既符合实际,也会减轻压力,这样才比较妥当。"接着赵高将玉玺交给子婴,意思是他要立子婴为秦王。

子婴早在当公子期间,就已耳闻目睹了赵高的种种罪行,现在被赵高推上王位,知道自己不过是一个傀儡而已,所以他一点儿也不领情。子婴对赵高很鄙视,而且也有胆量站出来反对赵高。子婴不愿再重蹈胡亥的覆辙,便对两个儿子和亲信们说:"赵高安排人杀害了二世皇帝,本想自己当皇帝,但恐怕朝臣不服,才假装仁义，要立我为王。而且据我所知，他已经和准备进攻关中的义军暗中定下盟约，要把我朝的宗室全都消灭掉，然后由他在关中称王。他让我到宗庙去祭拜祖宗，然后登基称王，就是想乘机杀了我。如此祸乱国家之人，不杀不足以平民愤。这样，等到祭拜宗庙的那一天，我就推说有病不能去，他肯定要亲自来催我去。到时候等他一来，你们就立即出手杀掉他。"

果然，到了祭拜宗庙的那天，子婴迟迟不来，赵高就几次派人去催。但子婴一口咬定自己有病在身，不能前往。赵高担心子婴如果真的不来，下面的戏就没法唱了，于是就亲自去请。赵高一到，还没等他说什么，子婴身边的人就提刀上前，一刀将其砍死。子婴随即召群臣进宫，历数了赵高的罪状，随后，子婴下令诛灭了赵高三族。

刘邦志在天下

公元前207年，子婴杀了赵高，但他只做了46天的秦王，还没来得及实行什么举措，就被义军的行动搞得手足无措。后来，刘邦（前256或前247—前195）采用张良的计策，攻下峣关（今陕西商洛市商州区西北），兵临咸阳城下。

面对刘邦的招降，子婴无计可施，只得把皇帝佩玉上的丝带解下，系在脖子上（表示请罪），手里拿着皇帝的玉玺、兵符和节杖，坐着用白布覆盖、套着白马的车驾，敞开城门，向刘邦投降。他这么做的目的就是向刘邦表明，自己是一个应该以自杀向天下谢罪的人，想以此激起刘邦的仁慈之心，以保全自己和秦朝宗室的性命。

看到子婴的举动，刘邦很是触动。虽然有人向他建议应该将子婴杀了，以免除后患，但是刘邦说："怀王派我攻打咸阳，就是因为相信我待人宽厚，不会滥杀无辜；再说，人家以亲王之尊表示投降，如果还是将他杀死，影响很不好。"于是刘邦就接受了子婴献上的玉玺，并将子婴交给将士看管起来。至此，秦始皇一手创建的秦帝国，仅仅存在了15年，在他死后的第3年，就在农民起义的浪潮中灭亡了。

刘邦率领军队进入咸阳城后，这些大大小小的起义军将士看着繁华的咸阳城都很是心动,于是纷纷跑去寻找皇宫的仓库。他们看到金银财宝就往自己身上装,以致场面非常混乱。其中只有一个叫萧何(？—前193)的人,他对这些钱财不屑一顾,而是先跑到秦朝丞相办公的地方,把有关户口、地图等文书档案都收集整理起来,保管好。

刘邦的表现也不比那些将士好多少。在将士们的陪同下,刘邦来到了豪华的秦王宫。他也是头一次看见如此富丽堂皇的宫殿,宫殿各处的装潢精美绝伦,再加上美丽婀娜的宫女佳丽,他整个人都愣住了。在宫里只待了一会儿,他就已经意志消沉,不想离开这个富贵乡了。

还好,刘邦的手下还是有清醒的人的。他的部将也是他的连襟(姐姐的丈夫和妹妹的丈夫之间的亲戚关系)樊哙此时闯进宫来,说:"沛公的志向是要取得天下,还是只想当个富家翁啊?如此奢华的宫殿、精美的器物,却使得秦朝灭亡了,您为什么还对这些东西恋恋不舍呢?还是速速回到军中才是正理。"

这个时候刘邦哪儿有心思听他说这么扫兴的话。他只是摆摆手,说:"我只想在这里休息一下。"刚巧,张良也来找刘邦,听到了他俩的对话。于是张良对刘邦说:"沛公难道就满足于此了,樊将军说得很有道理,俗话说得好,'忠言逆耳利于行,良药苦口利于病'。想来您也只是一时留恋这些而已,请您多想想樊哙的建议。"

刘邦虽说缺点不少,但是有个很大的优点,就是善于听取部下的建议。而且张良是他的重要谋士,他一向很是信任。闻听此言,他马上醒悟过来,即刻吩咐将士封了宫殿,率领众将回到灞上(今陕西西安东南)军中驻扎。

同时,刘邦接受了谋士们的建议,召集了咸阳附近各县的父老豪杰,跟他们讲明自己对待关中地区的措施和态度。鉴于各地父老豪杰深受秦朝严苛律法的毒害,他和这些父老豪杰约法三章:第一,杀人的要偿命;第二,打伤人的要抵罪;第三,偷盗的要判罪。并且他还郑重声明:除了这三条,其他秦国的法律、禁令,一律废除。如此一来,便可消除关中父老豪杰的惊慌疑虑的情绪,保证他们可以安居乐业。

苦于严苛秦律的关中百姓在听到了刘邦的约法三章后,都很高兴。他们拿着牛肉、羊肉、酒和粮食来到军中,以慰劳刘邦和他的将士们。而刘邦却对他们好言相劝,说:"军中现在粮草充足,感谢各位父老的厚爱,你们的心意我和众将士领了,东西还请你们带回去。"

此后，刘邦和他的军队对百姓秋毫无犯，深受百姓的爱戴。他们都希望刘邦能够在关中裂土封王，继续治理关中地区。

破釜沉舟

项羽（前232—前202）的祖父是战国时楚国名将项燕。项羽很小的时候，父亲就死了，他是在叔叔项梁的照顾下长大的。项羽小小年纪便立志为楚国报仇雪耻，但叔父教他书法，他不用功；让他去学习剑术，他也不肯努力。因此，项梁很生气，就骂他没有出息。而项羽却说："念书写字，顶多记记姓名罢了；剑术学好了也只能对付一个人。这些我都不想学，我要学那种能对抗万人的本领。"项梁听项羽这么一说，认为侄子胸有大志，就让他学习兵法。项梁善于结交朋友，碰到人家有什么事，他都赶去帮忙，所以当地的百姓都很敬重他，他也就成了吴中豪杰的领袖，连地方官也要敬他几分。

陈胜、吴广在大泽乡起义的消息传来以后，项梁和项羽万分高兴，他们感到为楚国报仇的时机已经到来了，于是就杀掉了当地的郡守，召集起八千子弟兵，准备起兵反秦。

过了不久，前方有消息传来，说陈胜被秦将章邯打败，于是项梁赶紧率领江东八千子弟兵，渡过长江，向西面前线挺进。途中一些零散的反秦队伍，如陈婴、英布（？—前195）、蒲将军等率领的武装，都纷纷投奔到项梁的队伍中来，使这支部队的人数一下子增长到六七万人。这时陈胜已经被叛徒庄贾杀死，张楚政权早已四分五裂。于是在这个紧要关头，项梁在薛县（治今山东滕州南）召开各路起义军首领会议，商量要公推一个起义军的首领。这时候，有个叫范增（前277—前204）的七十来岁的老头子赶来献计，他对项梁说："秦灭六国，楚最不幸。楚怀王被骗到秦国后就死在了秦国，楚国人至今都怀念着他。您从江东起兵，有很多人前来投奔您，这是因为您家世世代代都是楚国的大将，人们希望您恢复楚国。您如果能拥立楚怀王的后代为王，就一定能够号召更多的老百姓。"

项梁觉得范增的话很有道理,就派人四处寻访楚怀王的后代。没过多久,大家找到了楚怀王熊槐的孙子熊心,他正在替人家放羊。于是项梁带领大家将熊心立为楚王,为了顺应楚人怀念故国的心情,仍将他称为"楚怀王"。这个消息传开以后,果然又有很多人赶来参加项梁的队伍。

项梁把楚怀王安置在盱眙(今江苏淮阴西南),自己则带兵继续西进。他在东阿(今山东阳谷县阿城镇)打败章邯,又在濮阳(今河南濮阳)东面大破秦军,接着又攻下了定陶(治今山东定陶西北)。这时候,原先齐、赵、燕、魏等国的旧贵族,也都在自己的土地上自立为王,恢复了自己国家的名称,秦朝的天下眼看就要土崩瓦解了。项梁命令项羽和不久前来投奔他的刘邦带兵急速西进。项羽和刘邦杀死了秦朝的大将李由,章邯见形势危急,赶快请朝廷派援军,乘着项梁得胜后骄傲自满,没有防备的时候,偷袭了定陶,并将项梁杀死。项梁一死,起义军的队伍受到很大损失,项羽、刘邦、吕臣等只好撤退到彭城(今江苏徐州)一带,采取守势。

秦将章邯击破了项梁率领的楚军主力之后,认为楚军已元气大伤,用不着担心了,于是把项羽他们撇开不管,带领大军北渡黄河,攻打当时自称赵王的赵歇。赵王和他的谋臣张耳、陈余没有防备秦军的进攻,一战就败,只好退到巨鹿(今河北平乡县西南)固守。章邯派大将王离和涉间把巨鹿城围得如铁桶一般牢不可破,秦军在城外布成了铁墙般的防线,章邯率人运输粮草,以供应王离的围城大军。

赵军被围困得顶不住了,赶紧派人四处求救,燕齐两国援赵大军早就赶到了,但他们见秦军势力强大,谁也不肯充当那碰石头的鸡蛋,都缩头缩脑地远离秦军驻扎。

楚怀王接到赵王求援的书信后,赶紧准备援军,命宋义为上将军,带着次将项羽、末将范增北上救赵。

宋义率领大军由彭城出发,将士们休整了几个月,现在听说要去和秦军的主力拼杀,因此一个个摩拳擦掌,斗志很旺。但是宋义却是一个胆小怕事、自私自利的小人,他用甜言蜜语取得楚怀王的信任,骗取了兵权,但他根本就不想去和秦军拼命。所以,当大军行进到安阳的时候,他便号令全军原地休息,这一住就是四十多天,他自己每天在大帐中饮酒作乐,从不提出兵援赵的事。

项羽实在忍耐不住,便来见宋义,项羽说:"救兵如救火,现在赵王危险,我们应该立即率兵渡过漳河,与赵王来个里应外合,这样一定能够大败秦军!"宋义斜着眼看了一下项羽,慢吞吞地说:"你哪里懂得兵法的妙用!我们的目标是消灭秦军,我的主意是先让秦赵拼个你死我活,这样我们就可以坐收渔翁之利。在战场上冲锋打仗,我比不上你;要说出谋划策,你可就比我差多了。"项羽遭到一顿抢白,他强压着火没发作,气哼哼地走出了军帐。

宋义冲着项羽的背影冷笑,随即起草了一道命令,"将士们打起仗来应该像虎狼那样凶猛,可谁要是不服从命令,一律都得砍头。"这显然是冲着项羽来的,叫他乖乖地服从命令。

项羽本是个火暴脾气,怎么会咽得下这口气?一天早晨,他全副武装,大步跨进宋义军帐,再次要求立即出兵救赵。宋义大发脾气,喊道:"我的军令已下,难道你要以头试令吗?"项羽大吼一声:"我要借头发令!"说完,他就一剑斩下宋义的脑袋。将士们听说项羽杀了宋义,都立刻表示愿意服从项羽的指挥,并拥立项羽代理上将军一职。

项羽担任了援赵大军的主帅后,下令士兵每人带足三天的口粮,然后又下令砸碎所有做饭用的锅。将士们都愣了,项羽说:"没有锅,我们可以轻装前去挽救危在旦夕的赵国!至于吃饭嘛,等打败章邯的军队,我们就在那里取锅做饭吧!"大军在渡过漳河之后,项羽又命令士兵把渡船全都凿沉,并且烧掉所有的行军帐篷。战士们一看退路没了,如果这场仗打不赢,谁也活不成了。

项羽指挥的楚军很快包围了王离的军队,并同秦军进行了数次激烈的战斗,渡河的楚军无不以一当十,奋勇拼杀。沙场之上,烟尘蔽日,杀声震天。楚军将士越战越猛,直杀得山摇地动,血流成河。经过多次交锋,楚军终于以少胜多,把秦军打得大败,他们杀死了秦将苏角,俘虏了王离,涉间也被打得走投无路,放火自焚而死。章邯带着残兵败将急忙后退。那些诸侯派来的援军,看到项羽大获全胜,又是佩服,又是害怕。从此项羽就做了上将军,诸侯们的军队都归他统率。

话说章邯带领残兵败将后退了几十里后,便派人到咸阳去求援。但赵高不信任章邯,一个援兵也没派,章邯在走投无路的情况下,只得率领剩下的秦军向项羽投了降。

经过巨鹿这一场恶战,项羽的楚军击败了秦军的主力,秦王朝已经无力抵挡起义军的进攻了。不久,刘邦的军队打进咸阳,推翻了秦朝的统治。项羽得到这个消息后,立即带兵西进,去跟刘邦争夺天下。

鸿门宴

公元前206年,项羽率领大军向西推进,一路上没有遇到抵抗,很快就到达了通往关中的函谷关。可谁料关门紧闭,守关的将士说:"我们奉沛公刘邦的命令,不论哪一路军队,都不准进关!"项羽一听,非常气恼,一怒之下,便命令猛将英布攻城。项羽进关后,一直向西进军。当他的军队到达鸿门(今陕西西安市临潼区)的时候,天色已晚,军队只好暂时驻扎下来。

项羽安下营寨,当晚就召集各位将领,商议次日攻打刘邦之事。项羽的军师范增对项羽说:"大家都知道,刘邦当年在山东的时候,贪财好色。可进入关中后,他不贪财物,不占妇女,看来他的志向不小哇!咱们应该趁他未站稳脚跟时,把他除掉,以去除后患。"项羽点头称是,便派自己的叔父项伯去探听刘邦的动静。

项伯与刘邦手下的谋士张良交情很深,他知道了项羽次日要出兵讨伐刘邦,非常担心张良的安全,于是连夜溜进刘邦的军营里,找到张良,急忙对他说:"明天项羽就要率大军打过来了,你们不是他的对手。你赶快跟我一起逃走吧。"

张良说:"我奉了韩王的命令来护送沛公,现在沛公有难,我自己逃走,天下人会笑我不义。我一定要把这件事告诉沛公。"张良让项伯在帐中等候,自己去见刘邦。张良和刘邦经过一番商讨之后,才想出了让项伯劝阻项羽的主意。

于是,张良把项伯请进刘邦的大帐,摆上酒席,热情接待。酒至半酣,刘邦做出诚恳的样子说:"我进关以来,大事小事都未擅自做主,哪里敢抵御项将军呢?望兄长在项将军面前代为解释明白。"刘邦又说,第二天一早他会亲自去向项羽赔罪,请项伯到时多多关照。

项伯听信了刘邦的话,便连夜赶回去见项羽,并把刘邦的一席话原原本本地对项羽说了一遍,劝项羽不要攻打刘邦,并建议项羽趁明天刘邦亲自来见他的时候,以礼相待,友好地招待他。

第二天清早,刘邦带着张良、樊哙和一百多个随从,到了鸿门来见项羽。守卫的将士只准刘邦带张良一人进帐,其他人都被挡在外边。刘邦见了项羽,恭恭敬敬地行了拜见之礼,并十分诚恳地说:"我与将军合力攻秦,没想到我能先入关,这也是仰仗将军的虎威。我日夜盼望将军到来,今天才有幸见到将军。听说有人在中间挑拨将军和我的关系,使将军生气,这真是出人意料。"项羽是个粗放豪爽、有勇少谋的人,他听了刘邦的话,心头的怒火早已烟消云散。

项羽设宴招待刘邦。宴会上,项羽和项伯坐在主位,亚父范增坐在旁边作陪。项羽举杯祝酒,席间,范增一再递眼色,示意项羽杀掉刘邦,项羽却只顾饮酒说话,不予理睬。范增实在忍不住了,便找个借口,到外面找到了项羽的堂弟项庄,要他进帐,佯装舞剑,伺机杀死刘邦。

项庄听了范增的话,立刻来到席间,首先给刘邦斟酒祝福,然后征得项羽的同意,便舞起剑来,宝剑寒光闪闪,不断向刘邦靠近。张良见这情形,急忙递眼色示意项伯,项伯马上站起来,对项羽说了一声,就拔剑与项庄对舞起来。

一个要刺杀,一个要保护,刘邦全看在眼里,他惊慌万分。

张良一看形势十分紧张,便悄悄溜到营门外,找到樊哙,向他说明了帐里的危急情况。樊哙听了,右手提着剑,左手抱着盾牌,闯了进去,气呼呼地站在刘邦身边。

项羽按着剑问:"这是什么人?到这里干什么?"张良连忙抢着回答说:"这是替沛公驾车的樊哙,前来讨赏。"

项羽说:"好一个壮士!"接着就吩咐侍从赏他一杯酒,一只猪腿。樊哙一边喝酒,一边气愤地说项羽不该听信小人挑拨,不但不奖赏刘邦,反而想杀害他。项羽听了,无话可说,只好让樊哙在刘邦身边坐下。

过了一会儿,刘邦借口上厕所,便带领随从抄小道跑回去了。张良估摸刘邦已回到军中,才向项羽辞行。

鸿门宴之后,项羽和刘邦的矛盾得到暂时缓和。项羽大军进入咸阳,屠咸阳城,斩杀子婴,火烧阿房宫。项羽自称西楚霸王,并大封诸侯。刘邦被封为汉王。

善出奇谋的陈平

在秦末的乱世中,陈平(？—前178)先是投奔了魏王,后来又转投项羽帐下,做了一名谋士。但他在项羽手下没什么表现的机会,一直得不到重视。陈平曾在鸿门宴上见过刘邦,他认定刘邦将来必成大器,于是就有了投靠刘邦的想法,只是苦于没有门路。刚巧,此时的刘邦被项羽软禁在咸阳,而刘邦为了尽快脱身,就向跟在身边的张良寻求计策。但他俩行动受限,一时无计可施,他们商量了一番后,认为项羽的谋士陈平有可能会帮助他们,于是决定由张良暗中去找陈平求助。陈平见到张良来访,一点儿也不意外,反倒和张良一见如故。等张良说出来意和刘邦的求助后,陈平稍加思考就指出,刘邦能否平安地从项羽身边离开,范增是关键。因为项羽耳根子软,只有让范增离开项羽几天,才能找机会劝说项羽放了刘邦。

很快,陈平就向项羽进言,劝说项羽给楚怀王上义帝的尊号,并且派人将他送到郴县(今湖南郴州。郴,音 chēn)去养老,这样项羽在号令天下的时候就名正言顺了。项羽也早有此意,只是碍于面子,现在正好可以趁这个机会确立自己无上的地位,哪儿有不乐意的。范增得知后,即刻朝见项羽,问明此事。项羽听从陈平的建议,将他的话换了个说法说给范增听,说这是自己想了很久之后的结论,而且还说了一句:"天无二日,民无二主。"

出人意料的是,范增很是赞同这个做法。同时他还提出,这件事到了必须解决的时候,而且越快解决越好。范增主动提出要亲自去解决此事,别人去他不放心。范增作为项羽的第一谋士,很是为项羽着想,他在临行前特意叮嘱项羽:千万不要放刘邦回到汉中。项羽也痛快地答应了。

陈平估计着范增已经走远了,就找机会面见项羽,说:"如今天下初定,百姓思安。我们要想办法节约各项开支。但是现在咸阳城里聚集着各路诸侯,每人都带来了数万人马,这导致粮草的消耗极重,如果再不让诸侯们撤出咸阳,恐怕老百姓就负担不起了。"项羽听完,想了想也觉得这样确实不是长久之计,于是下令,让各路诸侯做好准备,限期离开咸阳城,回各自的封国去。但项羽并未让刘邦离开,他仍将刘邦留在身边,随时监控。

陈平和张良早就商量好了,决定趁机声东击西,以便帮助刘邦脱身。刘邦依计而行,向项羽上表,称自己要回乡省亲。项羽虽不愿意放刘邦走,但也不好直接回绝。正在他犹豫的时候,张良却说:"千万不能放走刘邦,万一他趁省亲的机会在沛县称王了,麻烦就大了。陛下何不令他带着一部分人马回到汉中,然后派人到沛县将他的家眷接来做人质?"

陈平也乘机进言:"陛下封刘邦为汉王,已经是人所共知的,旨意已经传遍天下。可陛下却不让刘邦去封国就任,这么做恐怕会惹人非议。有些人会说陛下无诚信,说话不算话,那以后就会有人对陛下的命令阳奉阴违了。我觉得张良的话还是有些道理的,让刘邦的家眷留在咸阳当人质,放刘邦回汉中,这样既不伤害陛下的信用,也能让刘邦有所顾忌,算得上是两全其美了。"

项羽考虑了很久,还是没有发现这里边有什么猫腻,于是就同意放刘邦回汉中了。刘邦听到后狂喜,马上带人出发,离开了咸阳。

后来,项羽因事迁怒陈平,使陈平更加不满。陈平觉得项羽难成大事,所以就找机会悄悄地离开了楚营。

刘邦手下的魏无知和陈平交情不浅,陈平想通过他去投奔刘邦。途中乘船渡黄河时,陈平遇到了两个假冒船夫的水盗,但他并未说破,只是脱了衣服,扔在船上,光着膀子帮船夫划船。那两个人见他身上什么贵重东西都没有,就打消了图财害命的念头。他成功地化解了一次危机。

到了刘邦的军中,陈平经过魏无知推荐,见到了刘邦。刘邦就天下局势和他深入交流,对他很是欣赏。于是破例任陈平为都尉,留在自己身边做参谋,并命他典掌护军。

不想这个任命惹得其他汉军将领很是不满,他们纷纷向刘邦进言,说陈平品行不端,贪图贿赂,不堪大用。刘邦虽说很欣赏陈平,但是看到手下众人都对陈平没什么好印象,也就开始怀疑自己的决定是否正确,于是他当面指责陈平,说:"你先后在魏王和项王帐下做官,却并未作出什么贡献,现在又来到我这里,诚信之人难道是如此三心二意吗?"

陈平说:"大王,你要知道,同样一件东西,在不同的人手里就会产生不同的作用。我最初在魏王帐下效力,但得不到重用;于是我离开他投奔到项王那儿,可惜项王也不相信我的能力,所以我才离开他千里迢迢地来投奔你。我来到这儿的时候,什么都没有,不得已才接受别人的礼物,不然我就活不下去了,又怎么能为您办事呢?如果大王对我有怀疑,不想任用我了,那么我会把收下的礼物全部交出来,那些礼物我还没动。还请求大王允许我辞官回乡,不理世事,直到老死。"陈平的一席话入情入理,也说出了他对旧主深刻的认识,很是令人动容。刘邦听完,更加坚定了要重用陈平的心思,他先是重赏陈平,然后升他为护军中尉,专门监督诸将。

此后,陈平在刘邦帐下尽职尽责,为刘邦夺取天下立下了汗马功劳,最终成为安邦定国的著名谋臣,实在令人佩服。

韩信甘受胯下之辱

韩信(?—前196)是中国古代一位著名的军事统帅,他出身贫贱,从小就失去了双亲。建立军功之前的韩信,既不会经商,又不愿种地,家里也没有什么财产,他过着穷困而备受歧视的生活,常常是吃了上顿没下顿。他与当地的一个小官有些交情,于是常到这位小官家中去蹭吃蹭喝。可是时间一长,小官的妻子对他很反感,便有意提前了吃饭的时间,等韩信到时已经没有饭了。韩信很是恼火,就与这位小官绝交了。

为了生活下去,韩信只好到当地的淮水边去钓鱼,有位洗衣服的老太太见他没饭吃,便把自己带的饭菜分给他。这样一连几十天,韩信深受感动,便对老太太说:"总有一天我会好好报答您的。"老太太听了很生气,说:"你是男子汉大丈夫,不能自己养活自己,我看你可怜才给你饭吃,谁还希望你报答我!"韩信听了很惭愧,立志要做出一番事业来。

在韩信的家乡淮阴城,有些年轻人看不起韩信。有一天,一个少年看到韩信身材高大却常佩带宝剑,以为他胆小,便在闹市里拦住韩信,说:"你要是有胆量,就拔剑刺我;如果是懦夫,就从我的裤裆下钻过去。"围观的人都知道这个人是故意找碴儿羞辱韩信,大家都很好奇韩信会怎么办。只见韩信想了好一会儿,一言不发,就从那人的裤裆下钻过去了。当时在场的人都嘲笑韩信,认为韩信是一个胆小怕死、没有骨气的人。韩信受"胯下之辱"的故事一直流传到了现在。

其实,韩信是一个很有谋略的人。他看到当时社会正处于改朝换代之际,于是就专心研究兵法,练习武艺,相信会有自己的出头之日。公元前209年,反对秦朝统治的农民起义爆发了,韩信先加入了项梁、项羽的军队,因为没有得到重用,就又投奔到刘邦的军队当中。最初,韩信只是做了一个管理粮草的小官,很不得志。后来他认识了刘邦的谋士萧何,两人经常一起讨论时事和军事,萧何发现韩信是一个很有才能的人,于是极力向刘邦推荐他,最终韩信受到刘邦的重用。

汉高帝二年四月,刘邦在彭城(今江苏徐州)被西楚霸王项羽打得大败,损失兵将十多万。韩信临危受命,在京索(今河南荥阳南部)成功地抵御住楚军的进攻。八月,刘邦命韩信率领军队攻打魏王豹。韩信使用偷袭战术,直捣魏国后方重镇安邑(今山西夏县西北),大胜魏国军队,活捉魏王豹。之后,韩信又率领大军先后打败赵、齐等国,并在垓下(今安徽灵璧县东南)和楚军展开激战,彻底消灭了楚军。项羽最后自杀身亡。

韩信精通兵法,且用兵巧妙,助刘邦统一了天下,为建立汉王朝立下了汗马功劳。但韩信在功成名就之后,由于居功自傲,被刘邦所疑惧。后来,刘邦先是剥夺了他的兵权,封他为楚王,之后又贬他为淮阴侯。汉高帝十一年正月,吕后以谋反罪把韩信诛杀了。韩信编有《韩信兵法》三篇,可惜都已失传,他的用兵之道,被历代兵家所推崇效仿。

萧何月下追韩信

项羽进了咸阳后,杀了子婴和秦朝八百多名贵族以及四千多个文武官员,还分封了十八位诸侯王,尊楚怀王为义帝,自封为十八位诸侯王的首领——西楚霸王。被封为汉王,统治巴蜀(今四川和重庆一带)和汉中(治今陕西汉中东)一带的刘邦到了南郑(今陕西汉中东),拜萧何为丞相,曹参、樊哙、周勃等为将军,养精蓄锐,准备将来跟项羽争夺天下。可是官兵们不愿意在山地上生活,所以几乎天天有人逃走,刘邦急得连饭都吃不下去。

有一天,又有人来报告:"萧丞相逃走了!"

刘邦这下可真急坏了。直到第三天早晨,萧何才回来。刘邦又是高兴又是怨恨,问:"你怎么也逃了?"

萧何说:"我怎么敢逃?我是去追逃走的人。"

刘邦问:"你去追谁呀?"

萧何说:"是韩信。"

韩信从小是个孤儿。他穷得没有饭吃,有时靠洗衣服的老婆婆给他一口饭吃。他喜欢在身上佩带一柄宝剑,有个屠夫的儿子以为他胆小,便去欺侮他,让韩信从他的裤裆下爬过去,韩信就爬了过去。后来,在项梁的军队经过淮阴时,他去投军当了兵。项梁死后,项羽叫他做了个执戟郎中。韩信曾好几回向项羽献计,项羽都没采用。后来韩信又去投奔刘邦,希望自己能得到重用。

一个偶然的机会,韩信见了萧何。萧何觉得韩信谈吐不凡,知道他是个了不起的人才,于是就在刘邦跟前三番五次地推荐他。刘邦却总是摇摇头说:"要是拜他为大将,不但三军不服,诸侯取笑,项羽听到了也会小看我们,就是跟我一块儿打出来的周勃、灌婴、樊哙他们也要说我赏罚不明啊!"

萧何说:"周勃他们都有大功,可是不能跟韩信比。"

韩信知道刘邦不肯用他。于是有一天,天一亮他就带着宝剑,骑着马出东门走了。萧何的手下慌忙跑到丞相府,报告说韩信走了。萧何急忙骑上快马,带了几个随从去追。萧何一路问,一路追,直到天黑,还没追到韩信。他又在月光下赶了一阵路,转过山腰,下了坡,前面是一条河,他远远地望见有个人牵着马在岸边来回溜达。那不就是韩信吗?萧何大声嚷叫道:"韩信!韩信!"

韩信见了萧何,连忙跪下说:"我这辈子都忘不了丞相的情义,可是汉王……"

这时,滕公夏侯婴也赶到了,两个人硬把韩信拉了回去。

刘邦听见萧何说追的是韩信,就来气了。他说:"逃走的将军也有几十个了,没听说你追过谁,唯独去追一个受过胯下之辱的人!这明明是骗我。"

萧何说:"将军有的是,可像韩信那样独一无二的人才到哪里找去?大王要是准备一辈子躲在汉中,那就用不着韩信;要是准备打天下,那就非用他不可。"

刘邦想了想说:"那我就依着你,让他做个将军。"

萧何说:"叫他做将军,他还得走。"

刘邦说:"那就拜他为大将军吧!"

萧何要求刘邦举行隆重的拜将仪式。于是,刘邦让人筑起了拜将台,择了好日子,准备拜将。

待到拜将的那天,见到拜受大将军印的不是别人,竟是韩信,全军都愣了。

举行了拜将仪式之后,刘邦说:"丞相屡次推荐将军,将军一定有好计策可以打败项王!"

韩信问:"大王是要跟项王争天下?"

刘邦说:"是。"

韩信又问:"大王估计自己比得上项王吗?"

刘邦说:"比不上。"

韩信说:"我也以为比不上。我曾经在项王手下做事,我知道他这个人,他吆喝一声,能够吓坏千百个人,多么勇敢;可是他不能任用有本领的将军,只有匹夫之勇。项王心眼好,看见别人有病,他会流眼泪;可是对于有功劳的人,应当封爵,他不肯封,即使封了,他还把印拿在手里横摸竖摸,舍不得交给人家。项王虽然做了诸侯的首领,看起来好像很强,其实他所到过的地方没有不被毁坏的,天下人都怨他,老百姓不向着他,他已经失了人心。所以我说,他的强很容易变成弱。"刘邦听了,心里很高兴。

韩信接着又说："大王您不管到哪里,什么都不侵犯。进了关,废除秦朝残酷的刑法,跟秦人约法三章,秦人都向着大王。再说三秦的三个将军,章邯、司马欣、董翳,他们欺骗了士兵,投降了项王。可到了新安以后,项王杀了二十余万投降的士兵,单单留下他们这三个秦将,还封他们为王。可想而知,秦国的父老兄弟痛恨这三个人,都痛恨到骨髓里去了。大王发兵往东去,只要发个通告,三秦就能平定。"

刘邦越听越后悔没能早点儿拜韩信为大将军,于是他立即将大将军印权授予韩信。接着,韩信就开始操练兵马,准备跟项王作战了。

暗度陈仓

公元前206年,汉王刘邦和韩信率领大军静悄悄地离开南郑(今陕西汉中东),开始东征天下,刘邦命丞相萧何留在后方收税征粮,以供应军饷。韩信下令,命樊哙、周勃带领一万人马去修栈道,限三个月完工。

栈道修不好,大军就过不去。当初刘邦为了迷惑项羽,表示不再争夺天下,曾烧毁了三百多里的栈道。这里地势险恶,工期又紧,口粮又少,因此士兵们个个抱怨。连樊哙也抱怨说:"这么大的工程,就是修上一年,也没法儿完工。"士兵们听到樊哙的抱怨,干活儿就更没有劲了。

过了几天,上头又派来了三五个工头,还押来了一千名民夫。他们传达刘邦的命令,说樊哙、周勃口出怨言,给予他们撤职处分,然后把他们调回去了。新的工头果然比樊哙、周勃厉害,他们天天督促士兵民夫运木料、送粮草。由于他们成天吵吵嚷嚷,栈道还没修多少,刘邦要兴兵东征的消息早已到了关中。

章邯听到消息后,一面派探子去打听栈道修建的情况,一面调兵遣将做拦截汉军的准备。他听了探子们的报告,才知道汉军的大将原来是受过胯下之辱的淮阴人韩信,连刘邦手下的将士们都不服气;修栈道的士兵和民夫天天有逃走的,别说三个月,就是一两年也修不到这边来。栈道不修通,就算汉军长了翅膀也飞不到关中来。话虽如此,章邯还是派兵马到西边去守住栈道的东口,天天派人打听汉军的动静。

有一天,前方突然来了个急报,说:"刘邦大军已经夺取了陈仓(治今陕西宝鸡东),打过来了!"栈道没修好,汉军怎么能打过来呢?原来,这是韩信用的计,这个计叫作"明修栈道,暗度陈仓"。

韩信大军到了,章邯亲自带领军队去抵抗。韩信早就侦察了地形,他先派樊哙、周勃、灌婴他们去攻咸阳。然后韩信引水灌城,章邯兵败自杀,于是汉军顺利地进了咸阳。因为关中百姓对"约法三章"的刘邦本来就有好感,所以见汉军到来,他们大多不愿抵抗。

不到三个月的工夫,三秦之地就成了刘邦的地盘。项羽十分气恼。他要向西去攻打刘邦,又得向北去攻打齐国的田荣,正在左右为难时,张良给他写了一封信,劝他去征伐田荣。

张良在信中说:"汉王只要在关中做王就心满意足了。倒是齐、梁、赵、代等地若不及时平定,田荣必定来打西楚,天下将难以收拾。"

项羽和范增知道这是张良替刘邦出的缓兵之计,可是他们认为平定了叛乱的齐、梁、赵、代之后,回头再去收拾关中也不太难;要是先去对付刘邦,往后齐、梁、赵、代更没法儿收拾了,倒不如将计就计。于是项羽便决定先去进攻齐王田荣。

项羽通知魏王、殷王要小心防备汉军,又叫九江王英布发兵一同去征伐齐王田荣。英布存心自己独霸一方,因此推说有病不能到远处去,而是派了个将军带着几千兵马去敷衍项羽。项羽则另外给英布下了一道秘密的命令,他嘱咐英布暗杀义帝(楚怀王)。项羽让义帝搬到长沙去,义帝不乐意,慢吞吞地在路上磨蹭着。英布打发了一班心腹士兵扮作强盗,追上义帝的船,在江面上把他杀了。

项羽了却了一桩心事,就专心去攻打齐、梁。

在项羽猛烈的攻击下,齐国终于被打败,灭齐以后,项羽转头来攻打刘邦,把汉军打得大败。后来刘邦用离间计,令项羽相信谋士范增与自己私通,于是项羽不再信任范增,范增为此感到很失望。之后范增推说自己年老体衰,就告老还乡了,结果病死在了路上。

项羽用兵围困刘邦两年多。公元前203年,刘邦突围出去,到了广武(今河南荥阳东北),汉军占了广武的西边,楚军占了广武的东边,两军形成对峙局面。一次刘邦在阵前数落项羽的罪行,项羽大怒,命弓箭手射伤了刘邦。后来,张良对刘邦建议道:"抓住楚军缺粮的机会,咱们跟项羽讲和。"于是,刘邦派人向项羽建议楚汉双方以广武东南的鸿沟为界,鸿沟以东属楚,以西属汉,双方停战。项羽同意了,双方讲和。

以鸿沟为界互不侵犯,其实只是刘邦的缓兵之计。他采纳了张良、陈平的计策,趁诸侯归附,而楚兵疲粮绝之际,将其彻底歼灭。不到两个月,刘邦便组织了韩信、彭越、英布三路大军,由韩信统率,追击项羽。刘邦准备跟项羽进行决战了。

真齐王与假齐王

刘邦为了进一步扩充自己的实力,决定派韩信去赵国招募军队,以便时机成熟时拿下齐国。郦食其(?—前203)觉得这份功劳自己也能分得一分,于是他向刘邦进言,说他不用一兵一卒,只凭自己的三寸不烂之舌,就能令齐王归降汉王。刘邦觉得能不动刀兵,还是值得一试的,就同意了他的建议。

郦食其果然只身前往齐王军中,他给齐王仔细分析了当前的人心所向,指出如今各地诸侯纷纷归附汉王,汉王俨然已有了问鼎天下的力量。而齐王现在还没有做出决断,不知道有什么打算。齐王其实也知道自己实力不够强,不是汉王的对手,他有心接受汉王的招降,但是心里却顾虑大军压境的韩信。于是齐王就问郦食其:"如果我归附汉王,韩信还会不会攻打齐国?"

郦食其自恃有刘邦的支持,于是一口咬定韩信绝对不会在这个时候来攻打齐国。而且,为了表示诚意,他立刻给韩信写了一封信,要求韩信立刻停止进攻齐国。齐王得到了郦食其的保证,对此深信不疑,就不再派人防备韩信了。他每日只是陪着郦食其喝酒,等着汉王的正式招降。

韩信原本经过一段时间的发展,已经站稳了脚跟,有实力进攻齐国。还没等他制定对齐国的作战计划,却知道了郦食其与齐王和谈的结果,于是他按兵不动。此时,韩信手下有一个名叫蒯(kuǎi)通(生卒年不详)的谋士劝说韩信:"将军接到的命令是攻打齐国,为什么现在不趁着齐国边防空虚,展开进攻呢?"

韩信说:"郦食其已经将齐王劝降了。我若此时出兵,不是显得汉军出尔反尔,言而无信吗?再说,如果我真的出兵了,那郦食其不就没命了吗?他现在可还在齐王那里呀。"

蒯通就说:"将军费尽心力才开创出如今的局面,如今准备攻打齐国了,可郦食其却只凭自己的三寸之舌,就劝降齐国七十余城。他这不是明白地告诉别人,他的能力远比你强吗?难道您当了好几年将军,反而不如一个小小儒生的功劳大吗?"

韩信听完觉得的确如此,于是不再犹豫,马上起兵杀向齐国。因为齐军上下都认为就要降汉了,所以防御松懈,结果韩信一路势如破竹,一直杀到齐都临淄城下。齐王得到消息后,就认为郦食其之前是故意欺骗他的,一怒之下便将郦食其烹杀。然后齐王向项羽求救。可惜齐国军队还是未能抵挡住韩信的军队,齐王不得不兵败逃走。至此齐国被韩信攻占。

此时韩信觉得自己功劳很大,有资格称王,于是就派人给刘邦送信。信中说,希望刘邦封他为假齐王(就是代理齐王,"假"是代理的意思),以方便他管理齐地。当时刘邦被项羽围困在荥阳,见到韩信的信后,生气地说:"我被困在荥阳,盼着他来救援,他不但迟迟不来,还在这个时候让我封他为假齐王?"张良、陈平在一旁赶紧使眼色,又用力踩了一下刘邦的脚。

张良悄悄对刘邦说:"我军现在情况不乐观,韩信兵多实力强,您不封他为王,是想逼他造反吗?不如给他个顺水人情,封他为王,好好善待他,使他自守一方,否则可能发生变乱。"刘邦立刻明白过来,就对着韩信的使者说:"大丈夫平定了诸侯,做什么假王,要做就做真王!"于是,刘邦派张良前去齐国,封韩信为齐王,征调他的部队攻打楚军。

韩信原本就无意与刘邦作对,得知汉王竟然封他当了真齐王,而不是假齐王,就觉得刘邦真是仁义,有肚量,便很敬佩刘邦。因此,韩信对调遣军队攻打楚军一事也就一口答应下来。

蒯通劝韩信

得知韩信攻下了齐地,刘邦审时度势封韩信为齐王,齐地为韩信所有后,项羽也马上派策士武涉去劝说韩信乘机脱离刘邦自立。武涉见到韩信后,向他陈说当今天下大势,指出如今刘、项对峙,而韩信有足够的力量左右双方实力对比,与其帮助刘邦消灭项羽,然后被刘邦找机会再消灭掉,不如趁现在离开刘邦自立,可与刘、项三分天下,则不必再受制于人,岂不快活。韩信没有接受武涉的劝说,觉得没有刘邦的信任,自己不可能有今天的成就,他决定用自己的忠诚报答刘邦,不做对不起刘邦的事。

韩信帐下的谋士蒯通其实一直想劝韩信自立,和刘、项三分天下。他知道了武涉前来的目的,等武涉走后,他向韩信暗示道:"我曾经学过相术,看您的面相,最多也就封侯,而且会时刻伴随着危险;但是看您的背相,却是特别尊贵,难以言说。"韩信一时不解,就问蒯通指的是什么。

蒯通对韩信说:"刚开始各地义军起兵的时候,只是想办法将秦朝消灭。现在却是楚、汉相争,双方死伤无数。项羽起兵后战无不胜,攻无不克,乘胜利之势威震天下,但是现在却被困在荥阳、成皋(今河南荥阳市汜水镇西北)一带,只能在西山下屯兵,而不敢主动前进。刘邦呢,则率部在巩(今河南巩义西南)、洛(今河南洛阳东北)一带据守,凭借着险要的山河地势与项羽的军队周旋,却是败多胜少。现在双方的粮草已消耗殆尽,百姓苦不堪言,不知道要归顺谁。这样的形势,需要有智勇之士站出来,想办法消除这场大祸。"

接着,蒯通话锋一转,说:"现在刘邦、项羽两人的命运就掌握在您的手里。您助汉则汉胜;您助楚则楚胜。但是我认为,您目前最应该做的是让他们双方都得到好处,共同存在下去。这样,你才能和他们三分天下,鼎足而立。只有这样,才能保证日后谁都不敢轻举妄动。凭借您的智谋和您率领的军队,加上齐国的富饶,再与燕、赵两国联合,向楚、汉兵力空虚的地方出兵以牵制他们,接着顺应民心,制止楚、汉间的争斗。到时候，天下人会纷纷响应，不会有人不服从的。"

蒯通又进一步指出，这是上天赐予韩信的机会，如果韩信不加以利用，反而会给自己招来祸患。韩信虽有些意动，但并没有采取措施，他仍然觉得刘邦待自己不薄，他做不出见利忘义、背恩忘德的事来。

他以张耳、陈余二人的事情为例，对韩信说：

当初常山王张耳和成安君陈余乃是生死之交，却因为张黡、陈释的事而争吵，导致彼此互相猜疑，最终决裂。最后张耳借助刘邦的力量在泜水南岸将陈余杀死。他们二人交情深算得上天下皆知了，但最终仍不免自相残杀。这是什么原因造成的呢？其实就在于人的欲望太多，而且人心难测。现在您打算用自己的忠心来报答汉王，但您与汉王的交情怎么也不会比张耳和陈余当初的交情更深。而您和汉王之间的利害关系，比他俩之间的要大得多。因此我认为，您坚信汉王不会伤害您，只不过是您一厢情愿而已。想当年越国大夫文种使越国免于灭国，并辅佐勾践称霸天下，而他在成功的时候非但没有得到赏赐，反而被勾践杀了。正所谓"野禽殚，走犬亨（烹）；敌国破，谋臣亡"。您和汉王之间，论友情比不上张耳跟陈余的，论忠诚也比不过文种对勾践的。我想这两个事例，很值得您仔细考虑。而且您要知道，功高震主的人很难保住性命，功高盖世的人是得不到赏赐的。现在您已经有了震主之威，而且功高难以奖赏，归附楚国，项羽不会信任您；归附汉国，刘邦对您也不放心。您还是仔细想想自己到底要怎么办吧。

韩信被蒯通的话触动了，他感到自己确实处在了人生的一个十字路口，需要好好琢磨一下。几天后，蒯通又劝韩信做出决断，告诉他眼下是最好的时机，抓不住就不会再有第二次机会了。可惜韩信终不忍心背叛刘邦，又自以为功劳大，刘邦不会对他怎样，于是并未听取蒯通的建议。蒯通知道事无可为，他担心自己的一番言论被有心人听到，会招惹是非，就装疯卖傻，趁机离开了韩信。

陈平计除范增

在楚汉相争的过程中,刘邦知道硬碰硬是打不过项羽的,于是就虚心向手下的谋士问计。陈平就帮刘邦想了一条妙计:他先是买通了楚军中的人,让他们到楚营中散布谣言,说项羽的谋士范增私下和刘邦有来往,有谋反的迹象。可惜,项羽为人虽然一向对人猜疑,但是对范增却非常信任。因为范增素来对项羽都是最忠心的。

接着,陈平又派人去楚营中跟项羽和谈,说汉军愿意把荥阳东面的土地分给楚军,请项羽派一个使者来汉军营中商量具体事宜。此时,项羽正好也想派人前去荥阳城中探查一番汉军的虚实,于是不疑有他,就答应了。

等项羽的使者到了以后,便被特意安排住进了最好的上房,而且还端上来一盘盘山珍海味给使者享用。等使者吃完饭,休息好了,陈平就前来拜访。陈平进来后,就问起范增的近况,并且问范增有没有让使者给他带信来。使者不解,说:"我是奉楚王项羽之命而来的。"陈平听后忽然脸色发白,看了使者一看,小声嘀咕了一句:"不是范增的使者吗?"说完,一甩袖子就走了。过了一会儿,菜被一盘盘地端走了,侍者在一旁边收拾边小声地说:"真是的,不是范增派来的,也不早说,害我们白忙一阵,撤了。"

使者也很是不解,就等着传唤。可等到天都黑了,也没人来接待他。好在侍者知道使者饿了,就派人端来饭菜。使者仔细一看,这哪儿是饭哪,饭是馊的,酒是酸的,尝了一口菜,就像是中毒似的,他全吐了。一气之下,使者立刻回去复命,将自己看到的、听到的都一五一十地报告给项羽。项羽听后果然疑云大起,生气地说:"亚父(项羽对范增的敬称)你真的背叛我了吗?枉我这么信任你!"

其实这都是陈平的计策,而范增毫不知情。但项羽却因此逐渐夺去了范增手上的权力。当范增又劝项羽杀掉刘邦的时候,项羽却说:"只怕我还没有杀掉刘邦,而我这条命就要葬送在你的手上了!"范增听后大怒,说:"如今天下事大局已定,君王好自为之。请允许我这把老骨头回归故里吧。"项羽同意了范增的辞归。范增伤心地离开了项羽,在返乡途中背生毒疮而死。

等到项羽明白这是中了陈平的离间计时,已经来不及了。可怜范增一片忠心,却落得如此下场。

四面楚歌

公元前203年年底,韩信布置了十面埋伏,要把项羽引到一个适当的地方,把他围困起来。韩信想故意拿话去激怒项羽,要把他气得大发雷霆才好。于是他编了四句话,叫士兵冲着楚营叫喊:"人心都背楚,天下已属刘;韩信屯垓下,要斩项羽头!"

项羽率领十万大军一直冲到垓下,没碰着韩信,一看四面全是汉兵,楚军陷入了重围。项羽带领人马只管向前冲,谁也抵挡不住他。后来,他见了韩信,更是不肯放过他。韩信一边作战,一边后退。项羽追赶了好几里地,可汉军杀散了一批,又来一批,杀出一层,还有一层。四面八方全是韩信的人。项羽没有办法,只好转过身来,跑回大营去了。

夜里,项羽听到周围汉军营里的士兵唱的全是楚地的歌。

项羽吃惊不小,他说:"难道楚军都投降刘邦了?为什么汉军营中的楚人这么多呢?"说着他就在营帐里喝起闷酒来。他留恋他宠爱的美人虞姬,虞姬常常侍候在他身边;他还舍不得那匹骑了五年的乌骓马。想到这里,项羽再也忍不住了,他悲壮愤慨地唱起歌来:"力拔山兮气盖世,时不利兮骓不逝,骓不逝兮可奈何,虞兮虞兮奈若何!"这首歌的意思是:力气拔得起一座山,气魄压倒天下好汉,可是时运不利,乌骓马不肯走。马不跑怎么办?虞姬呀虞姬,你可怎么办?

项羽一连唱了几遍,虞姬也跟着一块儿唱。他唱得流下几行眼泪,伺候他的人全哭了,都不忍心抬头看他。看到项羽如此悲伤,虞姬站起身来说道:"就让贱妾为您再跳一支舞吧!"说完,虞姬抽出宝剑在帐中舞起剑来,项羽看着心爱的人,想着现在的处境,自己尚且不能保证能够突出重围,留下虞姬可怎么办呢?虞姬好像看穿了项羽的心思,她含泪唱道:"汉兵已略地,四方楚歌声。君王意气尽,贱妾何聊生。"说完便挥剑自刎了。项羽抱着虞姬的尸体,放声痛哭,周围的将领也默默垂泪。

第二天清晨,项羽跨上乌骓马,带着八百子弟兵,猛虎似的杀向汉军,冲出重围,他打算渡过淮河再往东去。韩信、英布、周勃、樊哙他们分头追赶。项羽拍着乌骓马,飞一样地跑。等项羽渡过淮河,到了南岸,又跑了一程之后,他却迷了路,不知道哪一条路可以通到彭城。

项羽就向一个庄稼人问路。那个庄稼人不愿帮他,就说:"往左边走。"项羽跟仅存的百余名子弟兵就往左跑去,跑了一阵,连路也没了,前边只是一片水洼地。他们的马陷入泥泞里,连蹄子都不好拔出来。项羽这才知道受了骗,走错了道,赶紧拉转缰绳,可再回到三岔路口时,汉兵已经追到了。

于是项羽往东南跑,到了东城(今安徽定远县东南),他点了点人数,一共才二十八个骑兵,而追上来的人马有好几千。项羽觉得自己无法脱身了,就带着二十八个人上了山冈,对他们说:"我从起兵到现在七年了,亲身作战七十多次,战无不胜。今天在这里被围,这是天数,不是我不会打仗。"

项羽把二十八个士兵分成四队,说:"我先杀他们一个大将。你们跑下去到东山下会齐。"说罢,他大喊一声,直冲过去,杀了一个汉将。

项羽到了东山下,那四队二十八个子弟兵也全都到了。汉兵赶来,双方又展开血战。项羽专挑汉兵多的地方冲杀。他左刺右劈,又杀了汉军的一个军官和不少士兵。汉军将士不敢逼近项羽,只远远地嚷着躲着。项羽点了点自己的人数,仅仅少了两个。

项羽杀退了汉兵,带着二十六个子弟兵一直往南,他跑到了乌江(今安徽和县东北),乌江亭长荡着一只小船等在那里。亭长知道来的是项羽,就催他马上渡河:"江东虽小,可也有一千多里土地,几十万人口,大王还可以在那边做王。这里只有我这只船,请大王赶快渡过河去。"

项羽笑着对亭长说:"当初江东子弟八千人跟我渡过江来打天下,到今天他们全不在了,我哪里能一个人回去呢?就算江东父老同情我,立我为王,我哪里有脸见他们呢?"他接着又说:"这匹乌骓马,我最喜爱,不想把它杀了。我知道您是个忠厚长者,我很感激您的一片好意,这匹马就送给您了。"

项羽和二十六个子弟兵都下了马拿着短刀步行,跟汉兵交战。他们杀了许多汉兵,项羽的士兵也一个一个地倒下,最后只剩下项羽一个人。他身上受了十几处伤,最后在乌江边拔剑自杀了,这一年是公元前202年。

第6章 汉朝

公元前202年,刘邦称帝,国号汉,建都长安(今陕西西安市西北),史称西汉。汉武帝时成为亚洲最富强繁荣的多民族国家。到西汉后期,各阶级矛盾尖锐。公元17年,爆发了赤林、绿林农民大起义。25年,刘秀建立汉朝,建都洛阳,史称东汉。184年黄巾起义后,东汉朝廷开始丧失对全国的统治,地方上群雄割据,东汉名存实亡。

西汉开国皇帝刘邦

西汉高祖刘邦(前256或前247—前195),秦朝泗水郡沛县(今江苏徐州西北)人,是中国历史上第一位出身于下层社会的皇帝,他白手起家,得了天下。

刘邦的父亲刘太公是个地道的农民,母亲是个家庭主妇。刘太公从小就不喜欢刘邦,认为他游手好闲,好吃懒做,不务正业,是个不成器的家伙。刘邦对父亲也很不满,因此父子关系一直不好。后来在楚汉之战中,项羽以杀刘太公来要挟刘邦,刘邦全然不顾父子之情,竟要求项羽分一杯刘太公的肉羹给他。刘邦做了皇帝后,也常用当年刘太公讥讽他的话来嘲笑刘太公,使其难堪。

尽管刘邦出身寒门,而且家乡人多看不起他,但他却自幼胸怀大志,想要建立像秦始皇建立的一样的功业。但是直到三十多岁,他才做了一个小小的泗水亭长。亭长是维护治安、追捕盗贼、管理交通、接待过往官差的小官。泗水亭离县城很近,因此刘邦与县吏萧何、曹参、夏侯婴等都有交往。在与这些人交往的过程中,刘邦增长了见识,萧何等人也成为他在秦末乱世中起事的骨干力量。

后来,刘邦奉命押送刑徒去骊山(在今陕西西安市临潼区东南)服役,但在半路上有很多人逃跑了。刘邦很无奈,走到丰邑(治今陕西西安市临潼区西北)休息时,刘邦喝了些酒,然后松开了刑徒们身上的绳子,让他们自己逃命去。但有十几个人不愿意丢下他一个人走,都表示愿意跟着他。刘邦便带领大家逃亡,负责开路的人回来告诉他前面有条大蛇拦住了去路,没法儿通行。刘邦喝得有点儿醉了,训斥道:"我们这些勇猛之士行路,有什么好害怕的!"他分开众人,自己走到前边,见一条蛇横在路中间,便拔出宝剑将蛇拦腰斩断。又走了一段路后,刘邦觉得头昏,便躺在路旁休息,也顺便等等后边的人。一会儿,后边的人赶了上来,对他说他们在路旁看见一个老太太在哭,就问她原因,她说有人把她的儿子杀了;又问为什么被杀,她说她的儿子是白帝的儿子,刚才变成蛇,在路边被赤帝的儿子杀了,所以她才如此难过。大家当时都觉得老太太在说谎,但老太太忽然就不见了。刘邦听了,心中暗喜,以后可以借此来提高自己的威信和地位。

由于这些传说,刘邦在当地的威信逐渐提高,跟随他的人也就多了起来,他被当地人称为豪杰。公元前209年,陈胜、吴广起义后,刘邦与沛县的萧何等人里应外合,杀了沛县县令,起兵响应,转战丰、沛等地,刘邦被推举为沛公。次年,他率兵西进,他的军队纪律严明,所过之地秋毫无犯。公元前206年,他率先入关(指函谷关,位于河南灵宝东北,是进入关中的战略要地),推翻了秦朝。接着,项羽入关,刘邦在鸿门宴上委曲求全。项羽自称西楚霸王,分封了十八个诸侯王。刘邦被封为汉王,占有巴蜀和汉中。这年8月,刘邦明修栈道,暗度陈仓(治今陕西宝鸡东),占领关中,后与项羽展开了历时四年的楚汉战争。公元前202年,刘邦在垓下(今安徽灵璧东南)与项羽决战,项羽战败,在乌江边自刎而死。

公元前202年,刘邦即皇帝位,定都洛阳(后迁都长安),创立了汉朝,史称西汉。

田横五百士

楚汉相争之时，汉王刘邦率领大军灭掉楚，统一了中原，建立了汉朝，做了西汉开国皇帝。接着，刘邦又派大将军韩信（？—前196）去攻打齐国。齐王田横势力单薄，寡不敌众，齐军经不起韩信大军的进攻，被打得落花流水。于是田横带上五百多名残兵败将逃到东海边的一个海岛上。可是，刘邦总觉得田横是个隐患，放不下心来。

一天，刘邦派人给田横送去一封信，信中说，倘若田横带五百多名士兵回到汉朝来，他可以封田横为王；但是如果不听劝告，就马上派兵攻打他们。田横爱兵如子，他不忍心这五百多名士兵再遭屠戮，就带了两名随从去见刘邦。

一路上，田横坐在马车上思绪万千，气愤难平。离都城不远时，田横突然改变了主意，他让马车停了下来，然后对两名随从说："刘邦原是汉王，我田横是齐王，我们俩平起平坐，而今他夺得了天下，劝我投降，难道这不是件耻辱的事吗？"说完，拔出宝剑来就自杀了。两个随从见齐王死了，痛哭不已，接着也自杀了。

刘邦听到田横自杀的消息后，也难过了一阵，他为田横举行了葬礼，还建了一座"齐王墓"。接着，刘邦又派大臣去海岛，准备将田横的部下全部召回，封官的封官，重用的重用，一切都妥善安排。岛上的士兵在得知齐王田横死去的消息后，一个个抱头痛哭，悲恸欲绝，他们对刘邦更加愤恨。经过商量，他们决定每人只带一把宝剑登岸，之后便朝都城行去。

五百多名士兵一到都城，就立即来到齐王墓前，用齐国最隆重的仪式祭奠了田横。接着，全体士兵唱起凄凉悲怆的哀歌，他们谁也不愿为汉朝效劳，于是一个个拔出宝剑来自杀了，以死来表达对齐国和齐王的忠义之情。

韩信之死

刘邦在意识到韩信的不安分后，就找借口将他调往楚国，由齐王改封为楚王。在众人的帮助下，刘邦击败了项羽。项羽手下的兵将纷纷逃亡，钟离眛因和韩信交好，就来到楚地，投奔了韩信。

公元前201年，刘邦得知韩信收留了钟离眛，认为韩信有谋反的嫌疑。刚好朝中有人密告韩信谋反，于是刘邦决定趁机捉拿韩信。陈平献计说，陛下可以对外宣称要游览云梦泽，并通知各地诸侯到陈地相会，在会上可乘机拿下韩信。

刘邦的用心有人看出来了，于是那人就劝说韩信起兵反叛刘邦。但韩信认为自己无罪，他打算去见刘邦陈说自己的忠心，又害怕刘邦将他擒下。为难之际，有人向韩信建议："楚王殿下如果打算消除皇帝的疑虑，可以杀了钟离眛，带着他的人头去谒见皇上。皇上向来痛恨钟离眛，看到了他的人头必定高兴，也就不会再怀疑您了。"韩信一时间不得要领，就去和钟离眛商议。

钟离眛听出了韩信的犹豫，就说："是因为我投奔到你这儿来，我们俩的力量让刘邦有所顾忌，他才不会随便攻打楚国。如果你拿我的脑袋去向刘邦献媚，我敢断定，你的下场不会比我好。没想到堂堂楚王也是个没担当的人。"说完，钟离眛便拔剑自杀，遂了韩信的心。

韩信带着钟离眛的首级去见刘邦。刘邦却令手下将韩信绑起来，听候发落。韩信这才明白自己的愚蠢和幼稚，不由得仰天长叹道："没想到我韩信真的就走到这一步了。果然是'狡兔死，走狗烹；飞鸟尽，良弓藏；敌国破，谋臣亡。'我替陛下扫平了各路诸侯，如今天下安定，用不到我了，那我也应该去死了。"刘邦摇头说："我并不想杀你，抓你是因为有人告你谋反。好了，等以后再说吧。"回到洛阳后，刘邦并未将韩信杀掉，而是赦免他的罪过，将他贬为了淮阴侯。

被贬之后，韩信感到了刘邦对自己的忌惮。因此，他经常称病不朝，也很少跟随刘邦出行。虽说他表现得很低调，但是心中的抱怨还是与日俱增。他的部将陈豨被封为巨鹿郡郡守，前来向他辞行时，韩信屏退左右，拉着陈豨的手说："你能听听我的心里话吗？我有很多话想找人倾诉一番。"陈豨说："一切听任将军吩咐！"韩信说："你现在去镇守的地方，是聚集天下精兵的地方，而你又是陛下的亲信，如果有人告你谋反，陛下一定不会相信；如果有人再次告你谋反，陛下就会对你产生怀疑；如果第三次有人告你谋反，陛下必定会相信你真的谋反了，大怒之下就会亲率大军去征讨你。到时我在京城给你做内应，如此，我们就能够夺取天下了。"陈豨一向对韩信的兵法谋略深为佩服，对他的见解也深信不疑，他表示一切听从韩信的指示。

公元前197年，陈豨果然谋反。刘邦也像韩信预料的那样亲自领兵平叛，而韩信仍是告病，未随军出征。韩信暗中派人联络陈豨，要他只管起兵，自己会在京城中行动，和他一内一外互相策应，以成大业。韩信与手下密谋，打算在夜里假传诏旨，释放那些在官府中的囚徒和宫奴，并发动他们去袭击吕后和太子。他们商定了计划之后，就等着陈豨方面的消息。

不巧的是，此时韩信的一个手下无意中得罪了韩信，韩信将他囚禁起来，准备杀掉。此人的弟弟得知哥哥被囚禁后，迅速向吕后密告韩信要谋反的事。吕后打算把韩信召进宫来，又担心韩信及其党羽不肯就范。于是与萧何设计，派人假装皇帝的使者来到宫里，告诉众臣皇上已平定叛乱，陈豨已被诛杀。得到消息后，群臣都进宫朝贺。萧何对韩信说："你虽然称病不能上朝，但如此盛事最好还是进宫朝贺一下。"韩信无法，只得入朝进贺。吕后派武士把韩信捆缚起来，在长乐宫中将他杀死。临死前，韩信叹道："我后悔没有采纳蒯通的计谋，以至于被妇人所杀，这难道不是天意吗？"这还不算完，后来吕后将韩信的三族全部诛杀。

可叹韩信作为军事家、带兵打仗的将领，能够名扬天下、战功赫赫，但是却在政治上幼稚可笑，优柔寡断，最终死于妇人之手。真可算是"成败一萧何，生死两妇人"了。

被冤杀的彭越

秦末乱世中,昌邑(治今山东巨野县东南)人彭越(？—前196)也曾起兵反抗暴秦。刘邦从砀县(今河南永城市芒山镇)北上攻打昌邑,彭越率部援助。但昌邑没有攻下来,刘邦率兵向西进发。彭越则率领自己的部队驻扎在巨野泽中,同时收编魏国逃散的士兵。等到项羽进入关中,大封诸侯之后,此时彭越的部队已发展到一万多人,但却没有归属。

公元前206年7月,田荣自立为齐王,起兵反抗项羽,他派人赐给彭越将军印信,让彭越率兵攻打济阴的楚军。彭越同意了,项羽于是命令萧公角率兵迎击,不料却被彭越打得大败。

公元前205年春天,刘邦(此时被项羽封为汉王)和魏王豹联合各路诸侯向东攻打楚国,此时的彭越经过发展,所率领的军队已有三万多人,于是他乘机率领自己的部队在外黄(治今河南民权县西北)归附汉王。刘邦对彭越说:"彭将军已收复魏地十几座城池,现在急于拥立魏王的后代。如今,魏王豹是魏王咎的堂弟,是魏王真正的后代。"于是刘邦就任命彭越做魏国国相,独揽兵权,并命他平定梁地(今河南开封)。

刘邦和项羽在彭城大战,刘邦战败,向西退却。彭越也主动撤离已经攻占的城池,并率领部队在黄河沿岸驻守。公元前204年,为了配合刘邦和楚军的正面作战,彭越采用游击战的战术,在梁地攻击楚军的后援粮草,史称"彭越挠楚"。同年冬天,项羽和刘邦在荥阳陷入相持。而彭越则趁机攻下睢阳、外黄等十七座城邑。项羽听说后,大吃一惊,立刻派大将曹咎驻守成皋,并且亲自率兵向东收复被彭越攻克的城邑。彭越眼见不敌楚军,遂率部撤出楚境,北上谷城(今山东平阴县西南)。

公元前203年秋,项羽率领军队向南撤退,来到夏阳(今陕西韩城南)。彭越则又一连攻克昌邑附近20多个城邑,并缴获大量粮食,这些粮食都被他用来充作汉军的军粮。

刘邦在一次战败后,曾派出使者到彭越那里,令他率部与自己合力攻打楚军。可彭越却以"魏地刚刚平定,我的部下对楚军还心存畏惧,此时去攻打楚军,显然讨不到好处"为借口,拒绝出兵。

刘邦对张良说:"现在只有汉军在和楚军作战,各诸侯的军队却不来参战,要想个什么办法呢?"张良说:"韩信立为齐王,本来就不是您的本意。韩信也清楚这一点,他也不放心。彭越呢,他平定了梁地,战功卓著。当初您因为魏豹已经是魏王了,才任命彭越做魏国的国相。但是现在魏豹已死,并且没有留下后代继承魏王王位。彭越原本就有称王的野心,您却没有适时地做出决断。您可以和韩信、彭越互相约定:战胜楚国后,将睢阳以北各城的土地划给彭越,并封他为王;而将陈及以东的沿海地区,封给齐王韩信。韩信的老家在楚国,他也有意得到故乡的土地。如果您能将这些土地分给他俩,相信他们很快就会率部前来会合。就算他俩没来,事情也不会比现在更糟糕。"

刘邦听后觉得很是在理,就派出使者前去联络二人。彭越得到消息后,立刻倾巢而出,和刘邦在垓下会师,并大败楚军。取胜之后,刘邦果然封彭越为梁王,彭越建都定陶。公元前201年,彭越到陈地,朝见刘邦。

公元前197年秋,陈豨在代地起兵反叛,刘邦决定御驾亲征,大军到达邯郸后,派人向梁王征兵。彭越却在此时称病,只派手下人带兵前往邯郸。刘邦对此非常生气,就派人去责备彭越。彭越没想到会受到责备,很是害怕,就打算亲自去刘邦跟前谢罪。他的部将扈辄劝道:"万万不可。您当初不去见陛下,受到责备了才去,陛下会认为您是故意的。我断定您如果真的去了,必定会被拿下。与其到时候成了阶下囚,不如趁势起兵造反。"彭越没有采纳他的意见,仍旧拿自己有病在身说事。

彭越身为梁王,因琐事打算杀掉梁王太仆。太仆得知消息后,不知所措,只得逃到刘邦那里,并向刘邦告发梁王和扈辄密谋造反。刘邦听后大怒,马上派人前往梁国,趁着彭越尚未察觉的时机,出其不意地逮捕了彭越,并将他囚禁在洛阳。

经有司审讯和调查,彭越谋反的罪证得到确认,官吏上报给刘邦。刘邦只是将他废为百姓,并流放到蜀地的青衣县(治今四川名山北)。西行途中,彭越遇到了前往洛阳的吕后。他向吕后哭诉,说自己没有谋反,是被冤枉的,如今只希望能回到自己的老家昌邑。吕后答应了他的请求,于是和他一起前往洛阳。到了洛阳后,吕后却向刘邦进言道:"彭越是有勇有谋的人,必不会甘心久居人下。陛下如今将他流放到蜀地,这不是给自己留下祸患吗?我看不如直接把他杀掉,永绝后患。所以,我把他又带回来了。"不仅如此,吕后还让彭越的门客告他再次阴谋造反。案件在吕后的授意下,进展迅速,彭越谋反已成铁案。廷尉王恬开上奏请求诛杀彭越全族,刘邦批准了。于是彭越被灭族,封国也被废除了。

英布谋反

英布是刘邦征战天下时的一员猛将,为刘邦打江山立下汗马功劳,他和韩信、彭越并称为汉初三大名将。因此刘邦称帝后,封英布为淮南王,一时风光无限。可惜好景不长,刘邦听信了谗言,以谋反的名义,先后诛杀了淮阴侯的韩信和梁王彭越。英布看到昔日的战友落得如此下场,不免兔死狐悲,从此开始对刘邦有所不满,并对朝廷的一举一动怀有戒心。他暗中部署,私自集结军队,并天天操练,同时刺探周围各郡的情报。英布只待时机成熟之时,扯起反汉的大旗,为韩信、彭越等人报仇。

不巧的是,英布的一个爱妾此时生病,经常需要去医师的家中治疗。而这个医师的家和中大夫贲赫家是对门,贲赫为了讨好英布,就在那个宠妾去医师家时,送一些贵重的礼物给她,还和她一起在医师家喝酒。那个宠妾回去后,果然在英布面前称赞贲赫是一个忠厚老实的人。不料英布听了之后却厉声问道:"你是从哪里知道的?"那个宠妾一害怕,就把这几天的情况一五一十地告诉了英布。英布仍是怀疑贲赫的动机,就派人召他前来问话。贲赫听说之后非常害怕,就假装有病不肯前去。这下可把英布惹恼了,他马上下令将贲赫抓起来。贲赫知道称病这一招躲不了多久,于是就连夜逃往长安。

到了长安,他向刘邦上书,说:"英布已经有了谋反的迹象,皇上应该先发制人,主动派兵前去,将英布诛杀。"刘邦就问丞相萧何的意见,萧何认为英布不会谋反,怕是有人因为私人的仇怨而诬陷他。现在应该先把贲赫关押起来,然后派人前去暗中调查淮南王的举动。

英布得知贲赫畏罪潜逃,稍一琢磨就知道他定是前往长安去向皇上告发自己谋反了。刚好刘邦也在此时派人前来调查,英布就更加肯定了自己的判断。于是他立刻诛杀了贲赫全家,并起兵造反。英布造反的消息传到长安,证明了贲赫并非诬陷,刘邦就放了贲赫,还封他做了将军。但此时朝中已无良将,而英布是和韩信、彭越齐名的人物,不容易对付。于是刘邦决定御驾亲征,命樊哙、曹参统领大军,以陈平为参谋,去攻打英布据守的九江(治今安徽寿县)。同时,刘邦还暗中派了一支小部队到六安(治今安徽六安北)去捉拿英布的家眷。

刘邦采纳了夏侯婴的门客薛公的计策,料敌在先,通过几次大战,将英布打败。英布不得已,只得渡过淮河,以期再战,可惜几次停下来与汉军交战,都没能获胜。最后英布只好率领一百多人逃往江南。结果,英布被长沙王派来的人诱骗,那人假装和英布一起逃亡,骗他逃往南越(今广东、广西一带)。无奈之下,英布只好随着这个人逃到番阳(今江西上饶市鄱阳镇),之后英布被番阳人杀死在一所民宅里。可怜一代名将,他的一生就这样终结了。

白登之围

自从秦始皇统治时期秦朝打败匈奴后,北方平静了十几年。而在秦朝灭亡之后,中原发生楚汉战争的时候,匈奴就趁机一步一步向南打过来。

汉高祖的时候,匈奴的冒顿(生卒年不详)单于(冒顿是人名,单于是匈奴君主的称号)带领四十万人马包围了韩王信(原韩国贵族,和韩信是两个人)的封地马邑(今山西朔州)。韩王信抵挡不了,于是向冒顿求和。汉高祖得到这个消息后,就派使者责备韩王信。韩王信害怕汉高祖治他的罪,便向匈奴投了降。

冒顿占领了马邑,又继续向南进攻,围住晋阳(在今山西太原西南)。汉高祖亲自赶到晋阳,和匈奴对战。

公元前200年的冬天,天下着大雪,天气特别冷,中原的兵士没碰到过这么冷的天气,不少人都冻坏了,有的人竟冻掉了手指。但是,汉朝的军队和匈奴兵一交战,匈奴兵就败走了。

汉高祖顺利进入晋阳后,派出兵士去侦察,兵士回来后都说冒顿的部下全是一些老弱残兵,连他们的马也非常瘦。如果军队趁势打过去,准能打胜仗。

汉高祖还怕这些兵士侦察到的情况不可靠,又派娄敬到匈奴营地去刺探。

娄敬回来说:"我们看到的匈奴兵士的确都是些老弱残兵,但我认为冒顿一定是让精兵埋伏了起来,陛下千万不能上这个当。"

汉高祖大怒,说:"你胆敢胡说,想阻拦我进军吗?"说着,就下令把娄敬关押起来,自己则带兵继续追击冒顿。

汉高祖率领一队人马刚到平城(今山西大同东北),四下里却突然拥出许多匈奴兵来,个个身强力壮,原来的老弱残兵全不见了。汉高祖拼命杀出一条血路,退到平城东面的白登山。

冒顿单于派出四十万精兵,把汉高祖围困在白登山。周围的汉军没法儿救援,汉高祖率领的这部分人马在白登山整整被围了七天,没法儿脱身。

汉高祖身边的谋士陈平派使者带着黄金、珠宝去见冒顿的阏氏(音 yān zhī,匈奴君主的正妻),请她在单于面前说些好话。阏氏一见这么多礼物,心里高兴。当天晚上,阏氏对冒顿说:"我们占领了汉朝的地方,但也没法儿长期住下来,再说,汉朝朝廷也会派援军来支援,到时候我们将腹背受敌,还不如早点儿撤兵回去。"

冒顿听了阏氏的话,第二天清早就下令将包围网打开一角,放汉兵出去。

这天清早,雾气弥漫,汉高祖悄悄地撤离了白登山。陈平还不放心,便叫弓箭手朝着左右两旁拉满了弓,以保护汉高祖下山。

汉高祖提心吊胆地走出了匈奴的包围圈,快马加鞭,一口气逃到广武。他先定了定神,然后把娄敬放出来,很是懊悔地说:"我没听你的话,弄得在白登山被匈奴围了起来,差点儿不能和你见面了。"

汉高祖逃出了虎口,知道自己没有力量再去征服匈奴,只好回到长安。此后,匈奴一直进扰汉朝北方,让汉高祖大伤脑筋。他问娄敬该怎么办。娄敬说:"最好采用'和亲'的办法,大家讲和,结为亲戚,这样就可以太平地过日子了。"

汉高祖同意娄敬的意见,派娄敬到匈奴去说亲,冒顿同意了。汉高祖挑了一个宫女所生的女儿,称作大公主,将她送到了匈奴。冒顿就把她立为了阏氏。

打那时候起,汉朝开始采取"和亲"的政策,跟匈奴的关系暂时缓和了下来。

白马之盟

刘邦晚年的时候,非常宠爱戚夫人,而且认为戚夫人之子如意和自己很像,就有意改立如意为太子。刘邦也曾跟大臣们商量改立太子的事,但是遭到一致反对,就连他一向敬重的张良也不赞成。张良觉得虽然太子懦弱,但是气候已成,不宜改立国本。

太子的母亲吕后还请出了当时很有名望的"商山四皓"这四位隐士,来辅佐太子刘盈。刘邦对此很是惊讶,因为他曾经多次邀请商山四皓,希望他们出山帮自己治理天下。但是他们却以各种理由推脱,并不打算出山,此时却义无反顾地出山支持太子刘盈。刘邦知道自己已经不能一意孤行地改立太子了,就对戚夫人说:"太子有了帮手,羽翼已经丰满,没有法子改变了。"戚夫人也知道事不可为,只得为自己和儿子哭泣。

刘邦在率军讨伐英布的时候,胸部曾中了流箭。虽然经过了治疗,但是伤口还没有完全好,到后来,竟又开始恶化,反倒越来越重。刘邦感觉到自己的病情日益严重,可能不会痊愈了。于是,他开始着手安排身后事。他把大臣召集到跟前,吩咐手下人宰了一匹白马,让大臣们歃血为盟。众位大臣当着刘邦的面,歃了血,起誓说:"从今以后,不是姓刘的人不得封王,不是功臣不得封侯。违背这个盟约的,大家共同讨伐他。"这就是"白马之盟"的由来。

其实,刘邦之所以这么做,就是为了防备吕后在自己死后独揽大权,对刘氏子孙开杀戒,坏了刘家的天下。他和吕后做了几十年的夫妻,深知吕后胸有丘壑,野心勃勃。自己活着的时候,凭着自己的威望和手段,还能镇得住她,不至于出什么大乱子。但是自己死了以后,吕后的儿子登基成了皇帝,她成了太后,恐怕就无人能压制住她了。正是基于这个想法,刘邦才打算废掉太子刘盈,其中也有防止吕后在日后专权的意思。可惜改立太子得不到支持,刘邦一时也没想出更合适的办法来遏制吕后,无奈之下,才想到了这个办法,于是就有了这个历史上闻名的"白马之盟"。

公元前195年,汉高祖刘邦驾崩。吕后并没有把皇帝驾崩的消息及时通知给朝臣,而是封锁起来。她对心腹审食其说:"朝中众将都是和先帝同时起兵征战天下的。先帝在时,他们就心不甘情不愿,不服从管束。如今先帝去世,恐怕他们会更加桀骜不驯,不如把他们都杀了。"

审食其觉得这事很棘手,因为各位将领不是说杀就能杀的。于是他就请吕后的哥哥吕释之做帮手。吕释之的儿子吕禄得知这个秘密后,不小心泄露给他的好朋友郦寄,郦寄很快就将这个秘密告诉了父亲郦商。郦商得到消息后赶忙去找审食其,对他说:"我听说皇上已经去世四天了。可是皇后却秘不发丧,居然想在这个时候杀害大臣。我敢断定,一旦这样做,必将激起朝中大臣和将军们的反抗,到时天下又将大乱,只怕那个时候你的性命也保不住。"

审食其本来就对这个计划不是很赞同,现在更是被郦商的话吓住了。他连忙去找吕后,将这个顾虑告诉了吕后。吕后也觉得诛杀大臣事关重大,并不容易得手,一旦情况有变,恐怕她也不能控制局面。于是,吕后就下达了发丧的命令。大臣们安葬了刘邦,并拥立太子刘盈即位,刘盈就是汉惠帝。吕后成了太后。

汉惠帝刘盈的确是个懦弱的人,什么事情都不能做主,朝廷上下的一切事务都听他母亲的安排。从此,吕太后大权在手,想干什么就干什么,再也没了之前的顾虑。不久后她就推翻了刘邦订立的"白马之盟",公然大封诸吕为王,吕氏的诸侯王直至吕后死后才被废。

刘邦生前让臣子们立下了"白马之盟",本意是限制吕后的权力,维系刘氏的天下。可惜,事实非常残酷,差一点儿刘氏的江山就要改姓了。

萧规曹随

起初，汉高祖刘邦从沛县发迹的时候，有两位他的同乡一直跟随他左右，后来，他们都成了汉朝开国功臣。这两人，一位是萧何，一位是曹参（？—前190），他们二人相继为相，为西汉初期的繁荣稳定作出了卓越的贡献。当时，汉朝刚建立，百姓饱受战乱之苦，非常需要休养生息。为此，萧何顺应民意，制定了一系列鼓励人民生产的积极措施。萧何死后，曹参继任丞相，一番审时度势之后，他采取了"无为而治"的策略，继续执行萧何定好的法规，被世人称为"萧规曹随"。

其实在此之前，曹参和萧何二人之间曾有嫌隙。他们都是刘邦的沛县老乡，作为大汉的功臣各有功绩，但却因封赏之事搞得很不愉快。萧何心思机敏，是一位对历代律令颇有研究、长于识人审事的管理人才，作为刘邦的重要谋士，他为大汉朝的建立起到了非常重要的作用。而曹参则是一位骁勇善战的猛将，他作战英勇，曾经为汉军攻下二国和一百二十二个县。因此，在汉高祖平定天下以后，便对二人论功行赏。因二人各有所长，所以论功行赏时，二人各有拥护者。而汉高祖刘邦在考虑到朝代新开、典章新立的具体情况后，便把萧何的位置排在曹参之上。为此，许多将领都很不服气，认为论功劳曹参应该居首位，曹参自己也颇有些失意。

汉朝初立，刘邦把长子刘肥封为齐王，因其年轻，便让曹参为齐国丞相跟从辅佐刘肥。曹参刚开始做齐相时，还参与了诸多战役，为大汉稳固政权作出了不少贡献。

后来，内乱平定，曹参回到齐国，此时齐国有七十座城邑，人口庞大，不好治理。当时天下初步安定，齐王年纪尚轻，难以服众，曹参就建议集思广益，招来地方上的乡老及文士，向他们询问安抚百姓的办法。但召来的人数以百计，众说纷纭，一时难以形成结论。后来，他听说胶西有位盖公，对黄老学说很有研究，就派人带着厚礼把他请来。盖公来了之后，对曹参提出了自己的建议，他认为，治理国家的办法贵在清静无为,让百姓们自行安定就好。之后他进一步和曹参进行深入探讨,获得了曹参的信服,使得此类做法在齐国推广开来。曹参非常佩服盖公,于是把家中的正房大厅让给盖公住,自己则退到一旁的厢房,任何大事都找盖公商量。曹参任齐国丞相九年,齐国都颇为安定,人们据此大大地称赞他是贤明的丞相。

公元前193年,曹参听到萧何去世的消息后,便立刻命手下门客整理行装,准备离开。手下人问他要去哪里,他颇为自信地说:"我要到京城入朝为相去了。"他的手下起初都不相信,因为人人都知道萧何与曹参有嫌隙,但听他如此说,也不敢不为他准备。过了不久,朝廷派使者来了,说是征召他入朝为相,大家都很惊异,忍不住赞叹曹参料事如神,而在知道是萧何向惠帝举荐曹参之后,大家又都赞赏萧何顾全大局,不计较个人恩怨。

很快,曹参接任丞相之职,但他初入朝时,朝臣们都有些惶惶不安,在他们看来,萧何、曹参前怨仍在。曹参虽是萧何举荐的,但他一上任,一定会有人事变动,肯定会重用自己的心腹。没有想到等曹参上任后,各个方面一切如旧,而且他还张贴布告向天下人昭告:一切按照前相国旧事办理。朝臣们看了,都宽心不少,自知权位得保,便开始到处赞扬他度量大。

过了不久,曹参经过调查,从各郡和诸侯国中挑选了一些老成持重、不喜多言的人,招来长安任命为丞相的属官。他斥退朝堂上那些总是惹是生非、一味追求声誉的人,使整个政坛进入"清静无为"的境界。在公事上,曹参见别人有细小的过失,总是隐瞒遮盖,因此相府中一直平安无事。渐渐地,他开始一天到晚喝酒作乐,不理政事,有几个手下看不顺眼,给他指了出来,曹参也不生气,只是拉着他们喝酒,把他们灌醉。那些人若是还不死心,一再提到朝堂公事,曹参就假装不理,巧妙地闪开话题,不肯再谈下去。久而久之,这种风气流传开来,官吏开始整天地在办公官署里饮酒歌唱,大呼小叫。曹参的手下很厌恶这种事,但对此无可奈何,于是请曹参来看。手下本来想让他对此加以制止,可当他听到那些人醉酒高歌、狂呼乱叫的声音后,反而加入其中,也高歌呼叫起来,与那些人同乐。从此,丞相府附近的官署时时喧哗,官员们日日饮酒作乐,而曹参非但不禁止,还参与其中。

没多久,汉惠帝知晓了这件事,当场气得不得了。他那时因为自己的母亲吕后对自己的政事干涉过多,凡事不能自己做主而闷闷不乐,听到曹参如此不像话,便对当时担任中大夫的曹参儿子曹窋说:"你父亲天天喝酒,是不是瞧不起我这个做皇帝的,觉得我无能,天天只能喝酒享乐,不能有所作为。你问问你父亲,他成天这么半醉半醒的,如何处理国家大事?但这些话不要说是我要你去问的。"

曹窋闲暇陪着父亲时,便把汉惠帝的意思变成自己的话讲给了曹参。曹参听了大怒,打了曹窋二百板子,说:"你懂什么?要你多嘴。"

曹窋挨打了,便跑去报告给汉惠帝。汉惠帝第二天上朝时,便问曹参:"你为什么要打曹窋,是我叫他去问你的。"

曹参跪在地上,马上脱帽谢罪,说道:"陛下自觉比得上先帝吗?"

汉惠帝说:"比不上。"

曹参又问:"陛下觉得我比萧何如何?"

汉惠帝说:"你似乎差远了!"

曹参接着说:"既然如此,我们就不要改变,只要依照前人的规章去做便可以了,何必想其他的花样。"汉惠帝听了这些话,这才了解曹参的用心。

当时正是汉初,人民久经战乱,很想过平安稳定的日子,只要朝廷不再多加麻烦,他们便千谢万谢感恩不尽。此时施行的政策,要使人民得以休养生息,因此推行黄老学说的"清静无为"政策也颇合时宜。所以,曹参在大汉朝廷为相三年,虽没有多少建树,但百姓却很赞颂他。他的做法,后世人称为"萧规曹随",后又用来比喻按照前人的成规办事。

汉文帝治国

汉文帝刘恒(前202—前157),汉高祖刘邦第四子,公元前180年即位。汉文帝的母亲薄氏进宫前吃过苦,因此她知道老百姓的一些苦楚。成为汉高祖的妃子后,她怕住在宫里受吕后的陷害,于是就跟儿子住在封国。她常教育儿子要体察民情。所以,后来汉文帝一即位,首先便是大赦天下,接着召集大臣商议国事,说:

"一个人犯了法,定了罪也就罢了,把他的父母、妻子也一同逮来定罪,这种法令是不公正的,希望你们能商议出更好的办法来。"

大臣们商议一番,废除了全家牵连着一同定罪的法令。

汉文帝又下了一道诏书,要求地方救济死了妻子的人、寡妇、孤儿和没有儿女的老人;规定对80岁以上的老人按月发放米、肉、酒,对90岁以上的老人还赐帛和絮,并让地方长官定期去慰问他们。

汉文帝还下诏要老百姓多提意见。这么一来,上奏章的,当面规劝皇帝的人就多了起来。就是在路上有人上书,汉文帝也会停下车来把奏章接过去。他说:"可以采用的就采用,不能采用的就搁在一边,这有什么不好呢?"

当时,临淄有个名叫淳于意的人,以为人治病而出名。后来他做了太仓的县令,因不肯讨好上司,便辞了官仍旧去做医生。

有个大商人请淳于意为他的妻子治病。但那女人吃了药不见好转,后来死了。大商人就告他杀人。当地的官吏判他"肉刑",肉刑包括脸上刺字,割去鼻子,砍去左脚或右脚等。因为淳于意做过官,所以要被押到长安去受刑。淳于意有五个女儿,没有儿子。他最小的女儿缇萦,决定到长安去救父亲。

缇萦到了长安,要进皇宫去见汉文帝。管宫门的人不让她进,她就写了一封信,托守宫门的人传上去。汉文帝一看,信上的字歪歪扭扭,像是个孩子写的。信的内容大致是:我叫缇萦,是从前做过太仓县令的淳于意的小女儿。我父亲做官的时候,大家都说他是个清官。这会儿犯了罪,要受肉刑。我不但替父亲伤心,也替所有受肉刑的人伤心。一个人被砍去了脚就成了残废;鼻子被割去了,就不能再安上去,这人以后就是想改过自新,也没有办法了。我愿给公家做奴婢替父亲赎罪,让他免于肉刑,好让他有个改过自新的机会。

汉文帝同情小姑娘,被她的一番孝心打动,也觉得肉刑不合理。他对大臣们说:"犯了罪的人,应当罚他,让他得到教训才好重新做人。现在惩办一个犯人,在他脸上刺字,或者毁了他的肢体,怎么能劝人为善呢?"

大臣们商议后,拟定了三条法令:废除脸上刺字的肉刑,改为剃去头发,以铁束颈服刑四年;废除割去鼻子的肉刑,改为打三百板子;废除砍脚的肉刑,改为打五百板子。

缇萦不但救了父亲,她也替天下人做了一件好事。

汉文帝实施了一系列减轻人民负担的政策,于是犯罪的人越来越少。他从即位的第二年开始就免去农民一半的田租,到第十三年,完全废除了田租。老百姓安心生产,国家也有了积蓄。

汉文帝生活节俭。有一次,有人向他建议造一个露台。汉文帝召工匠一计算得花一百金。于是他说:"十户中等人家的财产也不过一百金,不必再造露台了。"

汉文帝穿的衣服是黑色厚布做的。他宠爱的妃子穿的衣服也很朴素,下摆从不拖到地上。

汉文帝曾一直幻想长生不老。求神仙、祭天的费用,方士要多少就给多少。有个方士名叫新垣平,派人向汉文帝献了一只刻了字的玉杯,说是仙人献给汉文帝的。汉文帝便吩咐左右侍从拿黄金赏给来人。丞相张苍是个天文学家,他不相信方士的话,便暗地里派心腹去侦查新垣平的行动,查出了那献玉杯的人和刻字的工匠。汉文帝这才从迷梦中醒过来,后悔自己糊涂,于是把新垣平这一类罪大恶极的方士判处死罪。

汉文帝采取休养生息的政策,减轻了农民的赋税、徭役,使农业生产得到恢复和发展;他还削弱了诸侯王的势力,巩固了中央政权。

少年得志的贾谊

公元前200年,贾谊(前200—前168)出生于洛阳。他少年时就以才学著称,师从儒家学派代表人物荀况的后辈张苍,以能诵诗书善作文闻名于家乡。河南郡守吴公曾将其招致门下,对他非常器重。在贾谊的辅佐下,吴公治理的河南郡,政绩卓著,社会安定,当时被评为天下第一的安定地区。汉文帝听说了这些事迹,觉得贾谊读书多,有才干,便特别宣召他到京城来担任博士。

此时,贾谊年仅20岁,朝廷的官员中他最年轻。当时朝堂上的主要官员,还都是那些随同汉高祖起兵的老臣,他们都是草莽粗人,上马杀敌是强项,但要他们在朝堂上文绉绉地宣论应对,颇为困难。因此,每当皇帝要开会商讨国事,老臣们虽有奏议，但不知如何开口时，贾谊便为他们梳理内容，一一写成奏章，这让满朝文武的办公奏事效率提高了不少，大家都夸贾谊是青年才俊，能力超群。汉文帝为此更加赏识他，不过一年的工夫，就把他的官位提升为太中大夫。

成为太中大夫之后，贾谊又向汉文帝提出了很多奏议，文帝觉得很有道理，本来还想拔擢他为公卿的，没想到此想法却遭到了时任丞相的周勃等人的大力反对。他们向文帝指出，贾谊"年少初学，经验不够，专想弄权，挑拨是非"，他们对贾谊的才能颇含嫉妒之心，认为贾谊此时已经风头太健，不能再提拔。文帝无法，便不再采纳他的意见，还把他派到了长沙去给长沙王当太傅。

其实，文帝派贾谊到长沙颇有深意，他觉得，贾谊的"强干弱枝"政策很有道理，对削弱诸侯国的势力颇为有用，但是他不想让自己的意图泄露，所以故意谪贬贾谊。

当时汉朝分封了很多诸侯国，这些诸侯国的力量都相当强大，他们时时蠢蠢欲动，准备造反。贾谊回顾历史，列举事实，说明分封诸王的害处。指出诸王是否叛乱，并不取决于是疏是亲，而是取决于"形势"，取决于力量对比的强弱。因此，贾谊得出"疏者必危，亲者必乱"的结论，指出必须"强干弱枝"，国家才有希望，因此他主张削弱地方的力量。

贾谊被下放到长沙，但他并不晓得这是汉文帝为施政而放的烟幕弹。他悲伤地到了长沙，一直郁郁不乐。长沙地处南方，离京师有数千里。贾谊因贬离京，长途跋涉，心情悲郁，途经湘江时，写下《吊屈原赋》，借着凭吊屈原，抒发自己的怨愤之情。

贾谊做长沙王太傅第三年的某一天，有一只鹏鸟（像猫头鹰，古时认为此鸟是不祥之鸟）飞入他的房间，停在他的座位旁。贾谊因被贬居长沙，而长沙低洼潮湿，常让他感觉不适，于是他便常常自怨哀伤，以为寿命不长。如今鹏鸟进宅，更使他伤感不已，于是写下了《鹏鸟赋》来抒发忧愤不平的情绪，想要以老庄的"齐生死""等祸福"的思想来进行自我解脱。

直到他被贬五年后，汉文帝想念他，才把他从长沙召回。

贾谊回到京城，去拜见皇帝的时候，恰好汉文帝刚祭过神，正静静坐在宫室之中。等贾谊行过礼以后，文帝因祭祀而对鬼神之事有所感触，就向贾谊询问鬼神的原本。贾谊详细讲述了其中的道理，一时滔滔不绝，文帝听得入迷，不觉移坐到席的前端,二人一直谈到深夜才作罢。回到寝宫后,文帝自言自语道:"好久没看到贾谊了,以为他的学问不及我,现在谈了这一番,才晓得我还差得远!"过了两天,文帝就派贾谊去做自己小儿子梁王的老师,梁王很受文帝宠爱,这也算是对贾谊的一种重视。

贾谊此番回京,本来满腔爱国热忱,一肚子国计民生,但文帝丝毫没问到,却只谈些祭鬼神的事,贾谊很失望。后世,唐朝的大诗人李商隐有感于此,曾写诗道:"可怜夜半虚前席,不问苍生问鬼神。"

贾谊虽然没有被重用,但还是很恳切地写了一篇《治安策》献上去,谈及国家如今诸侯难制、匈奴进扰的两件外事;还有朝中风气太过奢华,上下没有礼节,不重礼义廉耻等朝廷内事。他感叹这才是最需要重视的、而此时却被忽略的大事,以此来提醒皇帝。这一篇《治安策》,写得文辞恳切,饱含感情,是颇为历代文人推崇的传诵名篇。

公元前169年,梁王入朝拜见文帝,不小心坠马而死。贾谊身为梁王老师,自怨没有尽到职责,为此整天以泪洗面,第二年因忧伤过度去世了,死时32岁。

宋朝的王安石引用杜甫所写的"出师未捷身先死,长使英雄泪满襟"两句哀悼贾谊,足见其才情之大。明朝内阁首辅大臣李东阳曾说:"文帝时,可当大臣者,唯贾太傅一人。"也说明其政论精到,切中时弊。

晁错削地

汉文帝死后,太子刘启即位,他就是汉景帝。汉景帝认为,国家必要的开支要靠征税,但他即位的第一年,征收上来的租税却很少。他知道晁错(前200—前154)有才能,于是就把他提升为御史大夫(地位和宰相差不多)。

御史大夫晁错眼看着分封的诸侯王势力越来越大,他们有的不受朝廷约束,天下又快变成诸侯割据的局面了。那时汉朝共有22个诸侯国,齐国有70多座城,吴国有50多座城,楚国也有40多座城。诸侯割据一旦形成,免不了要发生战争,对发展生产也很不利。

晁错对汉景帝说:"吴王一直不来朝见,先帝(汉文帝)送给他桌几(一种家具,人疲倦的时候,可以用来靠着打个瞌睡)和拐杖这两样尊敬老人的礼物,是希望他改过自新。哪里知道他却招兵买马,准备造反。陛下要趁早削减他的封地。"

汉景帝怕削地会立即引起诸侯造反。晁错说:"诸侯要是存着造反的心,不削地将来也要造反。现在造反,祸患还小,将来造反,祸患更大。"

汉景帝听了,决心削减诸侯王的封地。楚王刘戊荒淫无度,不守规矩,这次他到长安来,晁错就根据查证,揭发他的罪行,上书汉景帝定他的罪。汉景帝削去了他封地中的一个郡,让他回去。晁错又查出赵王的过失,汉景帝也削去他的一个郡。胶西王私卖官爵,被削去了六个县。

晁错正计划着削减吴王刘濞的封地,他的父亲从老家颍川(今河南禹州)特地赶了过来,对他说:"你当了御史大夫,地位已经够高的了。为什么不安分守己,偏要管闲事?诸侯王都是皇室的骨肉,你管得着吗?你把他们的封地削了,他们哪一个不恨你?你这样做到底是为什么?"

晁错说:"削地是为了王朝的安全。不这样做,皇上就没法儿行使权力,天下必定大乱。"

他父亲叹了一口气,说:"刘家的天下安定了,我们晁家却危险了。我已经老了,不愿意看到晁家大祸临头。"

晁错又安慰了父亲一阵,但老人家回到颍川老家后,还是喝毒药自杀了。吴王刘濞在汉文帝在位时就想做皇帝,这会儿以"惩办奸臣晁错"的名义煽动别的诸侯王一同叛乱,参加叛乱的有吴、楚等七个诸侯国,历史上称为"七国之乱"。公元前154年,他们一同发兵,声势浩大。汉景帝吓坏了,为保住自己的皇位,就把忠心耿耿的晁错杀了。

汉景帝杀了晁错,下了一道诏书,叫七国的诸侯退兵。吴王并不退兵,还把诏书退了。这样,朝廷和诸侯国之间的大战就开始了。汉景帝后悔杀了晁错,他派大将军窦婴、太尉周亚夫发兵征伐叛乱的诸侯。周亚夫等先稳住了未参加叛乱的那些诸侯国,然后用三个月工夫,平定了七国的叛乱。

汉景帝还让七国的后代继续做诸侯,不过只能在自己的封地内征收租税,不能干预地方行政。这样就大大削弱了诸侯的势力,汉朝的政权更加巩固了。

之后,汉景帝继续推行汉文帝时期的政策,减轻赋税,减少官差,国家又呈现出一片繁荣景象,历史上称汉文帝和汉景帝统治时期为"文景之治"。公元前150年,汉景帝立6岁的皇子刘彻为皇太子。公元前141年,汉景帝病死,刘彻即位,他就是汉武帝。

汉武大帝

汉武帝刘彻(前156—前87),是汉景帝刘启之子,6岁时被立为太子,15岁登基,在位54年。

汉武帝是第一个使用年号的皇帝。他登基后继续推行汉初的休养生息政策,又颁布大臣主父偃提出的"推恩令",让诸侯分封他们的儿子们为侯,使诸侯的封地被分割。同时他设立刺史,用来加强对地方的控制。在军事和经济上他也加强中央集权,将冶铁、煮盐、酿酒等事务改由中央管理,同时他禁止诸侯国铸钱,使财政大权集中于中央手中。

他采用董仲舒的建议,"罢黜百家,独尊儒术"。对外他采取软硬兼施的手段,一方面派兵征伐,解除匈奴的威胁,保障了北方经济文化的发展,他消灭了夜郎、南越政权,在西南先后建立了七个郡,并使今天的两广地区自秦朝后重归中国版图;另一方面他派张骞出使西域,打通了中西交通,加强了中原和西域的联系,促进了中原和西域各国的经济文化交流。汉武帝非常重视人才,他确立了察举制度,这是中国有系统地选拔人才制度的开始,对后世影响很大。

汉武帝晚年举行封禅,祀神求仙,挥霍无度,加之连年对匈奴和西域用兵,徭役繁重,致使大量农民破产。认识到这些问题后,汉武帝曾在轮台(今新疆轮台南)颁下《罪己诏》,表示承认自己的错误。

公元前87年,汉武帝外出巡游,到达扶风(今陕西兴平东南)时得病,不久,病死于五柞宫。其庙号为世宗,谥号为孝武皇帝,葬于茂陵。

朱买臣的故事

《三字经》中有"如负薪"的典故,说的是汉代朱买臣(？—前115)因为家贫,便以砍柴维持生活,每天边担柴边读书的故事。

这位朱买臣,是汉朝初年吴县(今江苏苏州)人,他自小很喜欢念书,对其他事情都没有什么兴趣。他家境十分穷苦,而且不懂置产业,所以,他40岁时仍然是个落魄儒生,常常靠砍柴换回粮食维持生计。他每天到山上砍些木柴,挑到集市上去卖,如此艰辛也不过是勉强度日。

朱买臣非常爱读书,也很会利用时间用功,挑柴时,口里仍不断背诵诗文,总是在咿咿唔唔念个不停。有人在背后笑他是个书痴,还当作笑话传来传去,这让他的妻子觉得分外难堪,便劝他不要念个不停。而朱买臣并不放在心上,还越念越起劲,越念越响,像唱山歌一般。他一旦开始背书,便没完没了,大老远都能听到他在背书。

他的妻子说了又说,始终没效果,再加上家里经常有了上顿没下顿,生活越来越艰难,到后来她实在受不了了,就吵着要和他离婚。

朱买臣觉得妻子是个无知的女人,永远不可能了解读书报国的道理,只好赔着笑脸安慰道:"我到50岁时一定有出息。现在我四十多,不久便可发迹,你已经跟我吃了二十多年的苦,只剩下几年都不能忍了吗?等我大富大贵时,一定不会忘记你的功劳。"

他话还没说完,妻子就骂道:"我跟你吃的苦还不够多吗?你原是书生,本来还不错,没想到现在只能靠砍柴为生,也该知道读书无用了,为何至今仍不觉悟?像你这样的人,最后只能饿死在沟壑中,又怎么能够富贵呢!"朱买臣再三劝阻,她只是大哭大叫,闹得不成样子,朱买臣只好答应离婚。

妻子走后,朱买臣依旧如常砍柴,如常背书。有一回,清明那天,赶上天气终日阴湿不见阳光,他背柴下山,忽遇风雨,又冻又饿,全身发抖,于是只好躲到路边的墓旁去避雨。刚好此时来了一男一女祭扫坟墓,那女子不是别人,正是朱买臣的前妻。

朱买臣见此情此景,便装成不认识的样子。但是,他前妻见此,分外不忍,便把摆祭过的食物,分给他一些,为了填饱肚子,朱买臣也只有含着眼泪吞下去了。

转眼之间,又过了几年,朱买臣快50岁了。此时,朱买臣经朋友帮忙,被介绍到会稽郡当了一名差役。年末,会稽郡的上计吏要进京汇报,派了朱买臣去押车。

到了长安,朱买臣抓住机会,见到了汉武帝。汉武帝与他详谈,很赏识他在《春秋》《楚辞》方面的见解,就任命他做中大夫。之后,他又呈上了一篇对付东越的奏折,汉武帝觉得很有道理,便派他回会稽当太守,还对他说:"富贵不回乡,就如同穿了漂亮衣服在黑夜里走,太可惜了,如今你可以衣锦荣归了。"

当年被人瞧不起的朱买臣,此时只觉得扬眉吐气!当他到任之时,乡民们夹道欢迎,争看新太守的风采。

朱买臣在上任路上,正巧看见他的前妻及现在的丈夫在修路,就停下车,叫后面的车子载上他们,带到太守府,并安置在园中,供给食物。他此时想到的全是在坟墓前的那一幕恩情,才如此这般。

可他的前妻并不如此想,只觉得懊悔到了极点,尤其是看到朱买臣娶了新妻,穿着新衣服,吃着山珍海味,她觉得这些本该是自己的。最后她实在不甘心,便厚着脸皮要求朱买臣收回休书。朱买臣叫人把一盆水泼到地上,对她说:"你能把泼出去的水再收回盆子,我们便可以再做夫妻。"他的前妻听了之后,分外羞愧,哭着跑了,不久便上吊自尽了。朱买臣给她丈夫银两,让他将前妻好生安葬。

除此之外,他还召见那些曾经给他粮食以及对他有过恩惠的朋友、旧相识们,来一一回报他们。

罢黜百家,独尊儒术

汉武帝即位后不久,就下了一道诏书,让官员向朝廷推荐社会上的贤士,以便重用他们,让他们为国家效力。诏书一下,各地反响强烈,人们争先恐后地向朝廷推荐,最后,共有一百多人被选送到中央。到了朝堂上,汉武帝亲自主持考试,考这些被推荐来的贤士,其中主要的考题就是怎样才能让国家安定,人民富裕。

一时间,贤士们给出了很多答案,有的说应该实行严厉的刑罚,有的说应该减轻百姓的负担,还有的说应该鼓励人们从事手工业和商业。汉武帝听了这些回答后没有任何表示。

在这些人中,有一个叫董仲舒(前179—前104)的。这个人很有才华,他回答说:"那些不在传统的孔子学说范围之内的各派学说,都不应该让它们再发展,应该只发展孔子的学说。"当时,社会上存在各种各样的学说派别,彼此之间常常争论不休,有的甚至还攻击朝廷,这让汉武帝很是恼怒。而董仲舒的一番话,正好契合汉武帝从思想上统一天下的愿望,因此董仲舒受到了汉武帝的赞赏。

这时,丞相对汉武帝说:"各地推荐来的贤士,在学术上不属于一派,本来各派之间就有争论,如果把这些人都留下来任用的话,他们不但不能治理好国家,反而会把朝廷扰乱,这些人不应该都留下。"

汉武帝接受了董仲舒和丞相的建议,只把公孙弘等几个属于儒家学派的人留下并且加以重用,其余的人一律都没有留用。从此,儒家学说作为封建社会的统治思想一直延续下来。这件事就是历史上有名的"罢黜百家,独尊儒术"(意思是只尊崇儒家的学说,别的派别的学说都不许发展)。

从骑奴到驸马的卫青

西汉时期抗击匈奴的名将卫青（？—前106），是汉武帝第二任皇后卫子夫的弟弟，汉武帝在位时曾官至大将军，封长平侯。而他与西汉时攻打匈奴立下大功的另一位大将军霍去病，还是舅甥关系，而且这卫青其实应该叫郑青，这到底是怎么一回事呢？

这就说来话长了。卫青的母亲卫媪，本来是给汉武帝的姐姐——平阳公主当婢女的。后来她嫁给了一个姓卫的，生下一男三女。可惜这个姓卫的很早就去世了，卫媪只好再到平阳公主府里当佣人。她的小女儿卫子夫从小就长得很漂亮，歌声更是如出谷黄莺，于是卫子夫就在平阳公主家中当歌女。

没多久，卫媪和平阳公主府中一名小吏郑季产生了感情，并生下了一个小男孩，取名郑青，郑青被郑季带回老家抚养。郑季的妻儿见到这孩子后，非常愤怒，他们合力对付郑青，可怜的郑青小小年纪便饱受虐待，身上经常遍体鳞伤，青一块紫一块的。

郑青天天为家里放羊，郑家的儿子也没把他当成兄弟看待，常常虐待他。还好老天爷保佑，郑青终于长大成人，他实在没有办法再忍下去了，便跑去找生母，后来就做了平阳公主的骑奴。

有一天，汉武帝突然游兴大发，借口到灞上扫墓，出去痛痛快快地玩了一天。回宫的时候，路过平阳公主府，武帝便顺道进去休息一下。

平阳公主看见皇帝亲临，慌忙搬出家中最上等的酒菜，并且招来一班歌女陪酒。汉武帝在宴席之上，一眼便看上了妩媚动人的卫子夫，他借口出门更衣，命子夫随去服侍。武帝回到筵席后非常高兴，赐给了平阳公主黄金千斤。平阳公主因此奏请将卫子夫送入宫中，武帝欣然答应。

而当时的皇后陈阿娇是武帝的姑姑馆陶公主的女儿，武帝小时候曾对人说："我要是能娶阿娇为妻，要为她盖一个金屋。""金屋藏娇"的成语，就是这么来的。

现在有了卫子夫,陈阿娇便失宠了。卫子夫得到汉武帝的宠爱,先后为汉武帝生下三女一男,被封为夫人。

想当初,郑青初到京城,卫子夫的母亲便带着他去求平阳公主,平阳公主回头一看,发现这个彪形大汉倒是相貌堂堂,就派他去当骑奴。骑奴,其实就是公主出门时,骑马跟在后头的保镖。

从此郑青改名为卫青,表明与郑家一刀两断。同时,卫青很知道上进,平阳公主家中的事不多,闲下来时他就勤读书,练武艺,还一心一意研究兵法。

他当了两年的骑奴,之后因为姐姐得宠,于是被推荐到建章宫做事。

后来,陈阿娇听说卫子夫得到汉武帝宠幸而怀孕,自己却数年没能生下孩子,便开始嫉妒卫子夫。其母馆陶公主刘嫖亦因女儿而嫉恨卫子夫,便派人去抓捕当时在建章宫当差的卫青,欲杀卫青以震慑卫子夫。所幸卫青的朋友带领一干壮士及时相救,使卫青免于一死。武帝得知此事后,便召卫青为建章监,并加侍中。卫子夫别的兄弟也得到了封赏,武帝赐给卫家的赏金累计竟达到千金之多。

汉武帝建元二年(前139年),张骞出使西域。汉朝与西域各国夹攻匈奴的计划失败后,汉匈双方的关系正式破裂。此后四十年间,汉军采取主动攻击的策略,九次出塞,都给匈奴以重大的打击。期间汉军七次出征,曾北登阗颜山,六次深入匈奴,并在祁连山设郡,而建立这赫赫战功的主帅正是卫青。自从"飞将军"李广失败,卫青反而胜利后,他便在官场上一路扶摇直上,凭借辉煌的战果,成为当时非常显赫的大将军。

卫青过去的女主人平阳公主,因为丈夫死了,想再嫁人,于是找人询问:"列侯之中谁最贤,得以与我相配?"下人们齐声道:"当然是卫大将军了。"平阳公主说:"这怎么可以呢?他以前是我的骑奴,是伺候我骑马的。"下人们又回答道:"如今比不得从前了,他已身为大将军,他的姐姐又是皇后,除了皇帝以外,谁能比他更尊贵?"

平阳公主想想,也觉得有道理,于是就央求卫子夫做媒,和卫青结成了夫妻。

卫青先是受封长平侯,后又经两次益封,按《史记》记载其所得封邑总共有一万六千七百户。公元前106年,卫青病逝,谥号为"烈",葬于武帝茂陵东。《汉书》记载,平阳公主死后,与卫青合葬。

青年才俊霍去病

汉武帝时期,卫家之所以成为重要的外戚,其一是因为卫子夫在陈阿娇被废黜之后,生下了太子,成了汉武帝第二任皇后。其二是因为皇后那同母异父的弟弟卫青。卫青原是平阳公主的骑奴,后来成了大司马大将军,还进一步成了平阳公主的夫婿,势力很大。此时另一位重要的外戚就是霍去病(前140—前117)。

霍去病是河东平阳(治今山西临汾西南)人,他的父亲霍仲孺,是平阳公主封地上的一个小官吏,和卫子夫的二姐卫少儿感情很好。卫少儿在平阳公主府做女奴时,和他私通,生下儿子霍去病。霍仲孺不敢承认自己与公主府的女奴私通,也并不接受尚未出生的孩子,后来他就另娶妻生子,并没与霍去病相认。所以霍去病的身份是私生子。

霍去病年少有成,在朝廷中开始有了职位,卫少儿才告诉了霍去病他自己的身世。

霍去病17岁的时候,开始担任侍中,其实就是汉武帝的侍卫。此时的霍去病固然因为得天独厚的国戚关系,年纪轻轻就登上了高位,而他自己也的确是有些本事的。武帝元朔六年,卫青出兵攻打匈奴,霍去病要求跟着去。卫青带他到了战场,让他担任骠姚校尉,并选出了被称为"轻勇骑"的八百名壮士,让他们跟随霍去病进行战斗。

到了塞外,霍去病率领部下往北攻去,这八百轻勇骑离开大军数百里,一路向北深入。他们虽然是孤军而入,但丝毫不害怕。一直走了好久,霍去病看到了匈奴人的营帐,直接一挥手就带人杀了过去。匈奴人怎么也想不到汉人会跑这么远,因此没有一点儿防备。霍去病他们斩获敌军两千余人,其中包括匈奴的一些重要官员,同时也斩杀了单于的祖、父辈亲族,并且俘虏了单于的叔父罗姑比。此战令霍去病勇冠全军,被封为冠军侯,食邑1600户。

很快,汉武帝任命19岁的霍去病为骠骑将军,他不再跟在舅舅卫青的身后,而是开始独当一面了。元狩二年,霍去病率领骑兵一万,从陇西出发,配合舅舅卫青与匈奴展开大战,此战获得大捷,他们把从金城(治今甘肃兰州西北)到盐泽(今罗布泊)一带的四万多匈奴完全肃清。经此一战,匈奴在漠南被汉军荡平,单于逃到漠北。此役改变了汉朝长期在与匈奴作战中的守势状态,一举打败了匈奴,从而长久地保障了北方长城一带的边境安全,此战为汉朝进击匈奴最远的一次。不久,汉武帝在这儿设置了武威、张掖、酒泉、敦煌四个郡,隔断了匈奴与羌人的联络,打通了西域的道路,解除了来自西北的威胁。

经过了这场战役,匈奴领教了霍去病的厉害,不敢再与他交手。在祁连山与焉支山一役后,匈奴人编了一首歌谣:

亡我祁连山,使我六畜不蕃息;

失我焉支山,使我妇女无颜色。

焉支山又名胭脂山,所以匈奴才这么说。这首歌后来传到内地,霍去病大将军的名声更响亮了。

霍去病为人成熟稳重,有勇气,敢担当。汉武帝曾经想教他研读孙武、吴起的兵法,他反驳道:"打仗只需看谋略,不必学习古代的兵法。"他将国家安危和建功立业放在一切之前。

霍去病是私生子,小时候不知道父亲的名字,长大了才知道。此时霍仲孺早已离开平阳公主家,回到家乡,另外娶妻生了一个儿子,名叫霍光,而此时也不再与平阳公主府中的人联络。等到霍去病成就了功业,虽然其父未尽为父之责,但霍去病仍然惦记着父亲。他任骠骑将军时,有一次出征,顺道到了平阳,于是命下属将霍仲孺请到自己住的地方,对他跪拜道:"去病早先不知道自己是大人之子。"霍仲孺愧不敢应,只好匍匐着叩头说:"老臣得托将军,此天力也。"之后,霍去病为霍仲孺置办了田宅奴婢,并在领军归来后将他同父异母的弟弟霍光带到长安,努力栽培。

刚到京城时,霍去病见霍光的年纪虽小,但聪明伶俐,因此很喜欢他,便为他找了最好的老师仔细教导。几十年后,霍光得以辅佐昭帝、宣帝,成为历史上有名的一代贤臣,这也算是霍去病在沙场以外对大汉江山的另一贡献。

匈奴未灭,无以家为

西汉初年,北方匈奴曾屡次骚扰汉朝。到汉武帝时,汉朝国力强盛起来,便开始对匈奴进行反击。元朔六年(前123年),霍去病以校尉的身份,跟随卫青出征。他率领八百骑兵长途奔袭,孤军而入,最终斩获匈奴兵士两千余人,战功冠于全军,被汉武帝封为冠军侯。在元狩二年(前121年)、元狩四年(前119年)与匈奴军的战斗中,霍去病显露出杰出的军事才能,共斩、俘匈奴兵士十万余人。汉武帝很赏识这个名将,曾下令给他建造府第,但霍去病却拒绝了,他说:"匈奴未灭,无以家为也。"

元狩六年(前117年),年仅23岁的霍去病猝然去世。武帝十分痛惜,于是在自己将来的陵墓茂陵旁边为他修建了一座状如祁连山的坟墓,用以表彰他抗击匈奴的卓著功绩。

李广难封侯

西汉初期,匈奴是我国北方最大的一支游牧少数民族,他们经常南下骚扰汉族居民。陇西名将李广(?—前119),成纪(今甘肃秦安县)人。他是西汉的抗匈名将,他在战场上奋勇杀敌,匈奴人既怕他,又敬重他,称他为"飞将军"。

一次,李广率领四千骑兵,从右北平(治今内蒙古宁城县)出发,博望侯张骞带领一万骑兵与他兵分两路围剿匈奴。李广率兵前进几百里后,被匈奴左贤王率领的四万骑兵包围。面对处于优势的敌人,李广竭尽全力组织抗击,后来因张骞的大军赶到才得以解围。但此时,李广率领的军队几乎全军覆没,只得撤兵回去。

事后，朝廷追究责任，张骞因拖延行程被处死刑，后出钱赎去死罪而被降为平民；李广杀敌有功，但因率部军队损失太大，所以功过相抵，既没有被处罚，也没有受封赏。

一天，李广私下对占卜天象的王朔说："自从汉朝抗击匈奴以来，我李广没有一次战役不参加。我率领过的军队当中，有职位比我低的校尉，但他们其中以抗击匈奴有功被封侯的，有数十人之多。我李广比起别人来不算落后，但却没有因为军功而取得侯爵的封邑，这是为什么呢？"

王朔问他："你是否做过违背良心的事？"李广想了一下说："我镇守陇西的时候，羌人曾经起来造反，我用计哄骗他们，使他们投降了。后来我又用计谋，把这八百多名投降者在同一天内杀死了。这是我以为的最遗憾的大事。"

王朔叹息道："给人带来灾祸的事，最严重的莫过于把已经投降的敌人杀掉，这就是将军没有被封侯的原因。"

公元前119年，朝廷决定对匈奴再一次发动大规模的攻击，兵分两路向匈奴进军。已经年老的李广主动请战，担任前将军，归卫青指挥。李广在行进途中几次迷路，等他赶到会合地点时，已比指定的时间迟了好几天。那时，匈奴已被卫青的大军打败。会合后，卫青派手下的人问李广迷路的经过，并催促李广的部下快到卫青那里去认罪。

李广气愤地说："我的部下并没有罪，误期迟到的责任全在我一人身上，要审问就审问我。我现在亲自去大将军的幕府听候审问。"接着，李广对部下说："我一生跟匈奴打了大小七十多次仗，这次跟着大将军出战，本来可以很顺利地同单于的军队交战，没想到大将军把我的队伍调开，让我走那条迂回遥远的路，而我偏偏又迷失了路径，这岂不是天意？况且我已经这么大年纪了，不能再同那些舞文弄墨的小吏去打交道了！"说完，便拔刀自刎了。

张骞出使西域

"丝绸之路"是汉朝开辟的一条商路。那么,丝绸之路是由谁开辟的呢?又是怎样开辟出来的呢?

张骞(?—前114)是成固(今陕西城固县东)人,他生活在西汉王朝对匈奴由防御转入进攻的时代。当时,汉武帝听说有个月氏国,是匈奴的仇敌,于是就决定招募使者前去联合月氏国以共同夹击匈奴。公元前139年,汉武帝正式任命张骞为使者,并派堂邑父给他做翻译,堂邑父原本是匈奴贵族堂邑氏的奴隶。张骞又征召了一百多人,携带了大量的行装和礼物,从陇西出发,前往西域。

他们一出陇西,便碰上了许多匈奴人。张骞一行全成了俘虏。单于不敢杀死汉朝使者,便把张骞等人全部软禁起来。那时候,匈奴和汉朝表面上关系还不错,单于为了留住张骞,把一个匈奴女子嫁给了他。不久,张骞有了一个儿子。

张骞一直偷偷保存着汉武帝交给他的出使证明,时刻不忘自己的使命。当他被单于放逐到西部时,因为离西域又近了不少,所以他在心里暗自高兴。他每天一边放羊,一边等待机会逃走。渐渐地,匈奴人也不再过问他们。在张骞被俘的第十一年,他率领剩下的汉使,终于逃出了匈奴的魔掌,重新踏上寻找月氏国的路。在匈奴生活了十一年,张骞已能说一口流利的匈奴话,并且对匈奴的风情礼节也非常熟悉。因此他们一路行走并没有碰上什么麻烦,匈奴人都视他们为自己人。他们终于走出茫茫草原,进入了西域的沙漠地带。他们一连走了几十天,路上尽是沙漠,找不到人家,也找不到食物和水。亏得堂邑父箭法高超,饿急了,就射些飞鸟和野兽来充饥。

最后他们到了一个热闹繁华的城市。这里的人高鼻子,蓝眼睛,满脸胡须,和他们以前见过的人都不一样。他们以为这里就是月氏国,可一打听,才知这个国家是大宛。大宛国国王早就听说东方有一个强盛又富庶的汉朝,他们很渴望与大汉朝交往。张骞拿出自己的出使证明,谈了自己的遭遇后,受到大宛国的热烈欢迎,他们用上好的酒和牛羊肉招待张骞一行。张骞说明了自己出使西域的任务,希望大宛国国王能派人护送他们到月氏国,并且答应回汉朝后,一定请汉朝皇帝用重礼酬谢。大宛国国王自然乐意帮助张骞。他派了骑兵和翻译,护送着张骞等人一直到康居,再请康居人护送他们到月氏国去。

几经辗转,张骞他们终于来到了又一个国家,这个国家就是他们找了十多年的月氏国。满目望去,这里树木郁郁葱葱,田里庄稼长势喜人,还有满山跑的成群的牛羊。张骞等人被带到月氏国国王的面前。张骞手执节杖,递上出使证明,对月氏国国王说:"大汉皇帝让我转达他的问候,目前,大汉皇帝正在抗击匈奴,皇上派我出使贵国,是希望月氏与汉联手对敌,夹击匈奴。"张骞不知,这时月氏国的情形与以往已大不相同了。

自月氏国国王被匈奴杀害后,大臣们便拥立国王的夫人做了王,西迁到大夏国境内。大夏人打不过月氏人,便向月氏人投降,两个国家便合并成一个国家,改名为大月氏国。大月氏国人所在的地方土壤肥沃,物产丰富,他们的生活十分安乐。生活一安乐,他们就把报仇雪耻的事情忘了。所以在听到张骞说明来意后,大月氏国国王显然不愿再回到几千里之外的故乡去对付匈奴。因而大月氏国国王不怎么谈论匈奴,只是极其热情地款待张骞等人。

在大月氏国,张骞开始与许多前来做生意的各国商人交往,并与他们建立了很深的友谊。张骞把汉朝的情况介绍给来到这里的各国人。一年多过去了,张骞决定返回汉朝。他们从匈奴人较少的南山向东出发,沿途又走访了不少国家,这些国家的君主也都十分向往汉朝。可是,当他们走到祁连山脚下时,又一次被匈奴人逮捕,软禁了一年多。后来单于死了,为争夺王位,匈奴发生内乱,因此便无暇顾及张骞。于是在一个漆黑的夜晚,张骞带着他的匈奴妻儿以及堂邑父逃出了匈奴。

当他们重新回到国都长安时,十三年已经过去。去的时候,张骞还是个年轻小伙子,如今却两鬓斑白,而去时的一百多人也只剩下他和堂邑父了。拜见汉武帝后,张骞谈了大月氏国不肯出兵的原因,以及自己两次被俘的经过,还详细谈了西域各国的风土人情,汉武帝听得入了迷。为了表彰张骞的卓越贡献,汉武帝拜他为太中大夫,拜堂邑父为奉使君。

汉武帝得知匈奴内乱,便封张骞为校尉,让他帮助大将军卫青制订最佳行军路线和作战方案。按这个方案,卫青果然出师告捷,一举消灭了匈奴的一支主力部队。汉武帝很快将张骞提升为将军,并封他为博望侯。

公元前119年,汉朝与匈奴展开一场决战,汉朝给予匈奴以毁灭性的打击,最终将匈奴赶到了漠北。因此,通往西域的道路就此通畅。过了两年,张骞建议汉武帝去结交西域的乌孙国。于是汉武帝派张骞做正使,带领副使和将士三百多人,并带上了许多金银、绸缎和牛羊,再次出使西域。

张骞到乌孙后,派副使分别前往大宛、康居、大夏、安息等国,他自己则留在乌孙并说明了来意。乌孙王决定先派人去长安,并送给汉武帝几十匹乌孙宝马。公元前115年,张骞带着乌孙的使者回到长安。乌孙使者亲眼看到了汉朝的繁华和人民的友善,回去后便对乌孙王翔实地做了汇报。乌孙王很高兴,决定跟汉朝建立友好关系,并且娶了汉朝公主。

张骞从乌孙回来的第二年便病死了。这一年,派到大宛等国去的副使陆续带着各国的使者回到长安。这些国家和乌孙一样,都和汉朝建立了友好关系。张骞和他的随从几次出使西域,到过三十六个国家,对于加强西域各国同汉朝的联系作出了重大贡献。

从此以后,西域的葡萄、苜蓿、核桃、石榴等陆续传入汉朝,汉朝人先进的农业生产技术、打井和炼铁的方法,也传到了西域;西域的音乐、舞蹈和乐器传到汉朝,汉朝生产的丝绸等也被带进西域,并由西域进一步传到欧洲和世界各国。后来,人们习惯把张骞开通的汉朝到西域的道路称为"丝绸之路"。张骞出使西域为汉朝展现了一个崭新的世界,也使汉朝的威名远播四海。

割肉怀归

东方朔(前154—前93),字曼倩,是西汉时的文学家。汉武帝时,他担任常侍郎之职,因为性格诙谐滑稽,很受汉武帝的宠爱。

有一年的三伏天,汉武帝下了一道诏书,赏赐猪肉给经常随侍自己的几个侍郎。宫中负责屠宰的官员宰了一头猪,给他们送了肉来。根据当时宫中的规定,必须等待主管的大官丞根据诏命来分肉,然后才能把肉带回去。

三伏天气温很高,肉很容易变质。东方朔和几个同僚一直等到天黑,负责分肉的大官丞还没来。

有个侍郎埋怨道:"天气这么热,大官丞再不来,猪肉快要发臭了。"

东方朔也等得不耐烦了,他走上前去,拔出剑来,割了一块肉,对同僚们说:"大伏天该早点回去,请转告大官丞,我东方朔受赐了!"

说罢,东方朔便带着肉回家去了。

第二天,大官丞把东方朔私自割肉怀归的事向汉武帝做了报告。汉武帝便召见东方朔,问他:"昨天朕赏赐猪肉给大家,你为什么不等待诏命,单独割了肉就走了呢?"

东方朔听了,装出诚惶诚恐的样子,上前跪拜谢罪。汉武帝见了,说:"好了!你自我检讨一番吧!"

东方朔又向汉武帝叩了一个头,说:"东方朔呀,东方朔!你既然已经等到天黑,为什么不继续等下去,是多么缺乏耐心哪!你怕猪肉发臭,接受赏赐不等待诏命,是多么无礼呀!单独拔剑割肉,这种举动是多么豪壮啊!割肉不多,这又是多么谦逊哪!把肉带回家去和妻子共食,又是多么规矩呀!"

汉武帝听了,明白了东方朔为什么会自己割肉回去,不由得哈哈大笑,说:"我让你自我检讨,你倒弄成自我辩解再加上自赞自夸了!"

于是,汉武帝下令再赏赐东方朔一百斤猪肉,再加上一石(dàn)酒,让他带回去交给妻子。

司马迁和《史记》

司马迁,字子长,西汉时期杰出的史学家和文学家。

约公元前145年(也有人说公元前135年),司马迁出生于夏阳(治今陕西韩城南)的一个史官世家,他的祖先曾做过几代史官。司马迁出生时,他的父亲司马谈没有做官,他们一家人生活在龙门(在今山西河津西北和陕西韩城东北)附近的农村。

司马谈对儿子抱有极大的期望,所以对司马迁的教育格外用心,他亲自对儿子进行启蒙教育。幼年的司马迁聪明懂事,他每次出门放牛的时候,父亲总会要他带上一册竹简。父亲还会叮咛他:"不要贪玩,昨天晚上教你的字,一定要记牢!"司马迁牵过缰绳,把竹简轻轻地往牛背上一搭,竹简便平稳地垂挂在牛背两边,他朝父亲笑笑,便牵着牛走向田野。

司马迁一个人的时候,就一边看着牛吃草,一边在地上反复地练字。如果碰到有伙伴凑在一块儿时,他就跟小朋友们一起玩。有时候,他教小朋友们认字,像"日、月、牛、羊、草、鱼"等,这也是他们游戏的一种。所以不管是比他大还是比他小的朋友,都能跟司马迁相处得很愉快,他们也不觉得这个牛背上挂了竹简的同伴有什么奇怪,反倒是佩服他能认得出、也写得出这么多好看而有趣的字来。

约公元前135年,司马迁的父亲司马谈来到长安做太史令,司马迁也随父亲来到这里。司马谈不是一个庸俗的官僚,他对自己卑微的史官职位抱有崇高的理想。他对历史论著抱有宏愿,并将这著史的理想和计划遗留给他的儿子司马迁,希望儿子能成为自己事业的接班人。司马迁天资聪颖,"十岁则诵古文",他父亲还请了当时赫赫有名的儒学大师孔安国和董仲舒指教爱子。

于是,年纪轻轻的司马迁便已是通晓历史学问的青年学者了。据说,司马迁极富钻研精神,一次他在研究一段历史时,发现几本书的记载都不一样,于是他便收集了许多材料研究,最后肯定《尚书》的记载是正确的。

司马迁从《尚书》中了解到他的故乡龙门山有一个"鲤鱼跃龙门"的神话:只要坚持勇敢地不断向上冲,一旦跃过黄河那道数十丈高的龙门急湍,就能化身为龙,悠然遨游在彩霞之间。可是,如果没跃过去呢?那就还是黄河里的一尾鲤鱼罢了,迟早不是落入渔人的巨网,便是误食金钩,成为钓客的美食。于是,司马迁从那时起便盼望着自己有一天能跃过龙门,做出一番事业。

约公元前126年,司马迁开始漫游大江南北。他从京师长安出发,南下至江陵,渡江辗转到汨罗江凭吊屈原;沿湘江溯流而上,探访九嶷山,瞻仰帝舜陵墓,观看有关的文物和书册;到现在的浙江会稽山,考察有关大禹的传说;北上到淮阴,深入街巷，探访韩信的事迹；又到齐鲁之地，搜集有关孔子、孟子的逸事，为了进一步研究儒家的学说，虚心地向当地的老儒们请教；又到秦汉之际那些风云人物的故里访问，对楚汉相争的战场进行实地考察，并搜集了大量史料。

司马迁通过实地考察和民间访问，印证了许多历史文献和传闻，如传说中孟尝君"好客自喜"，很喜欢招募天下各种人才，包括鸡鸣狗盗之徒。因为司马迁到薛地时，发现当地有很多顽劣子弟，与邹、鲁等地很不相同。当地居民告诉司马迁，孟尝君到薛地时，带了六万余名任侠来，于是他才相信孟尝君确实"好客自喜"。为弄清"夷门"是什么，司马迁问居民、访遗址，经过实地勘察，细心求证，终于弄清了夷门就是大梁城的东门。正是由于司马迁这种求实精神，他著的《史记》才成为"实录"之作。

公元前99年，汉武帝派得宠的李夫人的哥哥李广利率军攻打匈奴右贤王，李陵为后方辎重官。不料李陵所率的五千步兵被匈奴数万骑兵包围，在得不到支援的情况下，迫不得已，李陵投降了敌人。李广利本无将才，虽未遇到匈奴主力，却也被打得落花流水。好大喜功的汉武帝非常生气，一些阿谀之徒不敢得罪李广利，怕其妹李夫人给汉武帝吹枕边风，于是他们讳言李广利的败绩，将责任都推到李陵身上。

正直的司马迁为李陵鸣不平，直言辩护了几句，汉武帝却认为他在为李陵开脱而贬损李广利。公元前98年，司马迁以诬罔主上的罪名被判处死刑。汉代法律规定，犯罪的人可以交五十万钱赎死，或受腐刑免死。司马迁家境并不宽裕，他只有两种选择：死或受腐刑。生死之间，他千思万虑，为免除污辱，最好选择死去，但不写完《史记》，他是死不瞑目的。于是他决定忍受这奇耻大辱。这次灾难给他的打击是致命的，司马迁痛不欲生。但每当轻生之念萌生之时，司马迁就想到父亲的遗愿。为完成"究天人之际，通古今之变，成一家之言"的《史记》，司马迁以血和泪日复一日地默默工作。

公元前96年，司马迁出狱，汉武帝任命他为中书令。中书令是一个离皇帝很近的官，负责掌管政府的机要事务，这引起很多人的不满。面对这些，司马迁毫不在意，他除了发奋写作外，对其他事情一概不闻不问。

后来，司马迁终于完成了《史记》。《史记》全书130篇，约5万字，系统地叙述了汉武帝以前约3000年间的各色各样人物的活动历史，包含政治、经济、军事、伦理、道德、文学、艺术、科学、宗教等各个方面的内容,文字生动,展示了一长卷光彩夺目的历史人物形象。《史记》成为我国文学和史学上极为重要的著作。

司马迁是为《史记》而活着的,《史记》完成后数年,司马迁就逝世了。《史记》原称《太史公书》,是我国第一部纪传体通史,其编写体例及方法都为后世史学家所尊崇和继承。司马迁的光辉之处不仅在于他写出了《史记》,更在于他立志高远,坚持实录的写作精神。他的名字将伴随《史记》永垂不朽。

在牢狱中成长起来的皇帝

汉武帝死后,8岁的汉昭帝即位,在位仅13年便去世了。汉昭帝死后,新任的皇帝昌邑王刘贺荒唐无知,在位27日之后就被当时的权臣霍光以淫乱无道的理由报请上官太后予以废除了。

谁来继任皇位,这让朝廷里的文武百官伤透了脑筋。这个时候,光禄大夫丙吉向霍光提出一个建议。他说:"汉武帝的曾孙病已(前92—前49),在民间长大,如今已有十几岁了。他从小研读典籍,为人节俭朴素,仁慈爱人,可以立为皇帝。"

霍光去调查了一番,又询问大家的意见,只听太仆卿杜延年说:"对,我也听说病已人品不错。"见其他人没有反对,霍光就做主先将刘病已封为阳武侯。同年七月刘病已继承大统,也就是汉宣帝。他是一位在即位前就受过牢狱之苦的皇帝,也是中国历史上有名的贤君。

汉宣帝原名刘病已,又名刘询,其幼年时期的经历可谓跌宕起伏,饱受磨难。他是汉武帝的曾孙,戾太子刘据的孙子,本来是正统的皇位继承人,却因一场巫蛊之祸,还在襁褓之中时,就被关进了监狱。

征和元年(前92年),有人告发丞相公孙贺以巫蛊诅咒汉武帝。征和二年,江充诬告太子宫中埋有木人,因此汉武帝命江充查巫蛊案。江充用酷刑和栽赃使人认罪,大臣百姓都惊恐万分,为了保命,纷纷胡乱指认他人,数万人因此而死。查案期间,江充因与太子刘据有隙,遂趁机陷害太子,导致皇后卫子夫和太子刘据起兵,后太子诸人反抗不果,相继自杀。事后武帝虽然意识到自己的失误,但此事仍牵连数十万人,被诛杀牵连的皇亲国戚及显要官员甚广,震惊当时的政权高层,导致国本动摇,此事史称"巫蛊之祸"。

巫蛊之祸案发后,丙吉被调到京城任廷尉监,负责处理太子刘据案。丙吉心里很清楚,太子是被诬陷的,可是迫于形势,帮不上忙。最终皇后卫子夫和太子刘据相继自杀,刘据的妻妾和子女皆死,唯独留下了襁褓中的刘病已。刘病已虽然逃过一劫,但小小年纪就被收系狱中。丙吉怜悯这个无辜婴儿,便让牢狱中两位女囚胡组、郭征卿住在宽敞干净的房间里哺育这位皇曾孙。如此,病已这条小命才保住了。

又过了几年,汉武帝在宫中养病,听方士说,长安的监牢里有天子气,这会对武帝非常不利。因此,武帝即刻下了一道命令,长安监牢里的犯人,不论年纪大小,一律处死,以绝后患。使者奉命来到监牢。此时正是夜晚,丙吉紧闭大门,不让使者进去,说:"怎么可以滥杀无辜呢?何况牢里还有皇曾孙呢。"使者等到天明,也没进得门去,只好跑去告诉汉武帝。武帝想了想,说:"这真是天命了。"于是又下了一道赦免的命令,狱中所有的罪犯一律免死。

几年后,这孩子渐渐长大了,但他的身子很弱,时常闹病,于是起了一个"病已"的名字,希望可以保佑他。在病已8岁的时候,他被送到外祖母史贞君处抚养。虽然史贞君年事已高,但是看到外孙,又怜惜又爱宠,于是小心翼翼地抚养他。汉武帝临终时,想起还有这么一个曾孙,于是留下遗命将刘病已收养于掖庭(皇宫中的旁舍,妃嫔居住的地方),上报宗正并列入宗室属籍中,此时皇曾孙刘病已的宗室地位才得到法律上的承认。

刘病已曾向东海人濊(fú)中翁学习《诗经》,他为人好学,颇有才气,但也喜欢游侠,在民间常常斗鸡走马,游山玩水。如此一来,他既了解了风土人情,也知道了百姓疾苦,吏治得失。

等到刘病已正式以刘询的名字成为皇帝时,有个叫则的女人跑来,说自己曾在宫里当女佣,有抱养宣帝的功劳,并且说御史大夫丙吉对此事知道得很详细。

于是掖庭令便带着则与丙吉当面对质。丙吉说:"不错,我记得你,你是抱过皇帝,不过当时你粗心大意,笨手笨脚,常被我骂,这怎么能算有功劳呢?真正有功的,是那两个给皇帝喂奶的女囚胡组和郭征卿。"

宣帝即位后,丙吉闭口不言保护之功,朝臣及宣帝都不知情。宣帝听了这话,才知道他是自己的大恩人,非常赞赏他行善不欲人知的德行,于是拔举他当丞相,并且赐钱给那两个抚育过他的女囚的后代。

宣帝在位期间,政治清明、社会和谐、经济繁荣,"吏称其职,民安其业",史称"宣帝中兴"。

苏武持节牧羊

西汉前期,朝廷一直采取和亲政策,对匈奴一再忍让,以换取边境的暂时安宁。可是匈奴却愈益骄横,连年进扰边郡,抢掠人口牲畜。汉武帝在多次取得抗击匈奴的胜利之后,便想通过互派使臣来修好结盟。

公元前100年,汉武帝派中郎将苏武(? —前60)为正使、副中郎将张胜为副使,拿着旌节(顶端缀有牦牛尾,下有彩色羽毛装饰的一种符节),带着助手常惠和一百多名士兵,以及许多金银绸缎等礼物,护送以前扣留下来的全部匈奴使者,出使匈奴。

苏武到了匈奴,把匈奴使者交还给了单于,并且送上礼物。匈奴单于见到汉朝送来那么多礼物,反而骄横起来。苏武为了维护双方的友好,便尽量耐着性子跟单于打交道,准备完成任务后,快点儿返回汉朝。正在苏武准备回汉朝的时候,发生了一件意外的事情。

原来,早在苏武出使匈奴之前,汉朝使者卫律就投降了匈奴,并且死心塌地地为单于出谋划策,可是卫律的部下中有个叫虞常的人,他是个忠于汉朝的血性汉子。他本来认识苏武的副使张胜,于是就暗地和张胜商量除掉叛徒卫律。张胜很赞成虞常的打算,并资助了他一些财物。但计谋泄露,虞常被单于逮捕,交给卫律审问。

卫律把虞常杀死,以此来威胁苏武。张胜害怕了,便跪下投降,并承认了与虞常是同谋。于是,卫律劝苏武也投降,他举着宝剑对苏武说:"你不投降,我就杀了你!"苏武面不改色地迎上去说:"你若胆敢杀了我,汉朝定会发兵荡平匈奴,到时候你会死无葬身之地。"卫律看苏武如此镇定,便知道用武力吓不倒他,只好向单于报告。单于听说苏武这样坚定,就更希望他投降,便让卫律用好言去劝苏武投降。

苏武听到卫律劝他投降匈奴的话之后,怒气冲冲地说:"卫律你这个无耻之徒。你背叛了父母,背叛了朝廷,还有什么脸面来同我说话。"

卫律碰了一鼻子灰,他只好向单于报告。单于便让苏武待在大窖里,不给他饮食,逼他屈服。正巧当时天降大雪,苏武忍饥挨饿,渴了,就捧一把雪止渴;饿了,就扯一些皮带、羊皮什么的啃着充饥。

过了几天,单于见折磨他也没用,只好把他放出来,说要封他为王,苏武说什么也不答应。单于只好把他送到北海(今俄罗斯贝加尔湖)边去放羊,还说:"等公羊生了小羊,就放你回去。"公羊怎么可能生小羊?这么说无非是想把苏武长期监禁罢了。

苏武到了北海边,身旁什么人都没有,和他做伴的只有那一群公羊以及那根代表汉朝的旌节。苏武时时刻刻拿着那根旌节,连晚上睡觉也搂在怀里,他总想着有一天,拿着旌节回到自己的家乡。挨饿受冻练就了他一身的铮铮铁骨,苏武在北海一待就是十九个年头。

汉武帝死后,汉昭帝即位,匈奴又跟汉朝议和。于是汉朝要求匈奴放回苏武等被匈奴扣押的汉朝使者。苏武出使的时候,是个壮年汉子,他在匈奴度过了十九年异常艰苦的岁月,回来时已经是个须发全白的老人了。他坚强不屈,不怕磨难,永不失节的非凡事迹,轰动了朝野上下,无论是做官的,还是普通老百姓,一提起苏武,没有不钦佩他的。

昭君出塞

汉宣帝五凤元年(前57年),匈奴内部发生了五个单于争统治权的斗争,争来争去,形成郅支单于和呼韩邪单于南北对峙的局面。最后,郅支单于打败了呼韩邪单于。呼韩邪单于便带兵南移,投降了汉朝。

甘露三年(前51年),呼韩邪单于到长安朝见汉宣帝。呼韩邪是第一个到中原来朝见的匈奴单于,汉宣帝像对待贵宾一样招待他,亲自到长安城外去迎接他,并为他举行了盛大的宴会。

呼韩邪在长安住了一个月,回去的时候,汉宣帝派长乐卫尉董忠、车骑都尉韩昌等,带领一万六千名骑兵护送他回去,还派人先后送去了三万四千斛粮食接济匈奴人。

汉宣帝死了以后,他的儿子刘奭即位,也就是汉元帝。没过几年,匈奴郅支单于攻入西域各国,还杀了汉朝派去的使者。于是汉朝联合西域各国,打下了郅支城,杀死了郅支单于。

郅支单于一死,呼韩邪单于的地位便稳定了。汉元帝竟宁元年(前33年)正月,呼韩邪单于又一次来到长安。他为了表示要和汉朝世世代代友好下去的心意,请求汉元帝答应他跟汉朝结亲。汉元帝同意了他的请求。

以前,汉朝与匈奴和亲,都得选个公主或者宗室的女儿,这次,汉元帝决定挑个宫女代替公主出嫁。他吩咐太监到后宫传话:"愿意到匈奴去的,皇上就把她当公主对待。"

后宫的宫女都是从民间选来的。她们一进皇宫,就好像飞鸟被关进了笼子,失去了自由,一直盼望着有一天能被放出宫去。可是现在要远出塞外,嫁到匈奴去,那里天寒地冻,语言不通,生活习惯与中原大不一样,因此,她们又都犹豫起来,不愿意报名应选。

有个姓王,名嫱,字昭君的宫女,出身于平民家,幼年念过几年书,刚被选入宫中不久,还没见过皇帝,她听说匈奴要与汉朝和亲,觉得这是关系到匈奴和汉朝友好的大事,便报名应征到匈奴去。经办这件事情的官员禀明了元帝。元帝吩咐为王昭君准备嫁妆,并且找了匈奴女人为王昭君讲解匈奴的生活习惯,教她学习匈奴语言,并教她演奏琵琶、胡琴等从西域传入的乐器。王昭君聪明勤学,没过多久,就都学会了。

到了迎亲那天,呼韩邪单于亲自来长安城迎娶王昭君。汉元帝赏赐他们许多财物,并设宴为他们送行。他们离开长安去匈奴的时候,文武百官列队送行。王昭君抱着琵琶,骑在马上,内心交织着欢乐和忧愁的情绪出发了。这一路上黄沙滚滚、马嘶雁鸣,昭君心绪难平,遂于马上弹奏起琵琶,琵琶声凄婉悦耳,美艳动人,人们把这首曲子称为《昭君怨》。其实,这首曲子表达的并不完全是忧愁怨恨的情绪。后来有人把王昭君叫作汉明妃,于是《昭君怨》就又被人叫作《明妃怨》。

王昭君出塞到了匈奴,她帮助呼韩邪单于发展匈奴的生产事业,改革了牧民的一些风俗习惯。匈奴人学会了使用从汉朝输入的农业生产工具,逐步发展了农业生产,粮食基本上能够自给。随着农业生产的发展,畜牧业更加发达,匈奴出现了人丁兴旺、牲畜遍野的繁荣景象。

王昭君是匈奴单于的妻子,地位与汉朝的皇后差不多,出塞以后,便不能轻易回到汉朝。可是王昭君非常热爱和思念自己的父母之邦,经常派人送信回去,有时还叫单于派使者送些匈奴的土特产奉献给汉朝皇帝。汉朝皇帝也回赠一些金银珠宝和绸缎。

王昭君年老的时候立下遗嘱,要求死后将她安葬在今内蒙古呼和浩特郊外,坟墓要坐北朝南,以便她能够遥望自己的父母之邦。她去世以后,她的子女们在呼和浩特郊外选了一块向阳的水草丰茂的小坡地,为她修建了坟墓。远望昭君墓,墓表黛色溟濛,因此,后人又把昭君墓称为"青冢"。

王昭君为了汉朝和匈奴的友好关系,自愿远嫁匈奴,从此以后,匈奴和汉朝长期和睦相处,六十多年未起冲突。昭君为祖国民族大家庭的团结作出了贡献,她这种自我牺牲的精神,受到了后人的称赞。

细腰赵飞燕

西汉经过了宣帝中兴,到了汉宣帝的儿子汉元帝的时候,国运便开始衰弱,一天不如一天。元帝虽然多才多艺,但为人懦弱无能,政治上没有魄力,因此大权旁落。他在位期间,又宠信宦官,导致皇权式微,朝政混乱。他在位十六年,朝廷之中宦官小人用事,留给太子刘骜一个烂摊子。刘骜就是汉成帝。

成帝19岁登上帝位,曾经也是少年有为。小时候刘骜爱读经书,喜欢文辞,宽博谨慎。有一次元帝急诏他,他不敢横越驰道,绕了一圈才迟迟面见元帝。从这件事可以看出刘骜谨慎的一面。但随着年龄的增长,刘骜开始终日沉湎于玩乐,加上生母王皇后不得元帝宠幸,对他也疏于教导。同时,有些不务正业的王公贵族故意引诱成帝,加上他喜爱玩乐,禁不起怂恿,时常偷偷换上便服,骑着一匹快马出去玩乐。

有一天,他到了阳阿公主家,发现了宴席上有一女郎,身材纤瘦,细腰如柳,跳起舞来,裙带飘扬,似要乘风飞去,又若仙子下凡。刘骜看呆了,一问之下,才知此女名叫赵宜主(?—前1),由于舞姿轻盈,好似燕飞,人称"飞燕"。刘骜将其召入宫中,先封为婕妤,后立为皇后。

当时,宫中有"太液池",池中有小岛,叫瀛洲。汉成帝让飞燕身穿薄纱,在高榭上面跳舞,成帝亲自指挥乐队伴奏。待得起舞之时,高台上的飞燕飘飘欲仙,成帝颇为得意。有时,有风袭来,飞燕衣袖随风飘舞,似乎欲飞仙而去,汉成帝生怕她会飞走,便忙命人用力拉住她的衣裙。待风停时,大家发现赵飞燕的云英紫裙竟被抓得皱皱的,却也相当独特、美丽。从此宫女们盛行穿折叠出褶皱的裙子,还美其名曰"留仙裙"。为了让她跳舞时不被风吹走,成帝还特意为她建造了一个名为"七宝避风台"的舞台。

赵飞燕有一个妹妹,名叫赵合德,也是个绝代美人。赵飞燕得宠之后,便把自己的妹妹也推荐给了汉成帝。成帝称赵合德为"温柔乡",还曾叹息道:"我愿意终老此乡,何必学武帝求长生不老?"

汉成帝自从得到赵飞燕、赵合德姐妹以后,事事都听她们的,对其他妃嫔不屑一顾,对她们的宠爱甚至逾越了礼制。但赵氏姐妹品行恶劣,得宠之后,贪婪奢侈,弄得朝堂和民间怨声载道。汉成帝却并没放在心上,他封赵飞燕为皇后,赵合德为昭仪,让这姐妹俩贵倾后宫。

见此情景,光禄大夫刘向忧心忡忡,他特意搜集古代诗书中所记载的贤妃贞女写成《列女传》,献给汉成帝,希望成帝轻色重德。成帝看了,觉得写得好,还连连点头称赞,但是看完以后,并没有悔悟,仍旧过着骄奢淫逸的生活。

汉成帝天天享乐,不问政事,自他登基以来,国家大权都落到他母亲王政君娘家人的手里。他把一切政事都托付给舅舅王凤,还曾经一天之内把五个舅舅——王谭、王商、王立、王根、王逢时统统封为侯爵,人称他们为"王氏五侯"。

外戚王家专权之后,王政君的侄子王莽开始崭露头角,没几年,朝中再无可以节制王氏一族的力量,一切都为王莽篡汉创造了条件,这实在是成帝一手造成的后果。

汉成帝从即位时起,就花了大量钱财,建造霄游宫、飞行殿和云雷宫供自己淫乐,全然不顾当时天灾泛滥,盗贼四起,这直接导致百姓陷入水深火热之中,各地也相继爆发了农民起义。

绥和二年(前7年),汉成帝去世,因为没有儿子,他的帝位便传给了侄子刘欣,刘欣就是汉哀帝。

王莽篡汉改制

王昭君出塞的那一年,汉元帝得重病去世了,终年42岁。

汉元帝去世后,他的儿子刘骜即位,他就是汉成帝。汉成帝是个荒淫的皇帝,他即位以后朝廷的大权便逐渐落在外戚手里。成帝的母亲——皇太后王政君有八个兄弟,除一个兄弟王曼早死外,其他七人都被封为侯。其中年纪最大的王凤

（？—前22）还被封为大将军。

王凤掌握大权，他的家人都十分骄横奢侈，只有他的侄子王莽（前45—23），没有那种骄奢的习气，读书也很用功。王莽像平常的读书人一样，做事谨慎小心，生活也比较节俭。人们都说王家子弟中数王莽最好。

对担任大司马、大将军的大伯王凤，王莽像孝敬自己的父亲那样孝敬他。王凤临死时，向皇太后和汉成帝推荐了王莽。这样一来，王莽被任命为黄门郎，接着被提拔为射声校尉。

公元前16年，由于叔叔王商的推荐，王莽被封为新都侯，迁骑都尉、光禄大夫。又过了几年，他的叔叔——大司马骠骑将军王根年老辞官，王莽就代替他做了大司马，掌握了朝政大权。

汉成帝死后不到十年，汉朝换了两个皇帝——汉哀帝和汉平帝。汉平帝年幼即位，年仅9岁，王政君以太皇太后身份临朝，王莽为大司马，总揽朝政。

这时的皇亲中，仅有汉成帝、汉哀帝的外戚，以及王莽自己的一个叔叔王立，能够与王莽争权。为防止他们对自己的权力构成威胁，王莽通过各种方法，把政敌一个个挤对走或是清除掉。然后，王莽又在朝中安插自己的亲信，让他们做了大官。王莽还把自己的女儿嫁给汉平帝做皇后，这样，他又多了"国丈"这一身份，地位便更加显赫了。

王莽的地位一天天提高，汉平帝也一年年长大，也懂得了一些事情。汉平帝看出王莽的野心不小，内心又是害怕又是怨恨。王莽也渐渐感到逐渐成年的汉平帝可能对自己的权力扩张不利，就寻找机会毒死了汉平帝。

汉平帝死的时候才14岁，没有留下儿子。王莽就从刘姓的宗室里找了一个2岁的幼儿刘婴做皇太子，史称"孺子婴"。王莽自称"假皇帝"（"假"是代理的意思）。有些文武官员想做开国元勋，就迎合王莽的心意，劝王莽即位做皇帝。一直以推让出名的王莽这会儿也不再推让了。于是，王莽向太皇太后讨要汉朝皇帝的玉玺。太皇太后大吃一惊，不肯把玉玺交出来，后来被逼得没法子，只好气愤地把玉玺扔到地上。

公元8年，王莽正式即位称皇帝，改国号为"新"，王莽自称"新皇帝"，都城仍在长安。

王莽做了皇帝以后，为了显示他的威德，也为了巩固统治，解决西汉末年社会上出现的各种矛盾,他实行了一系列制度上的变革,史称"王莽改制"。

刘秀建东汉

刘秀(前5—57),是汉高祖刘邦的九世孙。他家在五世时封侯于湖北舂陵(今湖南宁远县西北),后迁至南阳郡,家道日渐衰落,到刘秀一辈时已没落为农村的一个普通大户人家。

王莽执政后期,连年灾荒,各地义军揭竿而起,天下大乱。地皇三年(22年)十月,刘秀和哥哥刘縯(yǎn)同时起兵。公元23年,刘秀和绿林军联合作战,在昆阳(今河南叶县)大战中消灭了王莽主力,立下大功。刘縯也打下了宛城(今河南南阳市宛城区),因此,他们兄弟二人的名声就越来越大了。同年,绿林军拥护刘玄称帝,刘縯任大司徒。已经被拥立为更始皇帝的刘玄进驻宛城,把宛城作为更始政权的临时首都。更始帝刘玄怕刘秀兄弟势力强大起来,会威胁自己的皇帝宝座,于是就找了个借口把刘縯杀了。

这时,刘秀正在别处,听说哥哥被刘玄杀了,内心又悲愤又恐惧。他知道自己的势力敌不过更始帝,就立刻赶到宛城,向刘玄谢罪。有人问起他昆阳大战的情形,他也一点儿不居功,说全是将士们的功劳,还把许多错误都揽在自己身上。他对刘玄也是百依百顺。

更始帝刘玄以为刘秀不记他的仇,反倒有点儿过意不去,因此拜刘秀为破虏大将军,但是仍然不敢重用,后来又把他派到河北去了。没想到,刘秀到了河北以后,不仅保全了自己,而且得到了一个扩大势力的机会。

王莽的新朝政权被推翻以后,黄河以北的地主势力害怕农民起义的烈火燃烧到他们那里,便纷纷组织起了地主武装。他们见刘秀到来,就都前来归附。刘秀到了以后,废除了王莽时期的一些苛刻法令,释放了一些囚犯,一面消灭一些割据势力,一面镇压河北各路起义军。这样,刘秀的势力逐渐壮大起来,在黄河以北站稳了脚跟。

公元25年,刘秀和他的随从官员认为此时时机已成熟,刘秀便自立为皇帝,重建汉政权,后定都洛阳,史称东汉。而进入长安的更始帝却以为自己的江山已经坐稳,整日在宫中饮酒作乐,不理朝政。之后,赤眉军的首领樊崇率领二十万人进攻长安,推翻了更始政权。

赤眉军进入长安,声势浩大,长安城里的老百姓扶老携幼、成群结队地来到街上表示对他们的欢迎。可是,几十万将士的口粮成了个大问题。富商和地主趁机囤积粮食,结果长安陷入一片混乱之中,天天都有人饿死。

正当赤眉军陷入困境之时,富有政治斗争经验的刘秀派大将邓禹一路打来,最终迫使赤眉军投降。

刘秀镇压了农民起义军后,又消灭了陇右和蜀地的两个割据政权,从而结束了四分五裂的局面,最终统一了天下。他把都城定在了洛阳。因为洛阳在长安的东边,所以历史上称刘秀建立的汉朝为东汉,又叫后汉。刘秀是东汉的第一个皇帝,历史上称他为汉光武帝。

光武帝用人

汉光武帝一面整顿内政,一面尽力搜罗治国的人才。他想起了以前在太学读书时,有个要好的同学,叫严光,字子陵,就想请他来辅佐朝政。可是严光隐居了,一时找不到他。

汉光武帝就把严光的长相详细地说给画工听,命画工画出画像,并分送到各郡县,让地方官按图去寻找。不久严光就被找到了。汉光武帝要拜他为谏议大夫,但严光没有接受,一心只想回到家乡富春山(今浙江桐庐县南)去种地钓鱼。据说他在富春江的江边建了个台,闲时常在那里钓鱼,后人称此台为"严子陵钓台"。

汉光武帝这样恭敬地对待严光,于是他的礼贤下士的名声也就越来越大。他甚至连敢于治罪皇亲国戚的人也肯用。洛阳令董宣就是其中之一。

汉光武帝有个姐姐叫湖阳公主。她的一个奴仆在外头杀了人,躲进了公主府。董宣不能闯进公主府去抓杀人犯,只好一天又一天地等着那个奴仆出来。

这一天,湖阳公主坐着马车出来了,跟着她的正是那个杀人犯。董宣就带着人上去逮他。湖阳公主发火了,说董宣不该拦住她的车。董宣拔出宝剑往地上一划,当面责备公主不该放纵奴仆杀人。他叫手下把那个杀人犯拉下车来,宣布了罪状,当场就杀了。

这不是反了吗?湖阳公主气呼呼地进宫去,向汉光武帝哭哭啼啼地诉说董宣怎样当众欺侮她。汉光武帝听后立刻召董宣进宫,吩咐左右拿着鞭子,要当着湖阳公主的面责打董宣,给姐姐出气。董宣说:"用不着打,让我把话说完,我情愿去死!"

汉光武帝说:"你还有什么说的?"

董宣说:"皇上是中兴之主,一向注重德行。如今皇上让公主放纵奴仆杀人,这还怎么治理天下呢?用不着打我,我自杀就是了。"说着就把脑袋向柱子上撞,撞得头破血流。

汉光武帝心里着实佩服董宣,急忙叫左右近侍把他拉住,只要他向公主磕个头,赔个礼也就算了。董宣宁可被砍脑袋,也不肯磕这个头。近侍使劲把他的脑袋往下按,他两只手使劲撑住地,梗着脖子硬不让他们按下去。汉光武帝实在佩服董宣,就放他走了。

湖阳公主可不依。她对汉光武帝说:"陛下当年在家乡,也窝藏过犯死罪的人,官吏都不敢上门来搜查。现在陛下做了天子,反倒对付不了一个小小的洛阳令了吗?"

汉光武帝笑着说:"正是因为我做了天子,所以不能再那么干了。"

他一面劝姐姐回去,一面称赞董宣,还赏了他三十万钱。董宣把这三十万钱都分给了他的手下。董宣不怕皇亲国戚、豪门贵族,他的威望也震动了整个京师。从此以后,人们都称他为"强项令",就是硬脖子的洛阳令。

汉光武帝尊重人才还有一个例子。有一天,汉光武帝带着人马出城去打猎,回来时天早就黑了。他们来到东门外,城门已经关得严严实实。士兵们叫看城门的人赶快开门。看城门的小官郅恽说:"起了更就关城门,是皇上立下的规矩,谁也不能破这个例。"

汉光武帝亲自来到城下，让郅恽看个明白，吩咐他快开城门。郅恽却回答说："夜里看不清楚，不能随便开门。"

汉光武帝碰了钉子，只好绕到东中门进了城。第二天，郅恽上书说："皇上跑到那么远的山林里去打猎，白天还不够，直到深夜才回来。这么下去，国家社稷怎么办？"

汉光武帝觉得他讲得有理，就赏了他一百匹布，反倒是把那个管东中门的官员降了级。

汉光武帝在位32年，终年62岁。汉光武帝去世后，太子刘庄即位，他就是汉明帝。

辅佐刘秀成大业的邓禹

东汉明帝时期，曾经在南宫云台阁命人画下28位将领的画像，这28人，都是东汉光武帝刘秀在一统天下、重兴汉室江山过程中，功劳最大、能力最强的将领，史书上称他们为"云台二十八将"。而位列其中的邓禹，可称得上是这"云台二十八将"之首，是东汉开国大功臣之一。

邓禹（2—58），字仲华，是南阳新野人。他13岁时就饱读诗书，勤练武艺，被同乡交口称赞，因此在地方上他有了些名气。后来，他去长安太学求学，与当时同在太学学习的刘秀成了好友。

过了几年，他从太学回到家乡。新莽末年，全国各地义军林立。等到有人打出匡扶汉室的旗号，推立更始皇帝时，家乡的许多豪杰都推荐邓禹去为更始帝刘玄出谋划策。但是邓禹看得很明白，刘玄并不是人君之选，所以多次拒绝。

后来，邓禹听说刘秀在河北起兵，便马上连夜北渡黄河，一路追赶，到了邺县才赶上刘秀的队伍。刘秀一见是他，很高兴，说："我现在是更始皇帝的属下，有委官封赏之权。你千里跋涉而来，是想求官吗？"邓禹回答："我不是因为能在现在的朝廷里当官才来的，而是因为我希望您威德加于四海，如果我能为您效劳，就可青史留名！"刘秀一听，大笑起来。其实刘秀原本是西汉宗室，一直不甘心屈居于更始帝刘玄之下，此时听他如此一言，倒是合了自己心意，于是就把邓禹留在了自己的身边，总是找时间同他长谈。

邓禹分析了当下的形势，针对当时的情况，对刘秀说：

> 现在更始帝虽然在关西建立了统治，但是山东那边还没有安定。那边的义军，数以万计，自立名号的人，往往在那里群聚。刘玄既未下决心攻打他们，又不善于听取忠言做出正确的决断，而且他手下的那些将领皆是一些目光短浅的庸才，只知道掠夺钱财，争用武力，图一时之快。他们这些人中没有忠贞明智、深谋远虑、可以辅佐皇帝兴邦安民的人。现在四方分崩离析，形势非常明了。您虽对刘玄有辅卫之功，但恐怕难以自立，迟早要被他的人夺权。今日之计，您自己不如广揽英雄，取悦民心，创高祖那样开朝立代的功业，救万民于这乱世之中。像您这样的人来谋划这件事，不会费多少时间、多少力气便可平定天下。

刘秀听了这话，大喜，令左右称邓禹为邓将军。

自此，邓禹就常居中军大帐，跟在刘秀身边，成了他的谋士，和刘秀共议军政大事。

从这一方面来说，邓禹是位非常优秀的政治理论家，但他并不是一个文弱书生，他还是一位能上马带兵打仗的勇将，曾屡立战功。

邓禹刚刚追随刘秀的时候，恰逢王郎带领的起义军起兵。刘秀自蓟县至信都（治今河北冀州），命令邓禹征集将士，邓禹很快便召集了几千人，他们在邓禹的率领下攻占了乐阳，首立战功。乐阳之战后，邓禹又奉命与盖延到清阳（今河北临西县）镇压铜马义军，此战大获全胜，因以平定北川。之后，赤眉军入关，刘秀料定赤眉军此时必欲攻破长安。他在分析情势之后，便想要乘机收取关中。由于他深知邓禹善于谋略，器量恢宏，遂委以西征重任，使其持节，号前将军，率精兵两万西入函谷关。

建武元年正月，邓禹由箕关进入河东，大战十天，攻占箕关（今河南济源西），期间曾围困敌军于安邑（今山西夏县西北）。更始帝的大将军樊参带数万人攻打邓禹，却被邓禹在解南打败并斩杀了。接着，王匡、成丹、刘均等将领又汇合十余万大军，共同攻打邓禹，想解安邑之围。邓禹从容应对，大败王匡，生擒刘均及河东太守杨宝等,平定河东。

到了东汉朝廷稳定之后,邓禹作为开国功臣,受到了光武帝刘秀的大肆封赏。刘秀任命邓禹为大司徒,封酂侯,食邑一万户,并下诏表扬他极有忠孝之心,能运筹帷幄,决胜千里,斩将破军,平定山西,功勋显著。

邓禹行军军纪严明,军队所到之处,均受到百姓的欢迎,降者日以千计,备受百姓拥戴。男女老少齐集其车下,都感到高兴,一时间他名震关西。之后邓禹又北击枸邑(今陕西旬邑县东北),军队所到之处,郡邑皆开城门归顺,这足以说明其所带的军队深为百姓爱戴。

建武二年春,邓禹率军抵达长安,到达之后,他马上犒劳三军,斋戒将士,选择良辰吉日,备厚礼到汉代高庙拜祭,并收集历代的十一个帝王牌位,派使者恭恭敬敬地奉送到洛阳;还派人检查西汉的那些帝王陵墓,并设官兵侍奉守护。这一系列行为,为刘秀匡扶汉室,复兴汉朝,巩固新政权打下了基础。

建武十三年,经过多年征战,天下平定,邓禹被封为高密侯。他放弃了原有的将军之职,做出急流勇退、明哲保身的明智举动。自此之后,他淡泊名利,待人敦厚,孝敬父母,开始远离名誉和权势中心。

邓禹对待母亲非常孝顺,而且教子有方。他有十三个儿子,他从不引导这些孩子追求高官厚禄、追名逐利,而是告诫他们要掌握一种安身立命、养家糊口的技艺。邓禹修整家庭伦理,教养子孙,其用度仅仅取之于封地赋税。他不修私产,不谋私利。

汉明帝刘庄即位后,因为邓禹是先帝的大功臣,就拜他为太傅。永平元年,邓禹去世,谥元侯。后人有诗称赞他:"久从游学识英雄,杖策南来见略同。首建雄谋恢汉业,云台端合议元功。"

"大树将军"冯异

云台二十八将中,除了邓禹,还有一位非常有名的军事家,他就是"大树将军"冯异(?—34)。

冯异的家乡在颍川父城(今河南宝丰县),他从小熟读兵书,据说能把《左传》《孙子兵法》等典籍倒背如流,大家都夸他是个大将军的材料。起初他是王莽手下的一员将领,曾任颍川郡郡掾(yuàn)。

新朝末年,各地起义军四起,他外出巡视属县时,被刘秀带领的汉军捕获。这时候,他的堂兄冯孝及同乡好友很多人都在刘秀军中,他们共同保荐冯异,刘秀听了很高兴,当即召见他。冯异见到刘秀,说:"我的老母现在城中。如能释放我回城,我愿将所监五城献上,以报答您的恩德。"刘秀听了这话,觉得冯异有大将风范,他指挥若定,进退有方,因而对他特别赞赏。

冯异回到父城后,劝守军将领一同投归刘秀,守将表示同意。等到刘秀来到父城的时候,冯异立即开门献上酒肉迎接,他被刘秀任命为主簿。冯异跟在刘秀麾下之后,渐渐觉得刘秀是他心目中理想的贤君明主,很有大家风度,是个能成大气候的人,便更加死心塌地跟着刘秀了。

冯异随刘秀到达洛阳,没多久,刘秀的大哥刘縯被杀害,刘秀不敢放肆悲痛,只好暗地痛哭。冯异前去宽慰,并趁机进言,劝刘秀要收揽人心以发展自己的势力。刘秀采纳了冯异的意见,到河北后,便派他巡行各县,安抚百姓。冯异还暗中调查各郡太守与刘秀是否同心。

更始二年,王郎在邯郸起事,刘秀率部众自蓟城南下,部队到达无蒌亭时已是深夜。正值天气严寒,大家都感到饥饿疲劳,冯异忙煮好豆粥以供应大家。次日,刘秀对诸将说:"昨得公孙(冯异,字公孙)豆粥,饥寒俱解。"等到了南宫,部队又遇到大风雨,刘秀便率领随从到路旁空房子中避雨,而冯异又亲自煮麦饭为大家充饥。刘秀入据信都后,命冯异到河间一带招收兵马,并授其偏将军的职位。不久,冯异随刘秀平定河北，因功被封为应侯。

此后冯异南征北战，收复孟津、平定关中、征讨陇右，征战无数。

他虽然在战场上叱咤风云，可在平时的生活中却很小心谨慎，不苟言笑，颇有些书生习气。据说，冯异出门在外，无论碰到比自己官大还是官小的，都主动让路，所以人缘极好。跟随刘秀的将领大多是只会打仗的粗人，征战间隙，大家常常聚在一起聊天，无非是自述战功，争抢功绩。每当众将争功论能之时，冯异总是默默地躲到远处的大树下面，思考下一步的作战方案。正因他功名显赫，却不居功自傲，士兵们便给他起了个"大树将军"的雅号。这个称呼，后常用来指不居功自傲的将领。

光武帝刘秀深知冯异的个性，尽管冯异不会和其他人一样，有了一点儿功劳就在他面前邀功请赏，可刘秀从来都不忘这位为复兴汉室立下了汗马功劳的大将军。光武帝先后封冯异为阳夏侯和征西大将军。冯异为刘秀打了很多的胜仗，功劳如此之大，又不居功，深得光武帝的宠爱和信任，也自然引起了一些人的妒忌。有人给光武帝上书，说冯异在关中权势过大，拥兵自重，有谋反的野心。刘秀听了不以为意，还是很信任他，甚至把这些奏折拿给冯异看。冯异看到奏折上的言辞，吓了一大跳，跪在地上一动不动。光武帝见他如此，连忙离座，把他搀起来，安抚他，表示自己绝对信任他。

经过此事，光武帝没有问冯异的罪，反而给他很多赏赐。这说明，光武帝对冯异的确是非常敬重和信任的，不会因为一些言辞就动摇。

中原和关中地区被冯异平定之后，冯异又带兵攻打陇西的隗嚣。建武十年，冯异与诸将攻落门（今甘肃武山县东）。落门尚未攻下，冯异便病死于军中。将士们闻此消息都扼腕叹息，伤心落泪。刘秀得知后，竟在金殿上失声痛哭了起来，他哭道："失去了冯老将军这样的忠臣，是我大汉之大不幸啊！"冯异下葬时，刘秀亲自赐谥号给他，称"节侯"。

克己奉公

成语"克己奉公"意思是一个人对自己要求严格,一心为公。据说这个成语和东汉的祭遵有关。

祭遵(?—33),字弟孙,颍川颍阳(今河南许昌)人,是东汉中兴名将,在"云台二十八将"中排第九位。

相传,祭遵从小就喜欢读书,知书达理,虽然出身豪门,但生活非常俭朴。

公元24年,刘秀攻打颍阳一带,祭遵去投奔他,被刘秀收为门下吏。后随军转战河北,当了军中的执法官,负责军营的法令。在履行职责的过程中,他执法严明,不徇私情,为大家所称道。

有一次,刘秀身边的一个小侍从犯了罪,祭遵查明真相后,依法把这个小侍从处以死刑。刘秀知道后,十分生气,心想祭遵竟敢处罚自己身边的人,就想降罪于祭遵。但马上有人来劝谏刘秀说:"严明军令,本来就是大王的要求。如今祭遵坚守法令,上下一致,做得很对。只有像他这样言行一致,号令三军才有威信哪。"

刘秀听了觉得有理,没有降罪于祭遵。后来,还封他为征虏将军、颍阳侯。

祭遵为人坦荡,为官清廉,处事谨慎,克己奉公,常受到刘秀的赏赐,但他将这些赏赐都拿出来分给手下的人。他生活十分俭朴,也没有多少私人财产。他一生都穿皮裤,盖布被。他的夫人也裳不加缘,简朴至极。

他的兄长祭午见他没有儿女,便做主为他娶了一房小妾。祭遵坚决不受。他认为自己肩负国家重任,因而不敢图虑继嗣之计。即使在安排后事时,他也嘱咐家人,不许铺张浪费,只需用牛车装载自己的尸体和棺木,拉到洛阳简单下葬就可以了。

祭遵生前很受刘秀重视。他去世后,刘秀很是悲痛。他的灵柩运回河南,刘秀命百官前去迎接,自己也着素服亲临,望哭哀痛;经过他的车骑时,刘秀泪流满面,不能自已;然后,刘秀又亲自用太牢(牛、猪、羊三牲)祭祀他;举行葬礼那天,刘秀再次亲临,赐他将军、侯的印绶,朱轮车,命甲士列阵送葬;葬礼完毕,刘秀又亲自到他的坟上吊唁,并到家中慰恤其家属。祭遵死后多年,汉光武帝刘秀仍然十分怀念祭遵克己奉公的精神。

佛教传入中国

东汉初年,汉明帝做了一个梦,梦见一个金人,头顶上有一道白光,绕着大殿飞行,忽然升到空中,往西去了。

他醒了以后,就把这个梦告诉了大臣。其中一个大臣名叫傅毅(约42—约90),他认为:"天竺有一位神,称作佛。陛下梦见的金人就是天竺的佛。"

傅毅所说的天竺,就是今天的印度。印度是佛教的发源地。公元前6世纪,印度有一位王子,他放弃王族的舒适生活出家修行,创立了佛教,后来人们尊称他为"释迦牟尼"。之后,人们把他的学说记载下来,编成了佛经。

傅毅的话引起了汉明帝的兴趣,于是明帝就派博士王遵等十八人同往西域求佛法。他们到大月氏国,遇到了迦叶摩腾、竺法兰。公元67年,二人受汉使邀请,携带经书,用白马驮至洛阳,汉明帝在西门外立精舍迎接,这就是著名的白马寺,迦叶摩腾和竺法兰就住在这里译经。

从汉明帝开始,佛教正式进入中国,并不断发展。佛教思想与中国传统的儒家思想和道家思想一样,都对中国文化产生了深远影响。

班超重开丝绸之路

张骞(？—前114)开辟丝绸之路后,西域各国与汉朝的交往得到广泛的发展。可是,到了东汉初年,北方的匈奴又强盛起来,他们征服了西域的大部分地区,丝绸之路因此被切断了。

东汉建立后,经过五十余年的恢复,国力渐强。永平十六年(73年),汉明帝派窦固率领军队出击北匈奴,班超(32—102)投笔从戎,跟随窦固出征。他率骑兵奇袭伊吾卢(今新疆哈密),立下了战功。窦固很赏识班超的智谋和勇敢,于是派他出使西域。

班超带领三十六名随从到了鄯善国,他了解到由于匈奴人的监视,鄯善国国王都不敢和他们亲近。于是,他们就在一天夜里纵火焚烧了匈奴人的营舍,经过一番激烈的战斗,战胜了三倍于己的匈奴人。鄯善国国王见到汉朝使臣这样机智骁勇,立即打消了顾虑,归附汉朝。

班超促使鄯善亲汉之后,威震西域,被汉明帝任命为汉使,持节办事。班超一行来到于阗,使得于阗王归附汉朝,并且杀了匈奴派来的监督官。接着,又到疏勒,废除了匈奴立的龟兹人兜题的疏勒王位,扶立前疏勒王的侄子为王,使疏勒百姓"大悦"。从此,西域各国恢复了同汉朝的关系,他们纷纷派遣使者亲附汉朝,阻塞了五六十年的丝绸之路重新开通,西域南道出现了"大漠无兵阻,穷边有游客"的和平景象。

公元76年,东汉政府命班超撤回,但在西域南道各国的苦苦挽留下,班超最终留了下来。班超独处西域,联合疏勒、于阗、康居等国,顶住了北匈奴的反扑。在东汉政府增派援兵之后,班超又陆续平定了莎车、龟兹、焉耆等国的叛乱,并击退了大月氏的入侵。班超还派甘英出使西罗马,虽然甘英仅到达波斯湾就中途返回了,但是仍然得到了许多有关中亚各国的宝贵资料。

班超在西域奋斗了约三十年,使得五十多国与东汉通好。他官至西域都护,被封为定远侯。公元102年,班超70岁时回到洛阳,不久病亡。

续写史书的才女——班昭

在汉代,有位才女博学高才,她的兄长班固著《汉书》,没完成就去世了,她奉旨入藏书阁,续写《汉书》。其后皇帝多次召她入宫,并让皇后嫔妃们视她为老师,给她上尊号,称"大家"。

这位才女就是班昭(约49—约120),名姬,字惠班,是扶风安陵(今陕西咸阳东北)人。她出生于显贵人家,家族是地方上的儒学世家,父亲是远近闻名的学者。她嫁给了同乡曹世叔为妻,所以后人又称她为"曹大家"。

她的父亲名叫班彪,是东汉著名的学者,年少时就好古敏求,游学不辍,才名流传很广。长兄班固,是东汉著名的历史学家、文学家,他博览群书,对儒家经典及历史无不精通。次兄班超,则"投笔从戎",是东汉著名的军事家、外交家,曾随窦固出击北匈奴,又奉命出使西域,在西域立下大功。班昭出生在这样的仕宦之家、书香门第,从小便深受家庭熏陶,再加上自身的聪颖努力,很快成长为一个博学广识的学者。她年少时就对儒家经典和各种史籍耳熟能详,积累了历史、天文和地理等多方面知识。

她的丈夫早年去世,她自幼就接受庭训,清守妇规,举止合乎礼仪,气节品行都非常好,在敬养舅姑、抚育儿女、为人处世等方面也很有法度。这样的美德最后传入宫里,当时在位的皇帝汉和帝听说她才学过人,便把她召入宫中,让她教授皇后和后宫嫔妃们各种礼仪规范。到了邓太后临朝听政时,班昭更是深受这位贤明太后的喜爱,常常让她以师傅之尊参议朝政,还准许她随时出入宫廷。又因为她的功劳很大,当时的东汉朝廷为了表彰她,特封她的儿子曹成为关内侯,后来,曹成一直做到了齐国的丞相。

班昭最有名的功绩是续写了哥哥班固未完成的《汉书》。

司马迁所著的《史记》记事截至汉武帝太初年间,所以班昭的父亲班彪一直想续写西汉的遗事,为此还收集了大量的前朝遗事和整理了不少档案资料。后来,他写了《史记后传》65篇,以续补武帝后所缺部分,这就是《汉书》的前身。班彪去世后,班昭的哥哥班固继承了父亲的遗志,从京城迁回老家居住,在《史记后传》的基础上,着手编写《汉书》。经过了二十余年的努力,《汉书》于建初中基本修成。不想永元元年(89年),大将军窦宪率军北伐匈奴,班固随军出征,后窦宪因擅权被杀,班固也因此受到株连,死于狱中,时年60岁。

这样,班固花费几十年心血编纂的《汉书》,其中有部分还未能写完,而且书稿面临散佚的危险。此时,汉和帝想到班家还有班昭能担当此任,于是就下诏宣她到东观藏书阁,继续《汉书》的写作。班昭临危受命,毅然担起整理续写《汉书》的重任,她补撰了《八表》,又在当时的大学问家马续的协助下,写出《天文志》,终于最后全部完成了我国历史上第一部断代史著作——《汉书》的编撰整理工作。

班昭晚年,身患疾病,看到自己家中女孩子们又正当出嫁的年龄,担心自己无法亲自教导,为了让她们好好修习妇女礼仪,不令未来的夫家失面子,辱没了自己的母家宗族,于是在病榻上写成《女诫》七章,留给后代,书成后,对后世颇有影响。

张衡和地动仪

汉章帝在位的时候,东汉的政治比较稳定。汉章帝一死,因继承皇位的汉和帝年幼,所以窦太后临朝执政,并让她的哥哥窦宪掌握了朝政大权。

在这个时期,出了一位著名的科学家,名叫张衡(78—139)。

公元78年,张衡出生于南阳郡西鄂(今河南南召县南)。张衡家虽是南阳名门,但到他父亲那一代,就已经衰落了。因此张衡小时候生活过得比较清苦。

小张衡有个不同于别的小伙伴的特殊爱好——数星星。每到满是星星的夜晚,小张衡总是会站在院子里,数着浩瀚的夜空中一闪一闪的星星,这时慈祥的奶奶总会在旁边笑着说:"傻孩子,星星哪里能数得完呢?"

说到小张衡的这个特殊爱好,那是和他奶奶分不开的。张衡很小的时候,就是奶奶的小尾巴,不管奶奶走到哪里,后面总会有小张衡的影子,他总是缠着奶奶给他讲故事。老人家似乎有讲不完的故事,而且她十分喜欢这个聪明的孙子,所以只要小张衡提出要听故事,奶奶就会给他讲。在这些故事中,小张衡最喜欢的是北斗七星和月亮的传说,他总是一边抬着头望着天空中眨眼的星星,一边听奶奶讲,还不时地问奶奶:星星怎么不会掉下来呢?星星害怕下雨吗?对于孙子的这些问题,奶奶当然回答不上来,这让张衡越发觉得浩渺的夜空里有无数的宝藏,同时这也在他幼小的心灵里埋下了无数好奇的问号。

从奶奶那里得不到答案,小张衡就急切地读书,他希望能从书中找到自己想要的答案。

在他10岁那年,奶奶和父亲相继去世了,舅舅送小张衡到书馆里去读书。他深知读书对他来说是多么不容易,因此非常刻苦。不久,小张衡开始作诗了。他作的诗常常受到老师的夸奖。

为增长知识,小张衡博览群书。一天,他看到一本叫《鹖冠子》的书,书中关于北斗星定季节的四句话深深吸引了他。从此,他常常仰望着星空,观察北斗星的变化,天长日久,他发现北斗星在围绕着一个中心转,一年转一圈。他自言自语地说:"啊,我终于明白'北斗星移'是怎么一回事啦!"

随着张衡一天天地长大,由于他勤学好问,他的知识储备越来越丰富了。17岁那年,他离开家乡,先后到了长安和洛阳,在太学里用功读书。当时洛阳和长安都是很繁华的城市,城里的王公贵族过的是骄奢淫逸的生活。张衡对这些都看不惯,于是他写了《西京赋》和《东京赋》(西京就是长安,东京就是洛阳),讽刺这种现象。据说他为了写这两篇文章,深思熟虑,反复修改,前后一共花了10年工夫,可见他研究学问是很认真严肃的。

但是张衡的特长不止在文学上,他还特别爱好数学和天文研究。朝廷听说张衡是个有学问的人,便召他到京里做官,他先是在宫里做郎中、尚书侍郎等,后来,担任了太史令,负责观察天文。这个工作正好符合他的兴趣。

经过他的观察研究,他断定地球是圆的,月亮是借太阳的照射才反射出光来的。他还认为天好像鸡蛋壳,包在地的外面;地好像鸡蛋黄,在天的中间。这些学说虽然不是十分科学,但在近两千年以前,能有这种见解,是难能可贵的。

不光是这样,张衡还用铜制造了一种测量天文的仪器,叫作"浑天仪",上面刻着日月星辰的名字。他设法利用水力来转动这种仪器。据说什么星从东方升起来,什么星向西方落下去,都能在浑天仪上看得清清楚楚。

那个时期,经常发生地震,有时候一年一次,也有时一年两次。发生一次大地震,就会影响到多个郡,导致城墙、房屋倒塌,还会死伤许多人和畜。

当时的封建帝王和一般人都把地震看作是神给予的警示,是不能被测报的。

但是,张衡却不信神,不信邪,他对记录下来的地震现象进行细心的考察、试验,发明了一个测报地震的仪器,叫作"地动仪"。

地动仪是用铜制造的,形状有点儿像酒坛,周围刻铸着八条龙,龙头向八个方向伸着,每条龙的嘴里含了一颗小铜球。每个龙头下面都蹲了一只铜制的蛤蟆,铜蛤蟆对着龙嘴张着嘴。哪个方向发生了地震,朝着那个方向的龙嘴就会自动张开,把铜球吐出来。铜球掉在蛤蟆的嘴里,发出响亮的声音,就给人发出地震的警报。

公元138年二月的一天,张衡的地动仪正对西方的龙嘴突然张开,吐出了铜球。按照张衡的设计,这就是报告西部发生了地震。

可是,那一天洛阳一点儿地震的迹象也没有,而且也没有听说附近哪里发生了地震。因此,大伙儿议论纷纷,都说张衡的地动仪是骗人的玩意儿,甚至有人说他有意造谣生事。

过了几天,有人骑着快马来向朝廷报告,说离洛阳一千多里的金城、陇西一带发生了大地震。大伙儿这才信服。

可是在那个时候,朝廷掌权的全是宦官或者外戚,像张衡这样有才能的人不但不被重用,反而被打击排挤。张衡做郎中的时候,因为与皇帝接近,宦官怕张衡在皇帝面前揭他们的短,于是就在皇帝面前讲了很多张衡的坏话。他因此被调出了京城,派到河间去当了国相。

张衡在61岁那年因病而死。他在我国科学史上留下了光辉的业绩,他的名字已经和他的浑天仪、地动仪一起载入世界科技史册。

蔡伦与造纸术

造纸术发明以前,人们写字主要写在竹片或木片上。写一篇比较长的文章,就需要许多竹片或木片。

汉朝以前,人们还用帛写字,虽然帛比竹木轻便,但是很贵。西汉时期,我国劳动人民开始用丝絮制成絮纸,这是造纸术的开端。由于丝絮价格昂贵,人们便不断寻找便宜的原料造纸,经过实践,又采用麻纤维造纸。二十世纪在西安灞桥西汉墓中,人们发现了用麻做原料的纸片,这就是对这一事实的有力佐证。到东汉时,蔡伦又对造纸术做了重大改进。

蔡伦(约62—121),字敬仲,桂阳(治今湖南郴州)人。蔡伦出生于湖南一个农家,家里十分贫穷。公元75年,迫于生计,蔡伦入宫当了太监。进入宫中,蔡伦从小黄门做起,天天要侍候皇帝和皇室成员,还要忍受大太监的责骂,他小心谨慎地做事,不敢有半点儿马虎。经过不断努力,他逐渐得了皇帝的信任,就这样,蔡伦一步步高升到龙亭侯。在长期的宫廷生活中,蔡伦深感没有简易的文字载体的不便,于是他下定决心要解决这个问题。

永元四年(92年),蔡伦担任了尚方令,专门负责管理皇宫里面使用的器物。蔡伦很有才能,并且能够深入百姓,向百姓学习。他是个有心人,经常到田野和河边走访,观察河边妇女们洗蚕丝和抽丝漂絮的过程。他发现好的蚕丝拿走后,席上会留有薄薄的一层残留物,有人把它晒干,用来糊窗户,包东西,也有人用来写字。他还到造纸的作坊向造丝絮纸的工匠们请教,因此逐渐深入地了解和掌握了造纸的基本方法。

蔡伦深知,只有选用更多造纸材料,改进造纸的技术和方法,才能造出既经济又实用的纸张,提高纸的实用性。

当时,蔡伦注意到,劳动人民的衣服大都用麻料制成,他们沤麻,像洗絮一样,最后也会在箦席上残留一些薄薄的残留物。蔡伦想:如果麻纤维也能造纸,那造纸的材料来源问题不就解决了吗？于是，蔡伦和很多能工巧匠一起搜集材料（树皮、麻头、破布、废渔网等），然后再把它们捣碎捣烂，做成纸浆；接着使用"漂絮"的方法，用席子捞取纸浆，捞出的纸浆在席子上形成薄薄的一层，晒干后，就成了纸。

在造纸的过程中，他们不断总结和改进，使生产技术不断提高，生产程序也日渐完善和成熟。有了丰富的材料来源和比较容易掌握的生产方法后，造纸业得到了极大的发展。

公元121年，蔡伦由于当年被迫陷害汉安帝的祖母宋贵人而被治罪。蔡伦心中有愧，不愿去受审，于是在内疚的心情下自杀了。

刚正廉洁的杨震

杨震（？—124），字伯起，东汉弘农华阴（今陕西华阴）人，曾任太尉，因正直不屈，又屡次上疏直言时弊，为中人忌恨，后被罢免，返乡途中饮鸩而卒，是东汉的一代名臣。

据说杨震少年丧父，自幼家贫，但他意志顽强，读书刻苦，年少时就通晓经籍，博览群书，名声传播得很广，被当时众多读书人尊称为"关西孔子杨伯起"。这足以说明其学问深厚，才学超群。

杨震成年后，长期以教书为生，居住在湖城，几十年都不响应州郡长官的礼聘举荐。直到五十多岁他才出山，经大将军邓骘举荐做了茂才，四次升迁后为荆州刺史、东莱太守。

在地方任职期间，杨震品德高尚，廉洁公正，从不参与腐败贪污等官场黑暗。他也因此获得了清官的美誉。要说他的官位，其实并不小，可他的家庭经济状况仍和他教书时差不多，依旧寒酸清贫，每日吃的还是粗茶淡饭。

很多朋友见此情景都劝杨震，应该趁任职为官时，给儿孙置办些家产，也好对后人有个交代。杨震听了此言只是笑笑，再认真地回绝他们，他说："我把'清官'

这个产业留给子孙后代,让众人知道他们是清官的子孙,这不是很好吗?"众人听了这话,就知道他意志坚定,于是很多人就不再劝他,可是还有人并不死心。

由于在职期间政绩突出,杨震后来被调到东莱任太守。去东莱的路上,经过昌邑县时他碰到了一个熟人。此人叫王密,是昌邑县的县令,原来也是一名穷书生,还是杨震举荐他,他才做了此地县令。王密在自己辖区见到恩人杨震,十分高兴,执意留杨震在昌邑住下,想要尽尽地主之谊,借此机会来款待一下恩人。杨震见王密如此真心真意,也不好推辞,就决定在昌邑安歇一晚,权作休整。这一晚,杨震来到王密府上,简单地吃了顿便饭,饮过王密准备的接风酒后,就回到了驿站房中,打算早些休息,以便次日继续赶路。

就在杨震准备就寝时,王密孤身一人到驿站来访。杨震正纳闷,想着怎么这么晚这人还来造访。况且自己刚从他府上回来,如此做不知有何目的。正当杨震疑惑时,就见王密警惕地看了看四周,确定没有旁人后,他径直从怀中拿出一包金子,直接放在了杨震屋里的桌子上。

杨震见此情景,脸色一变,质问王密:"你这是什么意思?"

王密低声回答:"当年如果不是恩师保荐,我不可能做到今天的位置。这些黄金是我的一点儿小意思,不成敬意,还望恩公笑纳。"

杨震看到王密这种举动,听到他说出这种话,脸色变得严肃起来,对他说:"向朝廷举荐人才,是任何一个享受朝廷俸禄的人的分内之事。我当初推荐你,是因为我认为你是一个既正派又有才能的人。我的所作所为,不是为了让你来报答我,你今天这样,是不对的。"

王密执意让杨震留下金子,他说:"恩师请息怒,这只是我自己的一点儿心意,谈不上什么贿赂。再说,这屋子里,只有你我二人,不会有别人知道此事的。"

杨震很生气,说:"怎么能说是没人知道呢?天知地知,你知我知。你知道我的性格,我是不会收下你的金子的,你赶快带着金子离开这里。"杨震愤怒之中,下了逐客令。

王密看他如此坚决,只得惭愧地收起了金子,悄声退出了杨震的房间。

次日,杨震很早就起身离开昌邑,马不停蹄地奔向东莱上任去了。

梁冀专横跋扈

梁冀（？—159）是东汉时期一个自高自大的将军，因为妹妹是汉顺帝的皇后，所以他担任过朝中许多重要职务。

汉顺帝永和元年（136年），梁冀被任命为河南尹，他上任以后，无恶不作，臭名昭著。

当时，梁冀的父亲梁商有位老朋友叫吕放，是洛阳令。吕放在一次进京的时候，拜会了梁商，并把梁冀的所作所为告诉了他。

梁商很恼火，就把梁冀找来，严厉地训斥了一顿。梁冀怀恨在心，暗中派出刺客把吕放杀了。他怕父亲知道，又以追捕凶手为由，把吕放宗族亲友一百多人全部杀死。

不久，梁商病死，汉顺帝让梁冀接任了他父亲大将军的职务。从此，梁冀掌握了朝廷的军政大权。

公元144年，汉顺帝病死，汉冲帝即位。那时冲帝还是个2岁的幼儿，由梁太后代为执政。梁冀根本不把自己的妹妹放在眼里，反而更加专横跋扈。

过了一年，冲帝死了。梁冀为了继续掌握朝中大权，便立当时只有7岁的刘缵（zuǎn）做皇帝，也就是汉质帝。汉质帝虽然年幼，人却很聪明。他知道梁冀非常骄横，因此心中很不满。

一天，质帝坐朝，百官朝见完毕，他看着梁冀说："他可真是个跋扈的大将军哪！"梁冀听了，又气又恨，他害怕质帝日后会对自己不利，于是就指使自己的亲信将毒药掺在汤饼中送给质帝吃，把质帝毒死了。接着，梁冀又立刘志为汉桓帝。

从此，他更加骄蛮凶横，不可一世，对反对自己的人大加杀戮，残酷无情。当时朝中无人敢反对他，因此，他先后专权达二十余年。

后来，汉桓帝随着年龄的增加，羽翼也逐渐丰满，最后他依靠宦官消灭了梁冀。

不畏权势的李膺

历史上，人们常常以"李膺门""李膺门馆"等称呼来誉称名高望重之家。这种说法，亦省称"李门"，唐代杜牧有诗句"昔为扬子宅，今是李膺门。"这个"李膺门"就是用了这个典故。

这个典故里的李膺（110—169），是东汉时期的大名士。李膺，字元礼，颍川襄城（今属河南）人。太尉李修之孙、赵国相李益之子，出身官僚世家，却没有官场人物常见的长袖善舞，为人不善应酬，与人来往很少，性格正直，很讲原则。

李膺所在的是东汉后期，这个时候，皇帝多是小孩子，外戚和宦官掌握了朝廷大权。其中尤其以宦官最为猖獗，这些人专断独行，扰乱朝纲，胡作非为，一时间黎民痛苦不堪，四处民不聊生。李膺少小立志要重整朝纲，从步入官场之日起，他就把同宦官做斗争、保卫汉室的威严，作为自己的为官目标。

李膺为官以刚正不阿著称，在他担任司隶校尉期间，朝中有个权势很大的宦官，名叫张让。他的弟弟张朔，借着哥哥的权势当上了野王令。这个张朔，在任上贪婪残暴，无法无天，甚至草菅人命，诬害百姓。但官员们顾忌到他哥哥在朝中的权势，于是没有人敢管他，生怕得罪了张让。就连他的上司见到了他，都得恭恭敬敬，生怕说错了话被陷害。

李膺却不管这些，他从担任司隶校尉伊始，就决心惩治张朔。张朔听说他要来后，吓得魂飞魄散，马上弃官逃往京城，躲在哥哥张让的宅子里。李膺得知后，亲自来到张让府上，把躲在张让家夹柱中的张朔找出来，将其交付到了洛阳的监狱。录完供词后，李膺不顾张让的请求，毫不留情地严格审理，待确认罪名属实后，便把他正了法。

作威作福惯了的张让想不到有人敢拿自己的弟弟开刀。他向汉桓帝告状，说了李膺很多坏话。汉桓帝听了，信以为真，十分生气，立即宣李膺进宫觐见。

到了宫中，汉桓帝不问青红皂白，直接指责李膺，怪他没有请示自己就自作主张处置了张朔。可李膺却理直气壮地回答道:"陛下,以前晋文公在周天子身边捉住了陈公,马上就地处决,当时也没有事先请示周天子,而周天子也没有说他有什么不对。如今张朔犯了重罪,逃回京城,微臣只是依法办事,将他收押,按律审理,定罪后处死,本来就不需要请示陛下。"

汉桓帝听了李膺所说的话,细细想想也觉得这说法很有道理,也挑不出什么毛病。于是皇帝暗暗嘀咕:是呀,本来处死这样一个罪犯就无须请示皇帝,只不过就因为这个罪犯是张让的弟弟,才这么与众不同吧。汉桓帝心里很明白,但他怕丢了皇帝的面子,还是坚持对李膺说:"你刚上任没几天,还没了解全部情况,不该那么快就处死犯人。"

李膺发现汉桓帝在故意找自己的碴儿,就说:"春秋时期,孔子在鲁国做司寇,上任七天,就斩了少正卯。微臣到今日,上任已经十天了,一直担心因为自己办事不力,有负皇恩,想不到陛下却嫌微臣办事太快而不高兴。臣自知难逃一死,但请求宽留我五天,限期灭尽大恶,我再回来受烹煮之刑,这样我就死而无憾了!"

汉桓帝见李膺这么说,知道自己再也挑不出他的过错了。只好挥挥手让李膺出宫去了。等李膺走远,汉桓帝扭过头来,对张让说:"这件事看来也只能怪你弟弟,司隶(指李膺)哪儿来的什么过失?"

李膺把张朔正法之后,宦官们的气焰不再那么嚣张了,开始屈身敛迹不敢出声,休假时也不敢再出宫。汉桓帝见身边这些平日里天天到外面去惹是生非的宦官们突然间都变得老实起来,觉得非常纳闷,大惑不解。于是就问身旁的宦官们,是什么原因让他们如此安静。宦官们回答说,我们怕那个李校尉!

正因为这个原因,所以后来发生宦官反对清议的"党锢之祸"时,他们首先想到的,就是要置李膺于死地。之前一段时间,他们觉得备受屈辱,恨死李膺了,忌惮了这么久,此时终于可以报复了。李膺被捕后,深知自己得罪了宦官,此次难逃一死,便主动到朝廷诏令指定的监狱中去,后来果然被拷打而死。他的妻子儿女被流放边境,他的门生、故交以及他们的父兄,都被禁锢不准做官。

当时,国家政局一天比一天紊乱,礼法规矩全无,纲纪败坏,只有李膺一人独自保持风采,凭借声名自我清高。当时的士人对他非常推崇,把有幸能进李膺的家门,叫作"登龙门"。虽然李膺最后被如此迫害,可他不畏权势,敢于向专权跋扈的宦官们挑战,再加上他优秀的个人品德,被天下的读书人称为"天下楷模"。

党锢之祸

东汉自汉和帝以来,宦官与外戚交互倾轧,轮番弄权,令朝政败坏,引起士大夫的不满。士人尤其反对当权的宦官,希望通过"清议"来力挽危局,结果惨遭迫害。这个事件被称作"党锢之祸"。

第一次党锢之祸的导火线是延熹九年(166年)的张成案件。一些宦官唆使张成的弟子牢脩上书控告河南尹李膺等"交结诸郡生徒,更相驱驰,共为部党,诽讪朝廷,疑乱风俗"。宦官们又为之做证。桓帝大怒,下旨各郡国,令各地逮捕同党。

太尉陈蕃抗旨,上书申诉。桓帝不听,遂直接命令将李膺、太仆杜密、御史中丞陈翔以及范滂等二百余人逮捕下狱;对逃走的悬赏通缉,一时缉捕使者四出。陈蕃又上书直谏,桓帝因此将他免职。

由于当时被捕的都是有名望的人士,很多人以不在党人名单上为耻。度辽将军皇甫规上书说:"臣前荐故大司农张奂,也是附党之人。"

太学生张凤等也上书自称是附党,应该连坐。桓帝感到很难办,只好置之不理。

第二年,太学生贾彪来京谒见窦皇后的父亲城门校尉窦武,请他主持正义。窦武便上书为党人求情,说这样做将使天下人寒心。桓帝也借此下了台阶,下诏释放了部分党人。

党锢的政治斗争一直延续到了中平元年(184年)。

孔融"让梨"之后

《三字经》中有"融四岁,能让梨"之语,这个融,说的就是孔融。

孔融(153—208),字文举,鲁国鲁县(今山东曲阜)人。他是东汉末年文学家,"建安七子"之一,其家学渊源,是孔子的第二十世孙,是太山都尉孔宙之子。他从小聪明伶俐,惹人疼爱,有兄弟七人,他排行老六。

孔融让梨的故事最早应见《世说新语笺疏》。说的是孔融4岁时,与兄弟们一起吃梨,但他一直拿最小的梨吃,父亲奇怪地询问他为什么这么做,他回答说:"我是小孩子,按理应该拿小的。"

听他如此说,孔融家里的宗族长辈们,对他的想法感到惊奇,对孔融这种敬爱兄长的精神赞不绝口。

同样是在《世说新语》中,也记载了有关孔融的另一个故事。说的是孔融10岁的时候,随父亲到京城去游玩。当时李膺为河南尹(李膺便是前文中讲的那个对抗宦官的大名士),他备受世人推崇,人们都想与他结交,可他的门禁很严,如果不是名士或者他的亲戚,他一律不予接见。

孔融很景仰李膺,于是决定登门拜访。孔融到了李膺家门口,对门吏深深鞠躬,说道:"我是李公的通家子弟,特地前来求见,麻烦你通报一声。"

那个门吏从未见过孔融,但见他彬彬有礼,举止大方,也就让他进去了。

李膺见到孔融,摸着他的头说:"你祖父认识我?"

孔融说:"不是,但是先祖孔子与您的先祖李耳是好朋友,这算得上是通家之好了。"

李膺大笑不已,连连称:"好,好,有道理!"当时很多宾客都在场,他们对孔融的回答十分惊奇。

这时,刚好太中大夫陈韪也来了,听了这事,顺口便说:"小时了了,大未必佳。"这句话的意思是小时候聪明,长大了不见得成材。

孔融立即反驳道："噢,想来你小时候一定很聪明吧!"

陈韪顿时被噎得无话可说。李膺见此情景大笑不已:"高明,高明,这孩子将来定有一番作为。"

这件事过去了三年后,孔融的父亲去世了。他哀痛万分,哭到不能自抑,需要人扶着才能站起来,乡亲们因而称赞他的孝行。

孔融到了十几岁的时候,有一天名士张俭来找孔融的兄长孔褒。张俭是孔褒的好友。此时张俭被人陷害,朝廷正到处捉拿他。而他来时,正好孔褒不在,是孔融接待了他,张俭认为孔融年轻,并没有告诉他自己的处境。孔融看见张俭窘迫的样子,对张俭说:"哥哥虽然在外未归,我难道不能为您的东道主吗?"因此将张俭留在了孔家。

几日之后,地方官闻风赶来,张俭已经逃之夭夭了,于是把孔褒、孔融两兄弟抓了起来。

孔融首先认罪,说:"张俭是我藏起来的,应该抓我。"

"不行,张俭是来找我的,他根本不认识我弟弟,要抓也应该抓我。"孔褒抗议道。

不知他们二人谁应该获罪,官吏便问他们的母亲。孔融母亲说:"年长的人应承担家事,罪责在我。"

见这一门都争着赴死,官吏迟疑不能决断,于是向朝廷请示。朝廷最后定了孔褒的罪。孔融因此事得以闻名天下,与平原(今山东平原县西)陶丘洪、陈留(今河南开封东南)边让齐名,成了全天下人人敬仰的大名士。

荒唐贪婪的汉灵帝

诸葛亮在《出师表》中说过:"亲小人,远贤臣,此后汉所以倾颓也。先帝在时,每与臣论此事,未尝不叹息痛恨于桓、灵也。"

这其中提到的灵帝,就是我们本文中提到的东汉灵帝刘宏。

汉灵帝（157—189），名叫刘宏，是东汉的第十一位皇帝，以荒唐贪婪在皇帝中闻名。他是汉章帝刘炟的玄孙，本来是世袭解渎亭侯的，永康元年汉桓帝刘志逝世后，刘宏被外戚窦氏选为皇位继承人。他10岁登上皇位，亲眼看到了外戚和宦官的权力斗争，知道只凭自己无力扭转局面，于是很有自知之明地任凭宦官集团独霸专权，甘愿当一个傀儡皇帝。诸葛亮所说的"亲小人，远贤臣"就是指这个。灵帝曾经无耻地说，宦官张常侍就是他的父亲。他在位期间，对宦官分外重用，把本应属于自己的治国大权完全交给身边的宦官，他自己对国家大事不闻不问。

那么，他整天无所事事，究竟对什么感兴趣呢？

他不虚心学习治国之道，到亲政时，对政事一窍不通。为此，他把大权委任给宦官和母亲董太后，自己则潜心玩乐，贪图享受，生活极度荒淫奢侈。

史书记载，汉灵帝在玩腻了皇家园林后，对前代皇帝修建的上林苑、西苑、显阳苑、平乐苑、鸿德苑都没了兴趣，觉得这些老旧的宫殿不能满足他，他要建造规模更大、气势更恢宏、设计更豪华的新苑。可去哪儿弄钱来修建呢？国库吗？早没钱了，这几年因为他层出不穷的玩乐新花样，已经被折腾得空空如也了。

此时，汉灵帝的母亲董太后看皇帝不高兴，思考了一番后，建议他卖官来敛钱。这位短见的太后提出的荒唐建议，竟然让汉灵帝拍手称快，认为这太好了。

很快，董太后就在上林苑设置了卖官的机构，明码标价，并按官位等级定价，比如两千石（dàn）的官，要价两千万钱；四百石的官，要价四百万钱，诸如此类，不一而足。他们规定，确有品德高尚的人，可以酌情减一半或者三分之一的价钱。这卖官的生意可以现金交易，也可以赊欠。如果是赊欠的，可以到任后加倍偿还。你想想，这样的官员，到任后能不疯狂搜刮百姓的钱财，逼得百姓家破人亡吗？

可汉灵帝和董太后才不管呢，他们把卖官所得的钱，收在西苑仓库内，还特意取了个名字叫作"礼钱"。望着满屋子的钱，那位提此建议的董太后心里打起了自己的算盘。她计划把这些钱全部留作自己的私房钱，然后再来一次卖官，这样儿子造御苑就有钱了。之后，汉灵帝在母亲的授意下，再次卖官，又得到了许多的钱。等把这些所谓的"礼钱"收入库藏时，从未见过这么多的钱的刘宏一度激动得头晕目眩，手脚都抖了起来。

有了这大把的钱后,汉灵帝把其中一部分用于造新苑,剩下的钱他也有自己的打算。他决定把这些钱拿回老家办产业,购买田宅,让周围的人看看,我家也有钱了。可他不想想,这天下都是他的,他还需要用这种乡巴佬儿的手段向人炫耀吗?想来他自己也清楚,自己不是长久的天子,能捞多少就捞多少才是最要紧的。

有个宦官叫吕强,觉得皇帝这么做太可笑了,就劝汉灵帝道:"天下万物都是陛下您一个人的,何必再去花钱购买呢?陛下此举实在不妥当啊。"可是汉灵帝根本没把他的话当回事,还是我行我素,对别人的好心规劝不加理睬。

卖官鬻爵的钱实在是很多,建了新苑,在老家买了田宅之后,汉灵帝手里还剩下许多。这该怎么花呢?汉灵帝想了想,便在西苑修了个万金堂,用来储藏金钱。他还特意用搜刮来的钱在殿内铸了四个铜人,四个黄金钟,四个铜蛤蟆,说是用来看守自己聚敛来的财富。就这样,这位皇帝就像个土财主一样,时不时跑到这藏钱的地方看看,甚至还经常摸摸自己的钱,确定它们还在不在。

汉灵帝这一番折腾下来,搞得自己就像一个暴发户,有了钱,先置办产业,然后再找个妥帖的地方,把钱藏起来,每天除了关心钱的安全,剩下的就是尽情享乐了。

之前说过,汉灵帝很讨厌政事,所以他对皇帝礼仪也觉得不可忍受。他不喜欢让人前呼后拥地去御苑游览,于是他就换上普通人的衣服"微服"出巡。这么出去了几次后,他觉得这么做很有意思,便找人在御苑内设立市场,让宫人们扮成商贩,在里面卖酒,卖肉,卖衣,卖布。他自己呢,就在里面游逛,兴致来了就和"商贩"砍砍价,有时候甚至还会顺手牵羊。就这么喝酒吃肉,吆五喝六,好不热闹。他经常这么玩儿,不到尽兴不罢休。

宦官们见他如此好控制,于是为了讨好他,也为了麻痹他,就变着花样逗他玩儿。有个善于逢迎的小宦官为了讨皇帝高兴,特地从外地精心选了四头驴进宫。灵帝见后,爱如至宝,每天驾着小驴车在宫内游玩。起初,他还找了一个人专门驾车,几天后,索性亲自驾驶。皇帝驾驴车的消息传出内宫,京城许多官僚士大夫都竞相模仿,以此为时尚,一时间民间驴价陡涨,时称"洛阳驴贵"。

还有一次,有个宦官故意给一条狗披上朝服,刘宏瞧见后,大笑不止,说:"好一个狗官哪!狗官不错!"跟随在皇帝身边的那些朝臣们,见到此景,只觉得分外尴尬,但也敢怒不敢言,只得面面相觑。而一群宦官见此情景,则拍手称好,更加得意扬扬。

黄巾军起义

东汉经过几代外戚和宦官的折腾,国库里的钱早就花得差不多了。

汉灵帝终日只知道荒淫挥霍,卖官鬻爵来敛钱。买官的人上任后,大肆搜刮民脂民膏。本来当时就连年灾荒,粮食歉收,这么一来,老百姓就更苦了。百姓们实在没法儿活下去了,就起义反抗了。

最先起义的是会稽人许生(生卒年不详),他在句章(治今浙江余姚东南)举兵。没几天工夫,参加起义的贫苦农民就有一万多人。过了不久,冀州巨鹿(今河北平乡西南)张家三兄弟也领着老百姓起来造反。这兄弟三个分别是张角(?—184)、张宝、张梁,他们都有本事。张角读过书,懂得医道,给穷人看病还不要钱。他看到农民们都盼望能安心生产、过太平日子,就创立了一个教门,叫太平道。

大约过了十年,太平道传遍了青州、徐州、幽州、冀州、荆州、扬州、兖州、豫州,教徒发展到几十万人。这八个州的老百姓没有不知道太平道的。各地的官吏也认为太平道是劝人为善、给人治病的教门,便没把张角他们放在心里。

张角看着时机成熟了,就暗地里发动教徒们起来反抗朝廷。他用四句话作为暗号:"苍天已死,黄天当立,岁在甲子,天下大吉。""苍天"就是指东汉王朝,"黄天"则指太平道。他们约定在甲子年也就是公元184年发动起义,到那时就"天下大吉"了。

张角让他的弟子们秘密前往各地,在大街小巷、寺庙、官府,甚至城门,到处用白土写满了"甲子"两个字,来作为起义的暗号。可就在这紧要的关头,内部出了叛徒,张角弟子马元义的助手唐周,向朝廷上书告了密,马元义没防备这一手,于是被逮捕杀害了,同时被杀的还有一千多人。汉灵帝急忙下令捉拿张角兄弟。

这个时候,张角只好通知各地提前起义。他自称为天公将军,张宝为地公将军,张梁为人公将军。没多少天的工夫,全国就有几十万农民起来响应。他们头上都裹着黄巾当作标记,起义军就叫"黄巾军"。

黄巾军攻打各地郡县,没收官府的财物,开仓放粮。各地的郡守、刺史急得连忙向汉灵帝告急。汉灵帝急得坐也不是,站也不是。他连忙让国舅何进做大将军,保卫京师;又派大臣卢植和皇甫嵩等各带兵马,分两路去攻打黄巾军。何进还请汉灵帝下令要各州郡加紧防备,以对付黄巾军。这么一来,各地的郡守、刺史和地主、豪强都趁着讨伐黄巾军的机会,浑水摸鱼,招兵买马,来扩大自己的地盘和势力。

黄巾军一上来气势很猛,接连打下了好些郡县,杀了许多贪官污吏。可后来各地的官兵都打过来了,黄巾军的粮草和武器到底不如官兵的,准备又不足,慢慢地败退了下来。而这时候,天公将军张角因为劳累过度也病死了。

张角一死,黄巾军失去了主心骨。接着张宝、张梁也都死在了战场上。这支农民起义军最后还是被镇压了下去。

黄巾起义虽然失败了,但有力地打击了东汉王朝,再加上各地豪强割据局面的形成,东汉王朝的腐朽统治已经名存实亡了。

第7章 三国

东汉末年,军阀混战。208 年,赤壁之战初步奠定了魏、蜀、吴三国鼎立的格局。220 年,曹丕废汉献帝,在洛阳称帝建魏,东汉灭亡。此后刘备、孙权先后称帝,魏、蜀、吴三国鼎立局面正式形成。263 年,蜀汉被曹魏所灭。265 年,司马懿的孙子司马炎代魏称帝,建立晋朝,史称西晋。280 年,司马炎灭东吴,统一全国。

袁绍屠杀宦官

那个只知道卖官鬻爵,像个土财主一样的汉灵帝在位 22 年,活了 32 岁就去世了。他的嫡长子刘辩即位,这就是少帝,史称东汉后少帝。

少帝在位时期,东汉政权已经名存实亡,由于年幼,政治实权便掌握在临朝称制的何太后和外戚大将军何进手中。之前灵帝在位时,以十常侍为首的内廷宦官集团把持朝政,而此时何太后娘家得势,外戚开始专权。

何进一向痛恨宦官,和那几位掌握实权的常侍早有恩怨,为了从他们手中夺取实权,他结交袁绍(?—202)等人,准备除掉宦官。他的心腹张津向他谏言:"黄门、常侍这些宦官执掌大权已经天长日久,专干坏事,将军应该另择贤良,整顿国家,为天下除害。"何进同意他的话,于是任命袁绍为司隶校尉、何颙为北军中侯、许攸为黄门侍郎、郑泰为尚书。同时受到提拔的还有二十多人,他们都成了何进的心腹。

袁绍出身于一个势倾天下的官宦世家，他仪表威武，相貌堂堂，以前在党锢之祸的时候，救了不少有气节的读书人，因此何进非常尊重袁绍。

不料，十常侍之一的蹇硕听到了风声，已经悄悄地在暗中部署，如此情势下，逼得何进只能先下手，除去蹇硕，收回了兵权。

鉴于宦官蠢蠢欲动，何进生怕有意外，只好称病在家。袁绍认为，只有杀掉所有宦官，才能免除后患。于是，他对何进说："从前窦武准备诛杀内侍官，而反受其害，原因是事情没有保密好，言语漏泄。可这个时候，一切在将军掌握之中，这是苍天赐予的良机，将军应该把那些擅权的宦官一网打尽，以赢得千秋万世的美名！"

何进报告给何太后，但何太后却不同意。何进不敢违背太后的意愿，只好退出宫门。他刚一出门，马上被袁绍一把拉住，问道："怎么样？"

"太后不肯，没有办法。"何进皱紧了眉头。

袁绍听了这话，神色凛然道："糟了，宦官手握权力，如果不一网打尽，必将贻害无穷。如今计划已经外露，将军不早下决断，事久生变，下手晚了会遭祸殃的。"

没过多久，袁绍发现，何太后的母亲舞阳君与何进的弟弟何苗多次受宦官贿赂，致使他们多方阻挠何进，使得本来就犹犹豫豫的何进，更加难以决断。

袁绍见他如此，心里十分焦灼，于是再一次献策说："将军可以调集四方猛将豪杰，领兵前来京城，对太后进行兵谏。"何进觉得这个主意不错，于是下令召并州牧董卓（？—192）领兵到京，又派部下王匡、骑都尉鲍信到处募兵。

不久之后，四方兵起，京师震动，何太后这才感到事态严重。她忙把几个心腹宦官放回家，不敢让他们再在内宫。宦官见太后这么做，慌了，于是一起去叩求何进恕罪。

袁绍在旁多次劝何进杀掉他们，但何进优柔寡断，只是说："并非我想为难各位，只是那董卓不肯就此罢休，你们还是早点儿离开吧！"最后还是把他们放走了。袁绍不甘心，写信通知各州郡，诈称是何进的意思，命令逮捕宦官的亲属入狱。

不久，宦官们假传圣旨，把何进骗入宫内。他一入宫，门一关，几个宦官对他这个大将军破口大骂，大小宦官都围了上来。一时间，何进手无寸铁，只好任凭宰割。

等外头的人发觉有些不对劲,要求放人出来时,话还没说完,隔墙就掷出一个血淋淋的头颅,不用说,就是何进的。

何进被宦官杀了,袁绍等人接到消息,佯称奉诏,直接杀死了宦官亲党。之后径直率兵攻进皇宫,以"为大将军报仇"为名,在宫门外摆开阵势,捕杀没有来得及逃走的宦官赵忠等人,又下令关闭宫门,严禁出入,指挥士兵搜索宫中的宦官,不论老幼皆斩尽杀绝,死者多达两千多人,还有许多宫女被士兵误认为是宦官,也惨遭杀害。

当他们正在杀宦官之时,内侍张让、段珪等迫于追兵,被困在北宫(皇帝的寝宫)中,他们无计可施,只好带着少帝、陈留王(后来的汉献帝刘协)出逃。后来内侍被追杀,无奈投河而死,而少帝只做了六个月的皇帝,就被董卓毒死了。

这一役,外戚与宦官两败俱伤,几乎是同归于尽,因此也把风雨飘摇的东汉王朝推进了更深的黑暗中。

真实的"琵琶记"

元末南戏中有一出知名的曲目叫《琵琶记》,作者高明,写的是汉代书生蔡伯喈(jiē)与赵五娘悲欢离合的故事。它被誉为传奇之祖,是我国古代戏曲中一部经典名著。可在大家印象里,以及戏曲等舞台艺术表现上,这出戏更多是叫《赵贞女蔡二郎》,内容不再是爱情的悲欢离合,而讲的是一个负心薄幸的男子在飞黄腾达之后弃妻再娶的故事。

有一个穷书生,名叫蔡伯喈,娶了一个贤惠的妻子赵五娘。婚后,蔡伯喈进京赶考,高中状元,而且被选中成了驸马。赵五娘频繁写信打探消息,蔡伯喈不闻不问,只顾自己荣华富贵。

后来,家乡闹饥荒,蔡伯喈的父亲饿死,母亲上吊,赵五娘用罗裙包土筑起了坟台,这才安葬了二老。之后一路乞讨进京寻夫,在京城无依无靠之时,靠弹琵琶卖唱为生,却不想恰好遇到成了驸马的伯喈,伯喈不认五娘,甚至一度让马踩赵五娘,意欲将其踩踏而死。最后,天神发怒,以雷轰蔡伯喈结束。

在这个流传甚广的民间故事中,蔡伯喈被描写成一个不忠、不孝、不仁、不义的恶棍。其实,历史上真有一个叫蔡伯喈的人,但是他的经历根本不是这么一回事。

蔡邕(133—192),字伯喈,是东汉时期著名的文学家、书法家,著名才女蔡文姬之父。因官至左中郎将,后人称他为"蔡中郎"。

史书中记载他为人敦厚善良,而且非常孝顺。他母亲曾经卧病三年,蔡邕不论盛夏还是严冬,都没有解过衣带,曾经七十天没有好好睡过觉。母亲去世后,他就在母亲的墓旁盖一间房子住下守着,一动一静,都遵守礼制。

蔡邕是汉代最后一位辞赋大家。他的辞赋取材多样,贴近生活,用语清新,能直抒胸臆,富于世态人情。其代表作品《述行赋》,短小精悍,感情沉痛,批判深刻,情辞俱佳,是汉末抒情小赋的力作。他的散文作品流传下来的多为碑记,工整雅致,常见排偶,颇受时人推重。

蔡邕工篆书、隶书,尤以隶书著称,曾自创"飞白书"。这种书体,笔画中有丝丝露白,好像用枯笔写成,是受工匠用扫白粉的帚在墙上写字启发而创。

蔡邕不但学问好,还擅长音律,有关于他听琴的两个小故事在民间广为流传。

一次,蔡邕来到吴地,听到一块桐木在火中爆裂的声音,知道这是一块好木材,因此把它拣出来,找人做成琴。等琴做好之后,他弹奏起来,发现果然音色非常美妙。这把桐木琴的尾部虽然被烧焦了,但依然被人们看作是一把名琴,人们根据其特点,就叫它"焦尾琴"。

又有一次,蔡邕在陈留,有个邻居准备了酒菜请他来赴宴,他去时邻居已经喝起来了。他刚刚走到门外,就发觉席间有人在弹琴,蔡邕到了门口用心一听,当下暗暗思忖:"这音乐中藏有杀心,怎么回事?"想了想,便打算回去。请他的人告诉主人说:"蔡先生刚来,到门口又走了。"

蔡邕当时已经是大名士了,向来被人尊崇,主人赶紧追出来询问原因。蔡邕就把事情原委都告诉了他,大家都很不解。后来问了弹琴的人,那人说:"我刚才弹琴时,见一只螳螂正要扑向鸣蝉,蝉好似没看到,将飞没飞的样子。见螳螂一前一后的动来动去,我心里有些担心,唯恐螳螂丧失了机会,难道这就是所谓的杀心吗?"蔡邕听了,莞尔一笑说:"这就对了。"如此才放下心来赴宴。

初平三年(192年),董卓被诛杀,蔡邕在一次聚会中说起董卓来,并为之叹息,甚至脸色都变了。当时的权臣王允得知,勃然大怒,呵斥他为董卓之流的逆贼,并随之将蔡邕收押交给廷尉治罪。蔡邕上辞表道歉,请求受重罚,以继续完成汉史。虽然众多士人拼命说情,想要救他,可蔡邕还是死在了监狱里。

得知他的死讯后,群臣和士人没有不为他哭泣的。甚至大学问家郑云听闻蔡邕的死讯后,也叹息道:"汉朝的事,谁来考订呢?"这足见蔡邕在文坛的地位。

过目不忘之才

王粲(177—217),字仲宣,山阳高平(今山东邹城西南)人,三国时曹魏名臣,也是著名文学家,"建安七子"之一。

王粲少时就有才名,博闻强识,有过目不忘之才。《三国志·魏书·王粲传》说他"性善算,作算术,略尽其理。善属文,举笔便成,无所改定,时人常以为宿构(预先构思);然正复精意覃思(精心研究,深入思考),亦不能加(超过)也"。总言之,就是王粲的语文、算术成绩都好,是一个文理科俱佳的全才。

有一天,王粲与几个伙伴到郊外玩耍,走到半路上,发现路旁立着一块石碑,上面刻满了密密麻麻的碑文。勤奋好学的王粲见碑文写得不错,就大声读了起来。伙伴们早就听说他有过目成诵的本领,就和他开玩笑说:"王粲,你读完这一遍,能背下来吗?"王粲谦虚地说:"试试看吧。"于是,他把脸背过去,一句一句地背诵起来。伙伴们一边听,一边对照原文看,他们惊讶地发现,王粲竟然背得一字不差!大家不禁为他喝起彩来。

还有一次,王粲看人下围棋,不小心把棋盘给碰翻了。下棋的人见是王粲,就装作很生气的样子说:"这怎么办?我们就要见分晓了,本可以赢他一盘,看,让你给搅了!"

王粲说:"对不起,我给你们复盘,成吗?"说着他捡起棋子,按刚才的棋势摆了起来。摆好之后,下棋的人和观棋的人,都不信王粲摆的和原来一样,就用头巾把棋盘盖起来,要王粲另外再摆一盘,看两盘摆的是不是完全一样。王粲二话不说,就在旁边又重新摆了一盘棋。人们对照这两盘棋,结果一子不差。从此,王粲惊人的记忆力更加远近闻名了。

蔡邕是当时的文坛巨匠和领袖,他才学过人,朝野闻名,人们对他无不敬仰,家里常常宾客盈门。有一天,王粲去拜访他。蔡邕早听过王粲的大名,听说王粲到来,慌忙出迎,连鞋子都穿反了。王粲进屋后,宾客们见他只是一个十来岁的孩子,而且身体瘦弱,容貌丑陋古怪,大为惊讶,他们都弄不懂蔡邕为什么如此看重一个小孩子。蔡邕明白众人的心思,就说:"这是王公的孙子,有特殊的才能,我是不如他的。我家的书籍文章,都应该送给他,才算物归其主。"

后来,蔡邕、王粲两人成了忘年之交。

董卓之乱

东汉末年,张角(?—184)以"太平道"为掩护,在治病传道的同时,向人们传递"苍天已死,黄天当立;岁在甲子,天下大吉"的起义口号,并于184年率众起义。他们头扎黄巾,因此被称为"黄巾军"。经过黄巾起义军的打击,东汉王朝摇摇欲坠。汉灵帝死后,外戚和宦官两个集团进行了一场大混战,这场混战加速了东汉王朝的崩溃。

189年,外戚大将军何进掌权。宦官蹇硕想谋杀何进,没有成功,反被何进抓起来杀了。蹇硕被杀以后,袁绍劝何进把宦官势力彻底除掉,于是何进写信召董卓带兵进京控制局面。

宦官们知道了这个消息,便决定先动手。他们假传太后的命令,召何进进宫,并将他杀死。袁绍得知何进被杀的消息后,立刻派弟弟袁术攻打皇宫。袁术干脆放了一把火,把皇宫的大门烧了。大批兵士冲进宫里,不分青红皂白,见了宦官就杀。经过这场混战,外戚和宦官两败俱伤。由何进召来的董卓带兵进了洛阳,并得到了兵权。为了独揽大权,董卓废掉了何进立的汉少帝,另立刘协为帝,是为汉献帝,而他自己则当上了相国。

董卓,陇西临洮(今甘肃岷县)人。他本来是地方豪强,汉灵帝时担任并州牧(今山西一带的地方长官)。到洛阳控制大权后,董卓任意诛杀大臣,引起众怒,于是袁绍联合东部军阀讨伐董卓。董卓劫持汉献帝,舍弃洛阳,败走长安(今陕西西安),于192年在长安被王允、吕布所杀。

讨伐董卓联盟

董卓进京控制朝政后,恣意妄为,先是废掉汉少帝刘辩,改立汉献帝刘协;不久,董卓又毒杀了何太后,在洛阳实行恐怖统治,纵容士兵在京城烧杀抢掠,甚至连皇族贵妇都不放过,因此京城百姓对董卓痛恨至极。董卓为控制朝政,曾大肆排挤异己;后听从谋士的建议,为挽回声誉和平息各方怒气,重新任用了韩馥、刘岱、孔伷、张邈、张咨等人,但这些举动都没能平息各地的怨愤。

189年末,逃亡陈留的曹操(155—220)首先举兵,讨伐董卓,从而拉开了讨伐董卓的序幕。紧接着,东郡太守桥瑁以京师三公之名,发布了讨伐董卓的檄文。檄文痛陈董卓累累劣迹,希望各地诸侯举兵,共同讨伐董卓。一时间,天下诸侯纷纷响应。

190年,在全国范围内形成了由十八路人马组成的讨伐董卓联盟。这十八路人马分别是:第一镇,后将军南阳太守袁术;第二镇,冀州刺史韩馥;第三镇,豫州刺史孔伷;第四镇,兖州刺史刘岱;第五镇,河内郡太守王匡;第六镇,陈留太守张邈;第七镇,东郡太守桥瑁;第八镇,山阳太守袁遗;第九镇,济北相鲍信;第十镇,北海太守孔融;第十一镇,广陵太守张超;第十二镇,徐州刺史陶谦;第十三镇,西凉太守马腾;第十四镇,北平太守公孙瓒;第十五镇,上党太守张杨;第十六镇,乌程侯长沙太守孙坚;第十七镇,祁乡侯渤海太守袁绍;第十八镇,曹操的本部兵马。各群雄共推袁绍为讨伐董卓联盟的盟主,袁绍自号车骑将军。

当时,袁绍与王匡屯兵河内,张杨率领自己的数千人来投靠袁绍;张邈、刘岱、桥瑁、袁遗与鲍信屯兵酸枣(治今河南延津县西南),曹操则属于张邈军下;袁术屯兵鲁阳(治今河南鲁山县),孙坚则从长沙赶来与袁术会合;孔伷屯兵颍川;韩馥则留在邺城,负责给联军供给军粮。

讨伐董卓联盟成立之初,联军气势汹汹,势如破竹。191年,长沙太守孙坚攻下了京师洛阳,董卓不得不迁都长安,讨伐董卓取得初步胜利。攻下洛阳后,联军内部出现矛盾,各将领之间开始抢夺地盘,不愿继续西进。

其实,早在孙坚攻打洛阳之前,负责运送粮草的袁术,就因忌惮孙坚力量不断壮大而切断了孙坚的粮草供给。联军中最有势力和威望的要数袁绍、袁术兄弟,但二人并不同心,袁绍希望另立新帝,以摆脱董卓的控制;袁术则出于自身利益考虑,不同意另立新帝。不久袁术带领军队进入陈留,袁绍联合曹操,大败袁术,袁术退守淮南。至此,讨伐董卓联盟彻底破裂,进入内争期。

司徒王允定计除害

董卓趁着灵帝驾崩、何进和十常侍鹬蚌相争之时,来了个渔翁得利。他先是挟少帝以令诸侯,接着又挟持刚刚改立的献帝回到了自己的势力范围——长安。

回到长安的董卓位高权重。他大肆封赏族人,骄奢淫逸,对百官更是予取予求。稍有不如他意的官员,轻则性命不保,重则满门被灭。

一次,董卓宴请百官,席间董卓的干儿子吕布(?—199)对董卓耳语了几句,董卓一挥手,前一刻还在席间饮酒的卫尉张温就被吕布当众揪出去,下一刻张温的人头就被摆在盘子里,呈现在百官面前。董卓笑嘻嘻地说:"诸位不必惊慌。张温勾结袁术打算谋反,理应被处死。快喝酒吧。"董卓这种随意斩杀大臣的行为令百官胆战心惊,人人自危,百官们都担心不知哪天自己就步了张温的后尘。

一天,黄琬等几个官员在司徒王允家聚会,说起张温之事,人人都唏嘘不已,纷纷落泪。黄琬怒道:"难道我们就这样等着成为第二个张温吗?我们应该想办法除掉董卓这个老贼。"司徒王允连忙让他们小声点,说:"董卓老贼势力太大,我们最好找一个能够靠近董卓的人,近身刺杀老贼。"

几个人商量来商量去,一致认为在能靠近董卓的心腹中,唯一可以利用的就是吕布了。

吕布原是并州刺史丁原的义子,后受董卓诱惑,刺杀了丁原,改投董卓门下,转拜董卓为义父。吕布有勇无谋,他没有忠孝节义的观念,是个势利小人,也是近身刺杀董卓的最好人选。于是,大家又好好谋划了一番,商量如何使董卓吕布父子反目。

过了几天,司徒王允请吕布到家里吃饭。酒酣之后,司徒王允提及董卓对吕布的父子情深,吕布却大骂董卓,王允假装吃惊地说:"原来董相国是这样对待您的,您这样一个武功盖世的大将军居然能忍下这口气呀!"吕布皱着眉头说:"王司徒,我真想干掉他,可他是我的义父哇。"

司徒王允冷笑说:"将军姓吕,他姓董,哪里有父子之情?大丈夫在世,怎么能窝窝囊囊的,让这种人压在头上呢?"司徒王允的话使吕布满脸通红,他猛地站起来说:"我不杀死老贼,决不罢休!"王允赶紧说:"将军要能这样,不但能报了私仇,还是为天下人除害呀!"两个人随后密谋了半天,吕布才离开。

机会终于来了,192年的一天,汉献帝病愈后召见文武大臣,董卓带着吕布大摇大摆地到了宫外。百官拜见董卓,他依然只是趾高气扬地点了点头,便朝宫里走去。就在这时候,两旁的武士"哗"的一声围了上来,一个个拿着刀,向董卓砍去。董卓惊叫了一声:"哎呀,不好,我儿快来救为父!"

只见吕布走到董卓面前,高声宣布:"皇上有旨,诛杀乱臣董卓!"吕布说完就拿戟刺过去,扎穿了董卓的喉咙。武士们一拥而上,割下了董卓的脑袋。众大臣和将士们一看董卓死了,纷纷下跪,齐声高呼"吾皇万岁",很多人都喜极而泣,相拥痛哭。

恨透了董卓的百官们,把董卓的尸首扔到街上;深受董卓及其族人压榨的长安百姓,将董卓的尸身剁成了肉酱以泄心头之愤。

辕门射戟

吕布刺杀董卓后,先后投奔袁术(?—199)、袁绍,但都被拒,不得以接受了陈留太守张邈的邀请,共同驻守兖州。结果,没几天兖州又被曹操攻破,吕布如丧家犬一般转而投奔刘备(161—223)。

196年,刘备东征袁术,袁术写信给吕布,许诺只要吕布断了刘备后路,就送上二十万斛大米。吕布很是心动,决定拿下下邳(治今江苏睢宁县北),以切断刘备的后路。于是吕布趁下邳城内空虚,只有张飞一人驻守之机,率大军攻破了下邳,俘虏了刘备的妻妾儿女及其部下的家眷。

吕布拿下下邳后,向袁术索要许诺的钱粮,袁术见吕布失去了牵制刘备的作用,便不愿兑现之前对吕布的许诺。

此时,刘备前有强大的袁术,而后路又被吕布断了,只得向吕布求援,表示愿意将徐州献给吕布,希望吕布能收留自己。吕布正恼火袁术的反悔,于是就准备了车马迎接刘备,并派他驻守小沛(汉代时沛县的别称)。吕布则自称为徐州刺史。

袁术一看吕布又和刘备联合在一起了,于是赶紧给了之前许诺给吕布的钱粮,吕布当然高兴地收下了,但他依然收留着刘备的人马。袁术见吕布收下了钱粮后就不再帮着刘备,便认为元气大伤的刘备根本不是自己的对手,就马上派纪灵带领三万人马去攻打刘备,刘备没办法,只好再次向吕布求救。

吕布手下有将领说:"将军您正好可以借袁术之手除掉刘备,趁机吞并刘备的地盘。"吕布却说:"不能让袁术除掉刘备,除掉了刘备,我们就是袁术下一个要对付的,我们现在还没有足够的实力和袁术对抗,我们需要留下刘备以牵制袁术,所以我们要去救刘备呀。"

于是,吕布率领步兵千人、骑兵二百,飞速赶往小沛。纪灵等人听说吕布前来援救刘备,只好收兵,不敢轻举妄动。吕布在离小沛西南一里的地方扎下营寨,摆酒设宴，来宴请纪灵和刘备。

酒席上，吕布对纪灵等人说："玄德（刘备）是我吕布的贤弟。如今他被诸位所围，我特意赶来救他。我吕布生性不爱看别人互相争斗，只喜欢替别人解除纷争。这样吧，我们设下一个约定。"说着，吕布命人在营门中竖起一支画戟，然后继续说道，"诸位看那画戟上的小枝，如我能一箭射中，各位就给我个面子，立即停止进攻，离开这里；如我射不中，那我就离开这里，随便你们决一死战，但是如果谁不遵守约定，那就是跟我作对！我对他可就不客气了。"

纪灵心想：那么小的枝，离那么远，哪那么容易射中啊！于是，纪灵就勉强答应了。

刘备也没别的办法了，只能祈祷吕布能一箭射中小枝。

吕布站起来拿过一杯酒，一口气喝尽杯中的酒，把酒杯一扔，接过了手下递过来的弓箭。只见他将箭搭在弦上，大喝一声，胳膊一使劲，将弓拉满，站定，看了一眼画戟，手一松。只见"嗖"的一下，众人便听见那离弦之箭"唪"的一声，箭正好射在画戟上的小枝上。刘备和纪灵都惊呆了，还是刘备先回过神，拿过一杯酒，对吕布说："将军好箭法呀！"帐内帐外的将士们都齐声叫好。吕布接过刘备递过的酒，一口喝下，哈哈大笑，说道："纪将军，我这箭射中了，你们两家可要遵守约定啊，否则别怪我翻脸。"

纪灵虽然心中不乐意，但没有袁术的命令也不敢和吕布撕破脸，不得不暂时撤退。袁术知道了此事，只得另想办法拉拢吕布来对付刘备。

神亭交手

孙策（175—200）安葬了父亲孙坚（被黄祖手下的士兵射死）后，便投奔了袁术，希望获得袁术的支持，壮大自己的实力，为父报仇。袁术则担心养虎为患，便处处为难孙策。

194年，孙策的舅舅吴景被朝廷新任命的扬州刺史抢占了地盘，吴景向袁术求救。扬州刺史刘繇兵强马壮,袁术一方面怕打不过新任扬州刺史,不愿蹚这浑水;但另一方面又不愿显示自己的无能。正在左右为难之时,袁术手下谋士献计说:"既然是孙策的舅舅,何不让孙策去迎战,战胜战败都与您无关。"

于是,孙策带着自己的几个老部将去往曲阿。当时刘繇的同乡太史慈正在曲阿做客,太史慈是一个有勇有谋的将才。刘繇想先看看他的实力,然后再行重用,于是指派太史慈带少量兵马去探听孙策的兵力。

太史慈带着一个骑兵来到了神亭岭侦察,正好碰上孙策和黄盖等人也在神亭岭侦察。太史慈急于立功,于是走上前来,看着一个跟自己差不多年纪的年轻小伙子,问:"你们谁是孙策?孙策来了吗?"

孙策看着太史慈嚣张的样子反问:"你是什么人?"

太史慈举举手里的枪说:"我是扬州刺史刘繇帐下的太史慈,特地来捉拿孙策的!"

孙策听了又好气又好笑,说:"凭你,就想抓孙策?你真是不知道孙策的厉害呀?今天咱俩就过过招,让你见识见识我孙策的厉害。"

太史慈一听对方就是孙策,一边喊着"怕你就不是太史慈",一边举枪直奔孙策。

二人你一枪,我一枪,一时战马交错。酣战中,太史慈想把孙策引到平地上,于是拍马转身就加鞭往回跑。孙策哪里肯放过太史慈,就立刻追了上去。到了岭下的平地上,太史慈掉过马头举枪就刺,正赶上孙策猛地一枪朝他的马刺过去,二人夹住对方的枪,用力一拖,一起滚落马下,扭打在一起。孙策手疾眼快,把太史慈背上的手戟抽出来了,太史慈也转过身来,一把摘下了孙策的头盔。

这时,双方的救援力量先后赶到,二人一时难以战胜对方,只好放手,各自撤回了营地。

后来,孙策攻下曲阿,太史慈退守泾县。孙策始终忘不了在神亭跟他交过手的太史慈,对他有了惺惺相惜之情,总想着太史慈能够为他所用。于是孙策派兵围攻泾县,力求活捉太史慈。

在泾县交战中,太史慈中了孙策的埋伏,被押解到孙策面前。孙策亲自给太史慈松了绑,并把自己的战袍脱下来给他披上,很诚恳地说:"我知道你是个武艺高强的将才,我很欣赏你。你我兄弟一起联手打拼天下吧,有福同享,有难同当!"

　　太史慈见孙策这么诚挚地对待自己,心里很感激,就答应了孙策。孙策高兴地拉住太史慈的手说:"在神亭岭交手的时候,要是有机会能杀我,你杀不杀我呀?"太史慈呵呵一笑,挠着头说:"那说不定啊。"说完,两个人便哈哈大笑起来。

　　不久之后,刘繇病死了,孙策想派太史慈去招降刘繇手下的人马。孙泽等人反对说:"您怎么能让太史慈去呢,他这一去还能回来吗?到时候他率领刘繇手下的人马反过来对付我们,怎么办?这是放虎归山哪!"孙策却不以为然,说:"太史慈不是那种反复无常的人。他离开了我,又能去投靠谁?刘繇那点人马根本不能让他自立。"

　　临行前,孙策亲自设宴为太史慈送行。宴席上,孙策拉着太史慈的手问:"你去招降刘繇手下的人马需要多长时间?"太史慈想了想说:"最多六十天。"

　　果然,不到两个月,太史慈带着一万多士兵回来了。

桥公约

　　曹操年少时,机警过人,行事怪异,不爱待在家里,终日飞鹰走狗,叔父和其他一些亲戚都说他没有出息,是个败家子;而他本人却不以为然,认为自己将来是要成就一番大业的。

　　一天,曹操听说有个叫桥玄的人,孝廉出身,见识超凡,善于观察和品评人物,只要与人谈一次话,就能断出此人的荣辱成败。于是,曹操特意来到桥家,说明来意,请求桥玄品评论断。桥玄观察分析了曹操的举止和谈话后,惊异地说道:"天下将要大乱,不是经邦济世的人才是不可能使天下安定下来的。我见过的天下名士多了,却没有一个能与你相比。他日能够定国安邦的人,大概就是你了!"

　　曹操听了,喜形于色,因为桥玄说出了他的心里话;同时曹操也非常感激桥玄,把这位老前辈引为知己。桥玄也确实想帮助曹操,觉得曹操当时还没有名气,就劝他去结交名士许劭。当曹操拜别桥玄时,桥玄既认真又半开玩笑地说:"我比你大四十多岁,能再见的日子不多了。你以后经过我墓前时,可别忘了用斗酒只鸡祭祀。不然的话,你肚子痛可别抱怨我呀!"曹操爽快地答应了下来。

转眼之间,三十年过去了,官至太尉的桥玄去世已久,而曹操也在官渡之战中打败了袁绍,初步统一了北方。202年,曹操驻军谯县(治今安徽亳州。亳,音bó),特意派人到浚仪(治今河南开封)附近的桥玄墓前,用牛猪羊三牲祭奠桥玄,并亲笔写了祭文《祀故太尉桥玄文》。曹操的这篇祭文情真意切、凄怆动人,文中高度赞扬桥玄的"懿德高轨",称他为师表,表示"士死知己,怀此无忘"。曹操一直追念着与桥玄生前的约定。

后来,人们遂用"桥公语""桥公约"比喻朋友间生前的旧情,用"斗酒只鸡""只鸡斗酒"指微薄的献物或祭品。

谁是英雄

曹操(155—220),字孟德,小名阿瞒,沛国谯县人。195年,董卓部将李傕、郭汜在长安发生混战,外戚董承和一批大臣带着汉献帝逃出长安,前往洛阳。这时洛阳的宫殿早已被董卓烧光了,到处是残砖破瓦,荆棘野草。196年,汉献帝回到了洛阳,没有住的地方,也没有粮食。这时候,曹操正驻兵在许(今河南许昌东),听到这个消息后,他立刻派出一队人马到洛阳去迎接汉献帝。

196年,曹操逼迫汉献帝迁都到许,汉献帝到许后,改元建安,并以曹操为大将军。曹操开始以汉献帝的名义向各地州郡豪强发号施令,这就是历史上有名的"挟天子以令诸侯"。

曹操凭借着自己的智慧,慢慢地壮大了实力,成为一方霸主。

吕布"辕门射戟",为刘备赢得了休养生息的时机。没多长时间刘备就招募了数万兵士,吕布一看刘备在这么短时间内就聚集了这么多人马,担心自己以后势力会受挫,便决定趁刘备羽翼未丰之时先下手。

第7章 三国

于是吕布派兵攻打了小沛,刘备再一次成为丧家之犬,只得带着关羽、张飞等大将赶往许都投奔曹操。

曹操是一个疑心很重的人,秉持着"宁可错杀,不可放过"的做事原则。对于那些可能和自己争夺天下的人,曹操更是时时警惕,力求早发现、早除根。

刘备深知曹操表面宽厚,实则气量狭小,所以,他投靠曹操后,更是谨小慎微。为避免引起曹操的怀疑,势单力薄的刘备只能装作厌倦争斗、志在归隐的样子。刘备在自己的后院开了一块菜地,每天忙着平地、挑水、撒种、锄草,关羽、张飞对刘备这种不思进取的做法很是不满,但刘备对后院之外的事依然一概不管。

尽管如此,曹操还是经常试探刘备,试探刘备对军队、政事的看法,虽然刘备总是表示没什么意见,一切听从曹操的安排,但曹操依然对刘备不放心。

一天,刘备正在后院菜地里挑水浇菜,曹操派了手下两员大将来请刘备赴宴。宴无好宴,刘备一听曹操请自己赴宴,心立刻被提了起来,他想:难道是前几天国丈董承给自己传递"衣带诏"(缝在衣带里面的密诏),希望和自己联合除去曹操的消息被曹操知道了?自己该如何是好呢?但曹操的两员大将没给刘备考虑对策的时间,刘备只能硬着头皮去赴宴,暗自祈求曹操还不知道"衣带诏"的事。

刘备胆战心惊地来到曹操的住处,刚一进屋,曹操就不动声色地说了一句:"您在家里干了好大事!"刘备一听吓得三魂七魄都出了窍,曹操缓缓地说,"挑水,种菜,不是容易的事呀!是大事呀!"刘备这才三魂七魄勉强归了位,脸上赔着笑说:"寡陋之才,让您见笑了。"曹操向刘备哈哈一笑:"今早看见园内枝头上梅子青青的,我想起以前征战的一件往事,很是感慨呀,就请你过来一起喝几杯。"

刘备小心翼翼地入了座。酒过三巡,曹操怅然道:"戎马岁月,征战无数,大浪淘沙,多少英雄豪杰都烟消云散了呀。"刘备一见曹操开口,便立刻应和道:"是呀,是呀。"曹操又接着问:"你觉得当世谁是英雄?"

刘备一听这个问题,立刻打起了十万分精神,装作对天下大势不甚了解的样子,先后说了几个人物,然后都被曹操一一否定了。刘备只好问曹操:"您觉得谁是当世的英雄呢?"

曹操此时正想窥探刘备的心理,看他是否想称雄于世,于是说:"夫英雄者,胸怀大志,腹有良谋,有包藏宇宙之机,吞吐天下之志者也。"

刘备接着问:"那谁能当英雄呢?"

曹操忽然看着刘备,单刀直入地说:"当今天下英雄,只有你和我两个!"

刘备一听这话,不由自主地一哆嗦,手中的筷子掉在了地上。刘备心想这可怎么办,曹操识破了自己的伪装,这时正巧一个响雷在天空响起,刘备灵机一动,从容地低下头拾起筷子说:"这声雷太响了,把我吓了一大跳!"

曹操此时才放心地说:"大丈夫也怕雷吗?"

刘备不好意思地说:"连圣人对迅雷烈风也会失态,我还能不怕吗?"

听了刘备的话,曹操哈哈大笑了起来,心想刘备原来是个胆小如鼠的人。从此曹操便不再怀疑刘备了。

文姬归汉

《文姬归汉》讲的是一个名叫蔡文姬(生卒年不详)的女子回归故土汉朝的令人伤感的故事。

蔡文姬生活在东汉末年,是中国历史上有名的才女。她出生在一个很幸福的家庭,父亲蔡邕是当时有名的大学者。受父亲的影响,蔡文姬从小就开始读书、学习音乐。长大后,蔡文姬不仅能够写出很精彩的诗歌,而且也很精通音律。

东汉末年,社会秩序非常混乱,中原大地上到处都在打仗。人民在这兵荒马乱的年代中,不仅生活艰难,而且时刻面临着家破人亡的悲惨命运。这种不幸的命运也降临到蔡文姬身上。

有一天,蔡文姬的家被乱军洗劫。由于年轻貌美,蔡文姬没有被杀,而是被乱军劫持着带到了匈奴。蔡文姬被迫嫁给一个匈奴人为妻,并生了两个孩子。蔡文姬在匈奴生活了整整十二年。

在这十二年中,中国北方的战乱已被曹操平息了。曹操和蔡文姬的父亲曾经是朋友。他听说了蔡文姬的悲惨遭遇后,就命人带着重金去往匈奴,将蔡文姬赎出,使她重返故乡。

在回汉朝的路途中,蔡文姬既欢喜又悲伤。她欢喜的是终于能回到久别的故乡了;悲伤的是她不得不与自己的两个孩子永别了。

蔡文姬虽然回到了汉朝,但她心灵所经受的苦难和创伤,又怎么能完全消失呢?于是,蔡文姬就把自己的遭遇写成了一首被称为《胡笳十八拍》的曲子。这是一首非常感人的曲子,至今还依然流传着。

官渡之战

在东汉末年的混战中,曹操是当时最有远见的一个人物。

董卓死后,在各派势力的斗争中,袁绍的势力最大。他先是夺下冀州,后来,又把势力扩张到并州、青州。199年,袁绍消灭公孙瓒,占据幽州,控制了黄河下游以北的广大地区,然后南下攻打许,想和曹操决一胜负。

曹操的势力发展得也很快。192年,曹操在济北诱降黄巾军三十多万,并且编其精锐为"青州兵",这为他以后军力的强盛打下了坚实的基础。曹操控制兖、豫二州之后,又打败陶谦,扩地至东海。为了取得政治上的优势,196年,他带兵把逃亡在外的汉献帝迎接到许,"挟天子以令诸侯"。他非常重视人才,三次发布"唯才是举"的求贤令,招揽了大批文臣武将。他极力发展农业生产,于196年开始屯田,保证了军粮的供应,强兵足食是他统一北方的基础。

197年,曹操消灭了割据江淮的袁术,后又擒捉吕布,势力已扩展到兖州、豫州、徐州、司隶等地。199年,袁绍准备率军南下攻打许,曹操就屯兵官渡(今河南中牟县东北)拒敌。

袁军建土山,造楼橹,用箭俯射曹营,曹军就用霹雳车发石击垮楼橹。袁军又掘地道攻打曹营,曹军就在营内挖长壕抵抗袁军。袁绍总是反对部属分兵进攻许的意见,而曹操却听从谋士坚持危局、出奇制胜的意见,不久派兵偷袭,烧毁了袁军的粮车,逼袁绍分兵护送粮草。

200年，袁军将领淳于琼率领士兵万人护送粮车万余辆，屯于袁军大营北面的乌巢(今河南延津县东南)。袁绍不仅不认可监军沮授增兵守护乌巢的计策，而且又拒绝谋士抄袭曹军后方的建议。之后袁绍的谋士许攸投奔曹操，并献计偷袭乌巢。曹操于是令曹洪、荀攸守营，自己则亲自率领精兵约五千人，使用袁军的旗号，乘夜由小道前去偷袭乌巢。袁绍只派轻骑去救援乌巢，自己则率大军攻打曹营。曹操集中精兵打败淳于琼及其援兵，烧毁粮草，后迅速回师官渡。袁军主力攻打曹营失败，又得知乌巢失守，于是军心动摇，内部分裂。曹军乘势全力出击，大败袁军，并俘、杀七万多人，袁绍只率八百余骑逃脱。袁绍的势力从此被削弱。通过此役，曹操奠定了统一北方的基础。

曹操割发代首

196年，曹操将逃难在洛阳的汉献帝接往许，许便成为东汉的临时都城。这时，曹操实际上掌握了东汉王朝的军政大权。接着，曹操又实行屯田制，很快便解决了军粮问题。

当时，离许不远的南阳有个军阀叫张绣(？—207)，他扬言要攻打许，抢走汉献帝。曹操为了在统一北方的道路上扫清障碍，决定首先征讨张绣。197年，曹操率领大军对张绣发动进攻，两军在淯水(今河南白河)摆开阵势。张绣阴险狡猾，没战几个回合便假装投降曹操，曹操一时看不透张绣的奸计，便信以为真。半夜里，张绣和部下来了个里应外合，偷袭了曹营。曹操被打得措手不及，溃不成军，他的大儿子曹昂战死，大将典韦阵亡，他自己也受了伤。

曹操打了败仗之后，心中闷闷不乐，他认真总结经验教训，认为这一仗完全是败在轻敌和军纪不严上。于是，曹操决定从严整治军纪，重新颁布各种军令、战令，规定军中不论何人都必须严格遵守，违者将受到严厉惩处。

又过了一年，曹操继续出兵讨伐张绣。当时，正值麦子成熟季节，曹操下令："行军途中不得践踏百姓的麦子，违者斩首！"在他的严厉命令下，全军将士行军时都格外小心谨慎。有时,骑兵们须下马步行或绕道而行。曹操更是以身作则,倍加小心,生怕踏坏麦子。

曹操率领着大军朝前进,当行至一块麦地时,突然从地里飞出一只野鸡,这时,曹操的马受了惊吓,又踢又跳,进入了麦地。他连忙收住缰绳,可是,受惊的马还是踏坏了一大片麦子。

曹操看了心疼不已,马上下令:"停止前进!"曹操面对士兵,脸色阴沉,严肃地说:"全军将士们,我的马踏坏了麦子,请按军令处置我吧!"这时,一位大将连忙说:"您是全军之主,怎能受刑罚呢?"其他将士也说:"麦子是因马受惊后被踏坏的,并非您有意如此。"曹操严厉地说:"军令面前,一视同仁,我是全军统帅,怎能不带头执行呢?"他拔出剑来想自杀,这时,全军将士一齐跪下说道:"您是全军主帅,不能自杀呀!"曹操见众将士跪在地上不肯起身,便"唰"的一剑,割下一把头发,扔在地上,以发代首。这时,全军将士才站了起来,他们都很佩服曹操能够执法严明,以身作则。

三顾茅庐

诸葛亮(181—234)出生在琅琊阳都(在今山东沂南县南部),字孔明,三国时期著名的政治家、军事家。他的主要成就是帮助刘备创建和巩固了蜀汉政权。

诸葛亮,其远祖诸葛丰是西汉元帝时的司隶校尉,他父亲做过泰山郡丞。诸葛亮在幼年时便失去父母,与哥哥诸葛瑾、弟弟诸葛均过着艰苦的生活。14岁时,他们投奔了在豫章(治今江西南昌)的叔叔诸葛玄。不久诸葛玄被其他军阀赶走,他便带着全家以及诸葛亮兄弟去投靠刘表。诸葛玄死后,16岁的诸葛亮便和兄弟迁至荆州襄阳城西二十里的隆中山村,他们搭起茅屋,过起了"躬耕陇亩"的隐居生活。

诸葛亮身高八尺,是个魁梧的山东大汉。早年的艰苦生活,使诸葛亮养成了好学的个性,并且他很喜欢关注天下大势。他酷爱读书,好学不倦,但他读书只观"大略",因而涉猎较广,并着重在实务应用上,力求多方面融会贯通,这属于"通才"式的学习。他精通儒、法、道等诸家学说,对天象、地理、土木工程等也有相当深入的研究,可以说是个"杂家"。诸葛亮尤其喜欢读兵书,对军事学有相当深入的研究,常自比管仲、乐毅。他不仅兼备将相之才,而且有着不苟且许身的抱负。

从16岁开始的十年间,诸葛亮一直在家中过着勤耕苦读的生活。虽然只是一介平民,但他却密切关注着天下大势,经常和石广元、徐庶、孟公威、崔州平这些名士纵论天下兴衰。他还经常找当时颇有声望的名士庞德公、司马徽、黄承彦等请教。庞德公称他为"卧龙",即一旦随风跃起,必能驾驭时代风云。诸葛亮也一直在注意寻找能使自己充分发挥才能的明主。

东汉末年,诸侯纷争,天下大乱。曹操"挟天子以令诸侯",对刘备多次采取军事行动。徐庶几次辅佐刘备击败曹兵。曹操把徐庶的母亲作为人质逼徐庶归顺。徐庶无奈,只好辞别刘备,奔赴曹营。临别时,徐庶向刘备推荐了诸葛亮。刘备问徐庶:"诸葛亮的才能与先生相比如何?"

徐庶说:"不能比,我不过是萤火虫的微光,而诸葛亮则如日月的光辉。"

刘备又问:"听说卧龙、凤雏,能得到其中一个人的辅佐,就能安定天下。不知诸葛亮和这两位先生相比较如何?"

徐庶说:"卧龙先生正是诸葛亮,您如能得到他的辅佐,何必为天下不安定而发愁呢?"

刘备立即带领关羽、张飞到南阳隆中(今属湖北襄阳)请诸葛亮出山。他们第一次去扑了个空,诸葛亮不在家。看门的书童说不知道诸葛亮到什么地方去了,也不知他什么时候回来。刘、关、张三人只好回营。

后来有人报告说,诸葛亮回来了。刘备非常高兴,带上关羽、张飞,冒着鹅毛大雪,第二次拜访诸葛亮。结果诸葛亮在他们来到的前一天又出门了。刘备和关羽、张飞第三次来拜访诸葛亮时,正赶上诸葛亮睡午觉。刘备出于诚意和礼貌,不让人惊动他,于是就静静等在门外。张飞发起火,想把诸葛亮叫醒,但被刘备制止住了。诸葛亮醒来后,听书童说刘备来访,便马上换了衣服,请刘备进屋详谈。

刘备向诸葛亮恳切地表明了平定天下、让百姓安居乐业的决心和意愿。诸葛亮深思熟虑后说：

　　曹操打着皇帝的名义号令天下，手下兵多将广，谋士众多，曹操本人又很有军事才能。目前，你没有力量和他争夺地盘，他占着天时；东吴的孙权，凭借长江天险，统治江南，从他父亲孙坚到他这一代，根基牢固，占着地利，也不能和他正面发生冲突。将军可以先攻取荆州，再占领益州，然后以益州为基地谋取三秦，从荆州出兵进攻洛阳，老百姓一定会欢迎你的。做到这些你就占了人和，天下也就平定了。

一番对天下形势的总体分析使刘备更加佩服诸葛亮的智慧。诸葛亮也很欣赏刘备的诚恳，于是同意出山辅佐他。

　　诸葛亮为蜀汉政权的建立作出了巨大贡献。后来刘备称帝，封诸葛亮做了丞相。

孙氏兄弟经营江东

　　当曹操和袁绍在北方激烈争夺的时候，东南方有一股割据势力逐渐壮大起来，这就是占据江东（今长江下游的江南地区）的孙策、孙权（182—252）兄弟。

　　孙策的父亲是长沙太守孙坚，原是袁术的部下。孙坚死后，孙策带兵投靠袁术。袁术看他少年英武，很喜欢他，可并不重用他。孙策曾经想当一个郡太守，袁术没让他做。孙策的舅父吴景原在江东丹阳（治今安徽宣城）当太守，后被扬州刺史刘繇逼走。之后吴景向袁术求救，但是袁术出于自己的顾虑，并不愿意出兵，但又怕暴露自己的无能，于是他便派孙策去江东迎战，并拨给了他一千人马。

　　孙策向南进兵。一路上，有许多人投奔他。到了历阳（治今安徽和县），孙策的兵力已扩充到五六千人。孙策有个从小就很亲密的朋友叫周瑜，他也带了人马来与孙策会合，于是孙策的力量就更加壮大了。

　　孙策作战骁勇，军队纪律严明，得到了百姓的支持。因此，孙策很快就渡过了长江，他不但打败了刘繇的人马，夺回丹阳，而且还攻下了吴郡和会稽郡。这样，江东六个郡的大片土地都被孙策占领了。

孙策占据了江东,还雄心勃勃地想向北发展,但这时出了一件意外的事。

原来,孙策攻下吴郡的时候,杀了那里的太守许贡。于是,许贡的门客决定为主报仇。有一次,趁孙策上山打猎的时候,他们埋伏在树林里,放了一支暗箭,射中了孙策的面颊。

孙策受了重伤,请医生治疗也不见起色,病势越来越重。孙策知道自己不行了,就把部下张昭等人找来嘱咐道:"现在我们这里已经有了人马、地盘,可以跟人家较量一番,希望你们好好辅助我弟弟孙权。"

孙权那时才18岁。他年纪虽然小,但是平时喜欢结交朋友,注重延揽人才,在江东官员中,已经很有声誉。孙策把印绶交给孙权,说:"咱们兄弟俩,要论上阵打仗的本领,你不如我;至于选拔人才,任用贤人,我比不上你,希望你以后好好保住江东这份基业。"说完,就咽了气。

孙权记住哥哥的话,用心搜罗人才。周瑜对孙权说:"我有个好友鲁肃,是个很有见识的人,请他来帮助将军,准没有错。"

孙权派人把鲁肃请来,两个人一见如故。有一次,孙权会见宾客,等别人都走后,单独把鲁肃留下来谈心。

孙权说:"现在汉室衰微,天下扰乱。我想像齐桓公、晋文公一样,来扶助天子建立霸业,您看怎么样?"

鲁肃说:"我仔细研究过天下大势,汉室已经不能再兴盛起来了。曹操的势力已经很强大,也除不了他。我替将军打算,还是保住江东这块地方,等待时机。曹操现在正忙着统一北方,顾不到我们,我们可以趁这个机会,讨伐刘表,占领荆州,然后再来平定天下。这倒像是干汉高祖一样的事业呢!"

孙权重用人才,因此江东这个地方,文臣武将,人才济济,出现了一片兴旺景象。

曹操听到孙权接替孙策的位置后,为了笼络孙权,就以朝廷的名义,封孙权为讨虏将军兼会稽太守。从此以后,孙权便在江东建立了割据政权。

刘备"中策"取益州

自从刘璋(？—219)接了父亲的班,担任益州牧以来,日子不是很好过。先是张鲁不听他这个新任益州牧的号令,他派兵前去平定,却吃了个败仗。接着又传来消息,平定了荆州的曹操正势如破竹地向益州进发,这小小的益州哪里是曹操的对手哇！刘璋本来就不是一个有主意的人,这下更是慌得六神无主。

刘璋有个手下叫张松,他一直看不上刘璋,早就想投靠刘备了,看到这种情况,就想出了一个引刘备进益州,继而里应外合,帮助刘备拿下益州的计谋。张松对刘璋提议说："刘备和您是本家,而刘备又刚刚吃了曹操的败仗,不如把他迎进益州一起对付曹操。"刘璋一听有人可以和自己一起对抗曹操,立刻高兴地派人去迎接刘备。

211年,刘璋亲自出城迎接刘备,一顿好酒、好菜款待之后,又送给刘备一支军队,以及不少的粮草,请他到汉中去征讨张鲁。

刘备带着刘璋送的人马就向张鲁驻地进发了。212年,孙权给刘备送来一封信,信上说曹操为报火烧赤壁的仇,要途经荆州,进攻东吴,希望刘备回防荆州。这可急坏了刘备,这形势让刘备真是进退两难哪——荆州是刘备的后路,荆州如果有什么闪失,刘备就连后路都没了；而此行的目的是益州,眼看收拾了张鲁,益州就能到手,如果现在回防荆州,到手的这只肥羊丢掉又实在是心有不甘。

正当刘备左右为难之际,刘备的谋士庞统对刘备说："主公,目前这种态势,我有上中下三条计策,不知您选择哪条？"刘备精神一振,这样一个困局,居然有三条计策,连忙问："是哪三条计策？"庞统说：

刘璋一方面兵力不足,另一方面现在他对我们也没有防备,如果我们现在马上回袭益州,必能马到成功,这是上策。镇守益州重要关隘涪水关的两位大将一直就不赞成刘璋请您到益州来,我们可以对外宣称要回救荆州,他们听了这个消息,为了能让您马上撤兵,一定会来为您送行。到时候,咱们趁机逮住二人,接收他们的人马,再进攻益州,这是中策。再就是退到白帝城(在今重庆奉节县东白帝山上)去,跟荆州连接起来,形成相互护卫之势,先应对曹操当前的进攻,至于夺取益州,只能是以后再想办法了,这是下策。这就是目前的上中下三条计策,不知您想用哪条?"

刘备闭上眼睛,想了半天,才慢吞吞地说:"刘璋和我是本家,相信我,才请我来共同对付张鲁,我不忍心利用他的信任哪,还是采用中策吧!"决定之后,刘备给刘璋写了一封信,说:"孙权和我是唇亡齿寒的关系,曹操要是灭了孙权,下一个就得收拾我了,我得先回去帮孙权了,您先借给我一万精兵和一万斛(hú)粮食,等我打败了曹操,再来帮您收拾张鲁。"

刘璋接了信一看,心想:刘备不仅不帮我收拾张鲁,还要我提供人马和粮草帮孙权?刘璋很是不高兴,回信只答应给刘备四千兵马,粮草也只给一半。

刘备一看,心想:刘璋不借给我人马粮草,不帮我对付曹操,那我也就不管你了。这时传来消息,和刘备暗中联系的张松被刘璋杀了,于是刘备也就再无顾虑了。他马上派人把驻守涪水关的两员大将请来,随便找了个理由就把他们杀了,夺取了涪水关;接下来带着收编的涪水关人马,一口气夺了刘璋好几个城池。

听说自己请来的救兵现在反而占了自己好几个城池,刘璋彻底慌了神。他立刻派出几员大将去抵挡刘备,结果不是打了败仗,就是干脆投降了。只有雒(luò)县(治今四川广汉北)的将士们不仅死守城池一年,而且还射杀了刘备最重要的谋士庞统。

刘备没了军师,便下了狠心和将士们没日没夜地攻城,最终硬是攻下了雒县。攻下雒县后,刘备马不停蹄地继续进兵益州。刚围攻了益州,刘备就得知两个好消息:一个是诸葛亮带着张飞、赵云和自己会合了,有了诸葛亮这个智囊,自己就有了出谋划策的人;另一个好消息是,"不减吕布之勇"的大将马超也投靠了自己,正赶来帮助自己拿下益州。

刘备马上派出一部分人马去接应马超,叫马超到益州城北驻扎。这样一来,把益州城内的人给吓坏了:刘备一路兵马就够难对付的,现在又来了马超的兵马,两路合起来攻城,怎么能抵挡得住哇?

刘备派人进城去劝刘璋把益州让出来。这时候,益州城里还有三万精兵,粮食也足够吃一年。有的人主张和刘备拼个你死我活,绝不能投降。刘璋想了半天说:"我来益州十几年了,对百姓没作出任何贡献,反倒给他们带来了三年战争,何必再让大伙流血呢?"于是他下令打开城门,迎接刘备。

就这样,刘备取得了益州,做了益州牧,进一步壮大了自己的实力。

过江决策

208年,刘表刚死,其小儿子刘琮(cóng)就投降了曹操。依附刘表的刘备只得离开樊城(今湖北襄阳市樊城区),狼狈不堪地逃到了江陵,要不是赵云大战长坂坡,刘备连儿子阿斗都会失去。祸不单行,刘备到达江陵后,他非常看重的谋士徐庶因为母亲被曹操抓去而不得不跟随曹操。

正在刘备走投无路时,东吴孙权派部下鲁肃过江来共商对付曹操之事。鲁肃是个急性子的人,一见到刘备就急着说:"我们孙将军听说刘荆州病故了,派我来吊丧。我过了江才听说刘琮投降了曹操,不知您有什么打算,准备到哪里去?"

刘备说:"我打算投奔苍梧(治今广西梧州)太守吴巨。"

鲁肃坦率地说:"苍梧太偏远,您为什么不派个可靠的人去见孙将军,共商联合对抗曹操的大事呢?"

刘备和诸葛亮商量了当前形势之后,觉得只能联合东吴孙权,这样才能抵抗曹操。于是,诸葛亮跟随鲁肃过江去东吴共商决策。

江东群臣中出现了主和、主战两种声音,主和派以文臣张昭为代表,主战派以武将鲁肃为代表。文臣们认为曹操兵力雄厚,孙权无力抵抗,不如早早投降,或许可以获得一官半职。武将们主张联合刘备,共同抵御曹操,极力劝谏孙权万万不可投降。

鲁肃引诸葛亮到柴桑县(治今江西九江西南)后,诸葛亮担心孙权联合抗曹的决心不够,便决定采取激将法。诸葛亮还未见到孙权,便先遇到了东吴的一群谋士,这些人并非泛泛之辈,个个都是有学问的人。东吴第一大谋士张昭首先发难,说:"听说刘备三顾茅庐,才把你请出山,以为有了你就如同鱼得了水。如今曹操夺了荆襄这块地,你们现在竟落得个东躲西窜,先生现在有何主意?"

诸葛亮笑笑说:"刘备取荆襄这块地盘倒是容易,只是不忍心夺取同宗的基业,才被曹操捡了便宜。刘备现在屯兵江夏,是另有宏图大计的,等闲之辈哪懂得这些。国家大事,社稷安危,都要有真才实学的人拿出好主意;而口舌之徒,坐而论道,碰上事,却拿不出一个办法来,只能为天下人耻笑。"这一番话,说得张昭哑口无言。之后,东吴的谋士一个接一个地向诸葛亮发难,先后有七人之多,都被诸葛亮反驳得有口难辩。经过此番舌战,鲁肃更加佩服诸葛亮了。

诸葛亮见到孙权,开门见山地说:"将军应该先估量一下自己的实力,若有实力和曹操对抗,就早点跟他断绝来往;没实力,就趁早投降,说不定曹操还能封您个一官半职。您如今表面上服从曹操,心里又摇摆不定,这么下去,大祸就要临头了。"

孙权一听,额上的青筋直绷,他猛地站起来说:"我江东六个郡,十来万将士,岂能白白送给别人!只是刘豫州(刘备)刚刚打了败仗,怎么对付得了曹操?"

诸葛亮见孙权有了决心,就收起笑容,郑重地说:"刘豫州虽然打了败仗,但精兵还有好几万。曹军长途奔袭,已经疲劳不堪,另外北方人不善水战。加之,荆州的百姓刚刚归附曹操,不会和曹操一心。如果将军能跟刘豫州联合起来,一定能打败曹操。"孙权觉得诸葛亮分析得很有道理。

第二天,孙权召集文武官员商讨战事,刚巧曹操派人送了一封信来。信上说曹操率八十万人马等待和孙权一决高下。一听八十万人马,很多人就心生惧意,加上曹操刚刚收编了刘表的水军,东吴怎么能与曹军抗衡啊,与其战败被俘,不如趁早投降。

孙权听着文官们的议论,脸越来越沉,他猛地站起来,到后室去了,鲁肃跟了过去,着急地说:"将军,谁都可以投降,只有您不可以投降,任何人投降都可以获得一官半职,只有您是曹操万万容不下的。"孙权想了一会儿,觉得鲁肃的话非常有道理,于是马上派人把驻扎在鄱阳的周瑜叫来共商大计。

周瑜一到,不等别人开口,就列举了曹操的几个致命失误:第一,现在北方还没完全平定,曹操有后顾之忧;第二,他不用骑兵却用水军,等于弃长取短;第三,眼下正是寒冬腊月,草料缺少;第四,北方的士兵不服水土,日子一长必然生病。听完周瑜的分析,孙权拔出佩剑,"嚓"的一下砍掉了桌子的一个角,高声宣布:"我跟曹操势不两立,有谁再敢说个'降'字,就叫他跟这桌子角一样!"

抵抗曹操的大计就这么定了。孙权封周瑜为大都督,程普为副都督,鲁肃为赞军校尉。三个人率领着三万水军,连夜出发,前去跟刘备会合,以联合抗击曹操。

万事俱备,只欠东风

208年,孙刘联军与曹操的大军在赤壁(今湖北武汉赤矶山)附近隔江对峙,一场恶战即将拉开帷幕。

诸葛亮作为刘备的军事代表,应东吴之邀,参与制订以周瑜(175—210)为总指挥的对曹军的联合作战计划。

战前,交战双方互相派遣间谍刺探军情。曹操派周瑜早年的同学蒋干过江,让他以老同学的身份住在东吴的大营之中,接着又派荆州降将蔡中、蔡和向周瑜诈降。周瑜早已看破曹操的意图,索性将计就计,巧妙地利用蒋干,向曹军传递虚假的军事情报,并使曹操错杀了水军都督蔡瑁、张允。

东吴老将黄盖与周瑜事先定下苦肉计。黄盖建议东吴投降曹操,周瑜故作震怒,将黄盖一顿痛打。黄盖则以此为借口向曹操诈降。曹操听说东吴有人来降,便亲自接见,他先表示怀疑,可是随后接到蔡中和蔡和的密信,证实了黄盖确实被周瑜狠狠地打过,这才信以为真。

周瑜看到黄盖诈降成功,又请住在东吴的奇士"凤雏"庞统继续用计。蒋干过江后,晚上闲得无聊,便四处游逛,"巧遇"庞统。蒋干知道庞统是一代高士,便劝说庞统投奔曹操,将来好做一番大事业。庞统告诉蒋干,他正求之不得,便拿着蒋干的书信过江与曹操相见。曹军中的士兵大多是北方人,不习惯水战,一上船就晕得东倒西歪。庞统给曹操出主意,建议将战船用铁索锁在一起。

曹军的士兵们在连接在一起的战船上操演阵法,与在陆地上一样平稳,曹操见了,称赞庞统的想法高明,但他做梦也没有料到,所有这一切,都是周瑜为火烧曹军而设下的圈套。

当时正值隆冬季节,整天北风呼啸,而将火烧向曹营则必须有东风相助,去哪里唤东风呢?周瑜为此事一筹莫展,坐卧不安,如果没有东风,他之前所做的一切都是徒劳。不得已,周瑜便装起病来,躲在大帐中苦思冥想,谋划破曹大计。大战在即,总指挥却病倒了,这可急坏了东吴大大小小的各级将领,他们心中惴惴不安,唯恐破曹大事付之东流。

诸葛亮见时机已经成熟,便以探病的名义来到周瑜的大帐中。诸葛亮见到周瑜,对他说:"周将军的病,在下能治,将军只要看了我开的药方,就会立即康复!"说完,他在周瑜手心写下"万事俱备,只欠东风"几个字。

周瑜看罢,立刻兴奋地从床上跳了下来,请求诸葛亮帮忙。诸葛亮说:"将军的事就是我的事,我当义不容辞!"

诸葛亮通晓天文,早已测出近日必有东风。周瑜便在刮东风那日,将曹操的大军烧得狼狈逃窜,死伤无数。

英雄关羽

关羽(?—220),字云长,本字长生,河东解县(治今山西临猗县临晋镇东南)人。《三国演义》里描写的关羽是"身长九尺,髯长二尺;面如重枣,唇若涂脂;丹凤眼,卧蚕眉"。大家都知道关羽所用的武器是青龙偃月刀,青龙偃月刀又名冷艳锯,重八十二斤。《三国演义》里提到,关羽因本地豪强倚势凌人,就将其杀死,之后逃难江湖,于184年黄巾起义时逃至涿郡(治今河北涿州),遇到刘备在召集人马,便跟张飞一起追随刘备。刘备、关羽、张飞三人是三国时期有名的异姓兄弟,关羽终日随同刘备,八方征战,不畏艰险。

关羽是三国时期武功数一数二的人物,在《三国演义》中,作者侧重刻画他神威勇武的一面,他先是斩黄巾军将领程远志,后在汜水关前"温酒斩华雄",在虎牢关前战吕布,这些都是《三国演义》里精彩的部分。200年,刘备偷袭徐州,关羽杀死徐州刺史车胄,并驻守下邳,这便是《三国演义》里描写的"关公赚城斩车胄"。同年,曹操东征,击败刘备,关羽被俘。曹操对关羽十分敬重,拜他为偏将军。

200年,袁绍进军黎阳(在今河南浚县东南),派颜良在白马攻打刘延,曹操派关羽、张辽迎击颜良。关羽在万众之中斩杀颜良,取下他的首级回到阵中,袁绍诸将无一人敢阻拦。这一战可以说是历史上关羽的成名战,而在《三国演义》里,关羽早因"斩华雄、战吕布"闻名于诸侯,而"斩颜良、诛文丑"的情节不过是给关羽的勇武锦上添花而已。历史上,关羽在斩颜良后被封为汉寿亭侯,而后离开曹操投奔刘备去了。当然,《三国演义》中添加的"诛文丑""过五关,斩六将"并不是真实的情况。

历史记载关羽曾被流箭射中,因箭头有毒,所以每逢阴雨天,受过伤的骨头便疼痛难忍。关羽接受医生的建议刮骨疗毒,并在动手术时举杯畅饮,谈笑自若。《三国演义》中关于这一段提到的是219年他攻打樊城时中了曹仁弓弩手的毒箭,之后由华佗进行医治。

219年,刘备自立为汉中王,封关羽为前将军,命其攻打曹仁守卫的樊城。曹操派于禁、庞德率领七军援助曹仁,结果在樊城北十里罾(zēng)口川处被关羽水淹七军,于禁投降,庞德被关羽斩杀。自此,关羽威震华夏。曹操曾想避关羽锋芒而从许迁都(樊城是许的最后屏障),后因司马懿、蒋济力阻并建言鼓动孙权袭击关羽后方,曹操才罢休。在此之前,孙权曾派使者到关羽处,希望娶关羽之女为儿媳,关羽不但没有答应,反而侮辱来访的使者,惹得孙权大怒。同时,南郡太守糜芳与公安太守傅士仁,因关羽平时轻视他们而心存忌恨,因此他们不但不尽力供应军需,反而勾结孙权,袭取关羽后路。曹操派大将徐晃到樊城增援曹仁,关羽攻打樊城失利,引军退回时,江陵已被孙权夺取。关羽军队溃散,关羽及其子关平被孙权军队俘虏,最终不屈而死。

纵观关羽一生,他在戎马生涯中历经百战,最后却输在了他的弱点——善待士兵而瞧不起士大夫。

白衣渡江

　　219年,关羽刚刚受封为前将军,他踌躇满志,决定领兵征讨驻扎在樊城的曹军。恰好天公作美,大雨淹了护卫在樊城北面的守军,因而关羽轻而易举就到了樊城城下。

　　得知消息的曹操一方面派人援救樊城,另一方面派人联系孙权,答应只要孙权拿下荆州,断了关羽后路,就可以独占荆州。

　　孙刘联合抗曹取得胜利后,平分了荆州,可孙权总是心有不甘,他想:如果把荆州都夺过来该多好哇!刚巧这时候,当初负责孙刘联盟的鲁肃病死了,接替鲁肃掌管军队的是吕蒙,吕蒙认为关羽高傲自大,野心不小,对东吴早晚是个威胁。他听说曹操派使者来劝说孙权发兵荆州,就对孙权说:"关羽一向瞧不起我们东吴,如果不趁这个机会打败他,我们早晚会吃亏的。"

　　一句"瞧不起东吴"让孙权想起自己为儿子求娶关羽的女儿不成,反被骂"虎女安肯嫁犬子"的事,于是他马上给曹操写了回信,说愿意为朝廷效劳。

　　孙权问吕蒙怎么夺取荆州,吕蒙说:"关羽进兵樊城,一定会在荆州留下足够的人马防范我们。关羽虽然很会用兵,但是他是一个目中无人的人,如果我离开陆口(今湖北嘉鱼县西南),关羽知道我不在,没有了后顾之忧,就会大胆地把兵力调到樊城去。这时候,我们就可以悄悄地偷袭荆州了。"

　　孙权想了想说:"你离开军营,谁来代替你呢?"

　　吕蒙说:"陆逊虽初出茅庐,但有计谋,让他代替我,关羽不会起疑心。"于是,孙权答应了。

　　陆逊代替吕蒙驻军到离荆州很近的陆口,并带信给关羽说:"将军出兵曹操,一定能旗开得胜,我初来乍到,以后还请您多多指教。"关羽见陆逊如此胆小,谅他也没胆偷袭荆州,就放心大胆地从荆州调了一部分人马增援樊城。

　　就在关羽抽调人马增援樊城的时候,吕蒙带着一支穿着白衣乔装成商人的精兵连夜渡江到了关羽的地界。守军对白衣商人一点防备也没有,吕蒙等人很快就进了城,神不知鬼不觉地到了公安城下。公安城守将因为担心自己防守不力会被关羽责骂,于是就出城投降了,并且帮着吕蒙劝降了南郡的守将。

吕蒙进入南郡后,下令谁也不准拿老百姓的东西,违令者一律杀头处置。命令刚下达,就有名士兵拿了老百姓的笠帽。为了稳定南郡民心,虽然这名士兵是吕蒙的同乡,但吕蒙也狠心下令把这名士兵杀了。这么一来,连老百姓丢失在路上的东西,也没人敢拾。吕蒙还亲自到关羽的士兵家里去看望他们的家人,缺穿的送衣,没吃的送粮,有病的送药。南郡军民见吕蒙如此宽厚就都归顺他了。

关羽得到信,觉着有一盆冷水从头顶上泼下来,这才明白自己一时大意,上了吕蒙的当。樊城是打不成了,他只好退兵。关羽派使者去见吕蒙,责备他背信弃义,破坏孙刘联合对付曹操的盟约。吕蒙请关羽的使者到南郡城里走走看看,结果使者一看南郡百姓都归顺吕蒙了,关羽只好放弃了收复南郡的想法。

华佗的故事

华佗是我国古代伟大的医学家和药物学家,字元化,是东汉末年、三国初期沛国谯(今安徽亳州)人。他是一个出类拔萃的民间医生。他对充实和丰富我国古代医学宝库作出了重大贡献。

华佗是我国的外科鼻祖,他发明的"麻沸散"是世界上最早的麻醉药。千百年来,华佗给关公"刮骨疗毒"的故事,更是脍炙人口,口口相传。

华佗医疗经验丰富,断病准确,创造了许多奇迹。华佗在内科方面的诊断技术相当高明。他能够准确地掌握各种病症的规律,通过对病人面目、形色、病状的观察,就可以判断病人的病症,甚至可以预见一个人的生死。他对临死的人的面容观察和描写,更为详尽,共有76条,其中有许多地方同现代诊断十分相近。

华佗还创造性地运用"心理疗法"来治病救人。曾经,有一个郡守得了重病,华佗诊视后,退出病房。然后告诉郡守的儿子说:"你父亲得的病很奇怪。他的肚子里积了很多瘀血,服药根本无效,只有让他大发雷霆,吐出瘀血,病才会好。"

郡守儿子着急地说:"怎么才能让他大发雷霆呢?"

华佗说:"请把你父亲的缺点告诉我,我给他写封信,大骂他一顿,他一生气,就会将瘀血吐出来。"

郡守看了华佗写给他的信,果然动怒了。他气愤地说:"华佗简直是在侮辱我的人格!"说着,他立刻吐了许多黑血,不久,病就痊愈了。

华佗治病,不墨守成规,而是根据病人的不同情况,进行治疗。曹操患头风病,久治无效,后经华佗针灸就不痛了。兒寻和李延两人,也都患头痛发热。华佗给兒寻吃泻药,给李延吃发汗药,结果都治好了。别人问他这是什么道理。华佗回答说:"兒寻是伤食,李延是外感,所以治法不一样。"

华佗非常重视体育锻炼对人体健康的作用。他创造了一种叫作"五禽戏"的体育运动。这种体育运动就是模仿虎、鹿、熊、猿、鸟五种禽兽运动姿态的体操。模仿这五种动物姿态,可以使周身关节、脊背、腰部、四肢都得到舒展,得到活动。体质衰弱的人练了五禽戏,可以使体魄健壮起来;患病的人练了五禽戏,可以加速康复的进程;年迈的人练了五禽戏,可以容颜焕发,精力旺盛。华佗的弟子吴普,由于几十年坚持做五禽戏,九十多岁时,仍然步履轻捷,耳聪目明。

煮豆燃萁

220年,曹操病重不治身亡。王后卞氏有四个儿子:曹丕、曹彰、曹植、曹熊。曹熊早死,其他三个儿子就展开了对王位的争夺。

其中,曹植(192—232)最有才华,早年最得曹操喜爱。曹操多次想立曹植为王太子,但因大臣非议曹植不是长子,于是这件事就被搁下了。曹植是一个做事不拘礼法,不在意细节的人,因此也渐渐失去了曹操的欢心。

相比之下,曹丕(187—226)比曹植更加成熟稳重,并且他也很有才气,和曹操、曹植在文坛上并称为"三曹"。曹丕不像曹植那么大大咧咧,他严格遵循礼法制度,做事尽职尽责,因而很受王宫内外的人欢迎。

有一次,曹操出外去打仗。曹丕他们兄弟几个都来送行。曹植出口成章,说了好多歌功颂德的话,曹操听了很高兴。曹丕也想讨曹操的欢心,但一时想不起合适的词,正着急的时候,一个心腹凑在他耳边说:"您流着眼泪给父亲送行!"

这一句话提醒了曹丕,他走到曹操的面前,一句话也不说,而是流着眼泪连着拜了几拜,曹操看了很是感动。大臣们也悄悄议论,说曹丕才是真心担心父亲的人,不像曹植只会说些好听的话。这事过了不久,曹操就决定了,立曹丕为王太子。

曹彰和他哥哥、弟弟都不一样,他孔武有力,不喜欢读书。一次曹操问曹彰以后想干什么,他回答:"打仗,身穿铠甲,手拿兵器,带领士兵冲锋陷阵。"曹操很喜欢他的豪爽,可又担心他有勇无谋,故不敢重用,只让他驻守长安。

办完曹操的丧事,曹丕继承了王位,成为新的魏王。曹丕掌了大权后,马上下令让曹植、曹彰回自己的封地,并派人密切监视二人的一举一动。不久,有人报告说,曹植醉酒后大骂曹丕派去的使者。因此,曹丕决定立刻趁机打压曹植,曹丕对曹植说:"你傲慢犯上,本应治罪,但念我和你是同胞兄弟,给你一次机会,我限你在七步之内,作出一首诗。作得出来就罢;作不出来,决不宽容!"

曹植早就知道曹丕看不惯自己,对曹丕的用意也是了如指掌,于是曹植刚走了两三步,就随口念出一首诗来:

煮豆燃豆萁,豆在釜中泣。

本是同根生,相煎何太急!

曹丕被说破了心事,脸上红一阵白一阵,半天说不出一句话。过了几天,他下命令说:"曹植和我是同胞兄弟,虽然他傲慢犯上,但我应该对他宽容。"最后只是将曹植贬为了安乡侯。

陆逊火烧连营

221年，刘备以汉室后代的身份，继承了当时外界传说已被曹丕杀害了的汉献帝的皇位，在成都正式登基，他就是汉昭烈帝。因为他统治的地区在蜀（在今四川东部、重庆以及云南、贵州北部和陕西汉中一带），历史上称为蜀汉，称刘备为蜀汉先主。

刘备称帝之后，还念念不忘为关羽报仇。出于大局考虑，文武百官不赞成刘备和孙权对抗，认为应该继续和孙权联盟，趁曹丕立足未稳，北上讨伐曹丕。偏巧此时，有消息传来说镇守阆中的张飞又被人杀了，连头都被带到东吴去了。这是怎么回事呢？原来是因为张飞脾气一贯暴躁，经常打骂手下将士，他听说刘备要出兵为关羽报仇，于是多喝了点酒，就又对手下大肆打骂。结果手下两员大将一怒之下，趁着张飞睡觉的机会，砍下了张飞的头，连夜投奔了东吴。

关羽被孙权杀了，如今，张飞的头颅也被带到了东吴，这下谁也阻止不了刘备东征的决心了。他下令马上发兵，憋着一口气，一路打过去，没几天时间，就攻下了东吴的好几座城。

孙权见刘备来势汹汹，心里也有点害怕，就派人向刘备求和。刘备哪里听得进去，一口拒绝了孙权的求和要求。这可急坏了孙权，求和不行，只能接招了，但万一魏国从北边再打过来，两面夹攻，东吴就更承受不了了！想来想去，孙权觉得只能先向曹魏俯首称臣，稳定住北方，才能全力应对刘备。曹丕刚称帝不久，认为重心在于整顿曹魏内部，他乐见孙刘两家争斗，于是马上下诏书封孙权为吴王。

孙权安抚住北边后，就开始全力迎战刘备了。孙权听从大臣阚(kàn)泽的建议，任命陆逊(183—245)为大都督，总领各路军马，迎击刘备。

双方在夷陵（治今湖北宜昌东南）展开了交战。

陆逊是个文弱书生，年纪又轻，孙权怕他手下的将领不服，就解下身上的佩剑授予陆逊，并对他说："如有不听号令的，可先斩后奏。"

陆逊领命而去，率军出发，水陆并进。

交战初期，刘备采取了诱敌深入，进而围歼的策略。刘备先派小股部队到军前叫阵，然后将大部队埋伏在山谷两侧，吴军只要出战，被引入山谷后，就能被一举歼灭。可惜，东吴都督陆逊识破了刘备的用意，不管刘备的士兵在阵前如何叫骂，东吴就是不出战。

于是刘备率领蜀军，经过几个月的行军，攻占了东吴五六百里地，而后继续沿着长江南岸，翻山越岭，到达了湖北宜昌东南的猇亭。蜀军沿途扎下了四十多个营寨，全长达七百里，白天旌旗蔽日，夜晚火光耀天，声势十分浩大。

东吴将士看着刘备步步紧逼，百般挑衅，完全不把东吴放在眼里，一个个都气得摩拳擦掌，要求立即出阵，与蜀军决一死战。但大都督陆逊坚决制止了他们，不许他们轻举妄动。

陆逊麾下的将领们对吴王重用一个青年书生做大都督，本来就不服气，现在见他不出战更是不满意，他们认为陆逊胆小怕死，于是在背地里议论纷纷。陆逊只当没听见，一直按兵不动。这样，双方相持了将近半年。

经过半年的观察，陆逊心中的作战计划已经渐渐成熟。一天，他召集大小将领开会，对他们说：

> 自从与蜀军对阵以来，我们还未开过战，只因当初刘备带兵东进，连胜数十仗，锐气正盛，我们要避一避风头。现在日子久了，蜀兵已经开始懈怠，放松了警惕。对于蜀军的一举一动，我已经了解得很清楚了。他们扎营四十余个，各处均用木栅相连，最宜用火攻。只等东南风刮起，我们便兵分三路，一路从水中进兵，用船装载茅草；一路进攻北岸；一路进攻南岸。每人手执茅草一把，内藏硫黄，带上火种。到了蜀营，顺风放火，争取活捉刘备。

众将领听了陆逊的这番话，不由得心中暗暗佩服，于是各路人马都去准备，士气高涨。

当晚，东南风越刮越猛，陆逊见时机已到，命两路人马冲进蜀营，点燃火把，引着木栅。当时风大，木栅一点便着，刹那间，蜀军的连营成了巨大的火龙，熊熊火焰把长江两岸照耀得如同白昼。蜀军争相出逃，溃不成军，根本无法组织起有效的抵抗。刘备急忙上马，东窜西突，一直逃到湖北宜昌附近的马鞍山上才落下脚。

陆逊发觉刘备逃到了马鞍山，便立即命令士兵围着马鞍山发起猛烈进攻。

刘备见这里不是久留之地,就由关兴、张苞一前一后保护着突围。吴兵见刘备逃走,都想争功,他们都争着向刘备追来。正当危急关头,大将赵云杀入敌阵前来救驾,把吴军杀得人仰马翻。陆逊听说赵云到此,便急令退兵。刘备带着百余人马退入白帝城。

刘备苦心经营的东征,以全军覆没而告终。刘备感到没有脸面再回成都去见群臣,于是就驻扎在白帝城,改馆驿为永安宫。他每日思念死去的将士,渐渐染病不起。

白帝城刘备托孤

白帝城位于今重庆奉节东白帝山上。这里古称鱼复,西汉末年,公孙述据蜀,他假托"有龙出其府殿中",在25年自称白帝(因其"色尚白"),改鱼复为白帝城。

219年,东吴将领吕蒙攻入江陵,关羽退守麦城(今湖北当阳东南),后被吴将潘璋的部将追获并斩首。221年,刘备率兵讨伐东吴,张飞带兵从阆中下江州,临行时,被帐下将领张达、范彊杀死。张、范二人带着张飞的首级投奔孙权。第二年,刘备继续亲率大军攻吴,蜀军进入夷陵地区,在巫峡、建平至夷陵一带结七百里连营。东吴大都督陆逊采用火攻,杀得蜀军大败,刘备逃入白帝城。

223年,刘备病重,命丞相诸葛亮辅佐太子刘禅(207—271,小名阿斗),并对诸葛亮说:"你的才能十倍于曹丕,一定能安国家,定大事。如果我的儿子刘禅行,你就辅佐他;如果不行,你就废了他自己当皇帝吧!"诸葛亮流着泪说:"臣下哪里敢不尽心竭力,臣一定效忠太子,鞠躬尽瘁,死而后已!"

刘备又给太子下诏说:"人活到50岁就不算早亡,我今年已60余岁,没什么遗憾,只是挂念你们兄弟。你们一定要努力呀!勿以恶小而为之,勿以善小而不为!只有贤德的人,才可以服人。你父德薄,不足效法。你与丞相处事,要待之如父。"这年4月,刘备在白帝城去世。这就是"白帝托孤"。

刘备去世后,刘禅登基,史称蜀汉后主。

诸葛亮七擒孟获

刘禅即位后,朝廷上的事不论大小,都由诸葛亮来决定。诸葛亮兢兢业业地治理着蜀汉,想使蜀汉兴盛起来。可没料到南中地区(今四川大渡河以南和云南、贵州一带)的几个郡倒先闹了起来。

益州郡有个豪强叫雍闿,他听说刘备死去,就杀死了益州太守,背叛了蜀汉。他一面投靠东吴,一面又拉拢了南中地区一个叫孟获(生卒年不详)的少数民族首领,叫孟获去联络西南一些部族联合起来反抗蜀汉。

当时蜀汉刚遭到猇亭大败和先主死亡的变故,顾不上出兵。诸葛亮一边派人和东吴重新讲和,先稳住这一头;另一边则奖励生产,兴修水利,积蓄粮食,训练兵马。过了两年,局面稳定了,诸葛亮决定发兵南征。

225年春,诸葛亮率领大军出发。参军马谡送诸葛亮出城,一直送了几十里地。临别的时候,诸葛亮握住马谡的手,诚恳地说:"我们相处好几年了。今天临别,您有什么好主意告诉我吗?"

马谡说:"南中的人依仗地形险要,离都城又远,早就不服管了。即使我们用大军把他们征服了,他们以后还是要闹事的。我听说用兵的办法,主要在于攻心,攻城是次要的。丞相这次南征,一定要叫南人心服,才能够一劳永逸。"

马谡的话正合诸葛亮的心意。

诸葛亮率领蜀军向南进军,节节胜利。大军还在半路上,越嶲(治今四川西昌东南。嶲,音 xī)叛将首领高定和雍闿就已经开战了。高定的部下杀了雍闿。蜀军打进越嶲后,又把高定杀了。

诸葛亮派李恢、马忠两员大将分两路进攻。不久,李恢、马忠就打败了其他的叛军。这样,四个郡的叛乱很快就被平定了。

但是事情还没有结束。孟获收拢了雍闿的散兵,继续反抗。诸葛亮一打听,知道孟获不仅打仗骁勇,而且在南中地区各族群众中也很有威望。

诸葛亮想起临别时马谡的话,便下决心要把孟获争取过来。因此,他下了一道命令:只许活捉孟获,不能伤他性命。

诸葛亮善于用计谋,在蜀军和孟获的军队交锋时,蜀军故意败退下来。孟获仗着己方人多,一直追了过去,很快就中了蜀兵的埋伏。南兵被打得四处逃散,孟获本人也被活捉了。

孟获被押到大营,心里想,这回一定没有活路了。没想到进了大营,诸葛亮立刻叫人给他松了绑,好言好语劝说他归降。但是孟获不服气,说:"我自己不小心,中了你的计,怎么能叫人心服?"

诸葛亮也不勉强他,陪着他一起骑着马在大营外兜了一圈,想让他看看蜀军的营垒和阵容,然后又问孟获:"您看我们的人马怎么样?"

孟获傲慢地说:"以前我没弄清楚你们的虚实,所以败了。今天承蒙您给我看了你们的阵势,我看也不过如此。像这样的阵势,要打赢你们也不难。"

诸葛亮爽朗地笑了起来,说:"既然这样,您就回去好好准备一下再打吧!"

孟获被释放以后,逃回自己的部落,重整旗鼓,之后又一次进攻蜀军。但是他本是一个有勇无谋的人,哪里是诸葛亮的对手,于是第二次又被活捉了。

诸葛亮仍然劝他归降,见孟获还是不服,于是又放了他。

像这样,诸葛亮又放又捉,一次又一次,一直把孟获捉了七次。

到孟获第七次被捉的时候,诸葛亮还要再放了他,但孟获却不愿意走了。他流着眼泪说:"丞相七擒七纵,待我可说是仁至义尽了,我打心底里敬服您。从今以后,我不敢再反了。"

孟获回去以后,说服各部落全部投降,南中地区重新归蜀汉控制。

诸葛亮平定南中后,命令孟获和各部落的首领照旧管理他们原来的地区。有人对诸葛亮说:"我们好不容易征服了南中,为什么不派官吏去,反倒仍旧让这些头领管呢?"

诸葛亮说:"我们派官吏去,没有好处,只有不方便。因为派官吏,就得留兵。留下大批兵士,一旦粮食接济不上,叫他们吃什么?再说,刚刚打过仗,难免死伤了一些人,如果我们留下官吏统治,一定会发生祸患。现在我们不派官吏,既不用留军队,又不用运军粮,让各部落自我管理,大家相安无事,岂不更好?"

大家听了诸葛亮这番话,都钦佩他想得周到。

诸葛亮率领大军回到成都。后主和大臣们都到郊外迎接，大家都为平定南中而感到高兴。

从那以后，诸葛亮一面积蓄财富，一面训练人马，一心一意准备大举北伐。

诸葛亮自贬三级

诸葛亮给后主刘禅呈上《出师表》，交代了朝廷内外的事情后，便挥师北上。诸葛亮先是放出风，说要从东面出山，向北攻打鄌城（今陕西眉县），以吸引魏军的注意力。魏军没想到诸葛亮来了一招声东击西，攻打了西边的祁山。防守祁山的魏军完全没有准备，不堪一击，于是蜀军轻而易举得了祁山。没费多大力气，蜀军又拿下天水、南安、安定三个郡。

曹丕得知天水被占，便派大将张郃带领五万人马前去援救天水。诸葛亮研究地形后，断定张郃从西边来，必经交通要塞街亭，只要守住街亭，就一定可以打败张郃。经过深思熟虑，诸葛亮派马谡（190—228）带着两万多人马守卫街亭。临走的时候，诸葛亮嘱咐他："到了街亭一定要在通道上安营扎寨，街亭是通向汉中的要道，务必把张郃挡住。"马谡应允后，带着人马立刻赶往街亭，不放心的诸葛亮又让魏延在其后面接应。

马谡到了街亭，查看地形后，执意要军队驻扎在山上，准备等张郃从山下经过时，从高处冲下来杀掉他们。副将王平以诸葛亮的嘱咐劝阻他，但是没有效果，最后二人决定分开驻扎。王平领着一千人在离山头十里远的地方扎营，马谡率两万人马到山上驻扎。

很快张郃就来了，正如诸葛亮料想的一样，张郃直奔街亭来了。张郃听说蜀军把大营扎在了山头上，就立刻下令围住了山头，断了蜀军山上的水。

被围困的马谡带领士兵分头往山下冲，可魏军的箭密密麻麻地往上飞，蜀军中冲下山去的那些人，不是被抓，就是被杀。见此情形，马谡彻底失去了主意，两万多的蜀军如一盘散沙，被魏军一击就溃败了，最后只剩下几千人。

驻扎在山下的王平因寡不敌众,便没有正面和张郃交战,而是让士兵在营里把战鼓敲得震天响,以此达到虚张声势的效果,结果吓跑了魏军。

驻扎在西县的诸葛亮听说街亭失守,悔不该让马谡守街亭。街亭已丢,蜀军再无地理优势可阻挡张郃的大军了。蜀军的实力根本不足以和魏军抗衡,只能撤回汉中,放弃北上的打算。

没多久就有消息传来,蜀军之前攻下的天水、南安、安定三个郡又被魏军夺了回去。诸葛亮又急又气,错用马谡,竟误了北伐的大事。

马谡兵败后,畏罪潜逃,后被缉拿归案。诸葛亮怒气冲冲地责问马谡为什么不听安排,违反军令,致使街亭失守。马谡无言以对,于是被关进了监狱,处以极刑。然而,还未及行刑,马谡就死在了狱里。

诸葛亮听说马谡已死,伤心不已,他回想先帝刘备白帝城托孤时就说过马谡不堪大用,自己却识人不明,不仅耽误了北伐大业,而且还死伤数万士兵,最终也害了马谡。如此一想,街亭失守,完全是自己的责任。于是,诸葛亮马上给后主写了一封奏章,自请降官三级。

刘禅接到奏章后和费祎商量,费祎认为应答应诸葛亮的请求,因为让诸葛亮降官三级,蜀国赏罚就分明了,只有纪律严明的军队才能打胜仗。于是,刘禅下旨,将诸葛亮从丞相降为右将军,但诸葛亮仍执掌丞相的职权。

诸葛亮病死五丈原

诸葛亮是一个卓越的军事家,取荆州、入巴蜀、争汉中等战役,都打得相当漂亮,连他的对手都不得不叹服。但他并非像传说中的那样用兵如神,百战百胜,他发起的五次北伐,最后都失败了。

诸葛亮总结了前几次北伐失败的教训,有一条就是蜀道难行,粮草供应跟不上。这位有着"巧思"名声的丞相,在军事上不仅善于改良阵法(如布列在巴山蜀水和关陇之地的"八阵图"),还善于在军械方面搞技术革新(如军中常用的

"诸葛行锅""诸葛铜鼓""孔明灯"以及能同时发射十箭的连弩)。他设计制造了"木牛""流马"(适合在崎岖的蜀道上使用)这两种有利于山地运输的交通工具。后来小说家把"木牛""流马"描述成不用人力就可以运转如飞的神奇之物,那就夸大其词了。其实,"木牛"是一种有前辕的小车,而"流马"则是一种小巧的独轮车。

234年,诸葛亮在做了充分准备之后,便出兵十万攻魏。蜀军到了渭水南岸的五丈原后,诸葛亮一方面构筑营垒,一方面屯田耕作,做好了长期对峙的打算。与此同时,东吴孙权被诸葛亮派去的使者说动,也分兵三路对魏发起了猛烈进攻。

那时,魏文帝曹丕已经病死,继位的魏明帝亲自带兵与东吴交战,同时又派司马懿在五丈原防守蜀军。魏明帝对司马懿交代了四个字:"只守不战。"

司马懿牢牢守住营垒,任凭蜀军怎样挑衅,就是不应战。诸葛亮千方百计想激怒司马懿,派人给他送去一套妇女服装,嘲讽他像女人一样胆小。不料司马懿一笑了之,因为他知道这是诸葛亮的激将法。

面对蜀军一次次的挑衅和嘲弄,虽然司马懿很能沉得住气,但魏军上下却耐不住了,大家纷纷要求和蜀军拼个你死我活。司马懿便对部下说:"你们不要性急,我立刻上奏皇上,请求他批准我们跟蜀军决战。"

奏章呈上去后,等了一段日子,魏明帝派来一个大臣宣布命令,归根结底一句话:"不许出战!"

这命令传达后,魏军将士感觉很没劲,蜀军将士听到这消息更加失望。还是诸葛亮一眼看透了司马懿的用意,分析道:"司马懿上个奏章要求出战,是演戏给部下看。试想,大将统率兵马在外,有必要千里迢迢地去向皇上请战吗?"

不管怎么样,诸葛亮还是照旧派部下到魏营去下战书。司马懿每次都很客气地接待使者,借机不露声色地了解诸葛亮及蜀军的一些情况。当他听说诸葛亮每天忙于公事,胃口不太好后,就对手下几个将领说:"你们想想,诸葛亮日理万机,却吃得很少,这样身体能撑多久,不累垮才怪呢!"

结果真像司马懿所预料的那样,诸葛亮由于操劳过度病倒了。

消息传到后主刘禅那里,他连忙派大臣李福到五丈原去慰问。

回去后,李福向刘禅汇报说:"丞相病情十分严重,陛下该考虑由谁来接替丞相了。"

刘禅焦虑地说:"我怎么知道谁能接替丞相呢?还是由你再去一次五丈原,请丞相自己推荐接班人吧!"

李福再一次到了五丈原,诸葛亮已经知道了他的来意,就对他说:"请你告诉皇上,将来可由蒋琬接替我;蒋琬之后,可由费祎继任。"

过了几天,诸葛亮就在五丈原的军营中去世了,年仅53岁。

按照诸葛亮生前的安排,蜀军没有透露他逝世的消息,而是把他的尸体裹起来放在车里,有条不紊地开始撤退。

但诸葛亮去世的风声还是走漏了,司马懿知道后,马上率领魏军追了上来,赶到五丈原后,蜀军突然向后转,后队改为前队,直向魏军杀来。司马懿大吃一惊,赶紧下令撤退。

蜀军没什么伤亡,安全撤离了五丈原。

不久,诸葛亮的遗体被安葬于定军山(在今陕西勉县南)。虽然他想由蜀统一天下的愿望没有实现,但他的智慧和"鞠躬尽瘁,死而后已"的品格,却永远为后人所敬仰。

司马懿装病篡权

诸葛亮去世后的几年,蜀汉不敢再贸然北伐。魏国的势力虽然越来越强大,但朝廷内部争权夺利的斗争却也越来越激烈。

魏国大将司马懿(179—251),出身于士族,在曹操执掌政权时出来做官。他既是个难得的将才,同时又善于玩弄权术,在魏文帝曹丕当政时受到重用,地位便逐渐显赫起来。

魏明帝曹叡在位时,他多次带兵出征,立下了赫赫战功;他曾以坚守的战法,使诸葛亮率领的蜀军无功而返;此后他又率兵成功地平定了公孙渊的叛乱,从此他在政治和军事上的威望迅速提高,威震魏国。魏明帝临终时,把年仅7岁的太子曹芳(即位后称魏少帝)托付给大将军曹爽和司马懿,嘱咐他们共同辅政。

从能力、资历上来讲,曹爽比司马懿差多了,但是身为皇族大臣,他容不得异姓的司马氏分享权力,他要独揽大权。

曹爽以魏少帝曹芳的名义将司马懿提升为太傅,用这种明升暗降的手段剥夺了司马懿手中的兵权,把他架空了。

曾经声名显赫的司马懿如今落到大权旁落、有名无实的地步,心中自然不是滋味,他对曹爽恨得咬牙切齿。但是,老谋深算的他清楚地知道,曹爽现在的势力很强大,自己一时斗不过他,只能暂时忍下这口气,以后有机会了再把大权夺回来。

于是,司马懿借口年老多病,不再上朝。曹爽当然十分高兴,可是他对司马懿还是有些不放心,于是就派他的亲信李胜借出任荆州刺史向司马懿辞行的名义,探探虚实。

司马懿何等老奸巨猾,一听说李胜来辞行,就猜出了他的来意,他立刻想好了对策。李胜走进司马懿的卧室时,只见司马懿早已没了先前率兵出征的豪气,一副病病歪歪的样子。躺在床上的司马懿一见到李胜,就要披衣坐起,但不知怎的,他的手抖得厉害,衣服非但没穿上,反而滑落到了地上,最后还是由两名侍女帮忙才穿好。

李胜看到这番情景,心中既暗暗高兴,又觉得司马懿非常可怜,他说:"我听说您旧病复发,但没想到病得这么厉害!我就要去荆州上任了,今天特地来向您辞行。"

司马懿张口想说话,不料一口气接不上来,张大嘴喘了半天才缓过劲来,说道:"并州在北方,离胡人很近,你自己要多加小心,严加防备。我这条老命已经快不行了,怕是再也见不到你了。我的两个儿子司马师(208—255)、司马昭(211—265)还请你多费心照顾。"

李胜说:"我去的是荆州,不是并州。"

司马懿说:"是呀,是呀,你说你刚从并州回来吗?"

李胜听了觉得好笑,又重复回答了一遍。

司马懿似乎清醒了些,说:"我上了年纪,耳朵又背,都快成老糊涂了,难怪别人说些什么都听不懂。"

这时,侍女端来了粥,司马懿并没有用手接,而是让侍女喂。他一边吃,粥一边沿着嘴角淌下来,沾满了前胸,他就像个三岁小孩一样。

李胜回去后,把他看到的和听到的都原原本本向曹爽做了汇报。曹爽听得满心欢喜,笑得合不拢嘴,拍手说道:"好!看样子这个老家伙快要不行了,我再也不用担心什么了。"从此,曹爽放松了对司马懿的警惕。

没多久,魏少帝曹芳去洛阳城外拜谒魏明帝的陵寝——高平陵,曹爽等大臣一同陪着曹芳前呼后拥地出了城。

谁知他们前脚刚出城,司马懿后脚就下了床,他亲自披挂上阵,带着两个儿子和从前的部下迅速占领了曹氏兵营。接着,司马懿进入宫中,一一细数了曹爽的罪名,威逼太后废黜曹爽。太后没有办法,只得照他的话去做了。司马懿又带兵占领了武器库。

曹爽正在郊外玩得不亦乐乎,忽然听手下报来消息,如同晴天霹雳,他一下子惊呆了,半天回不过神来。这时,手下劝他挟持魏少帝到许,重整兵马,与司马懿对抗。但曹爽犹豫了半天,还是不敢这么做,最后他只得接受司马懿提出的条件,交出了兵权。

回到城中,曹爽才明白自己大势已去。没多久,司马懿就以篡逆的罪名,诛杀了曹爽一家以及曹爽的党羽,独揽了朝中大权。

从此,魏国的政权基本上落到了司马氏手里。两年后,司马懿去世,他的职位由其子司马师接替。

司马昭之心,路人皆知

三国后期,魏国的大权被司马氏掌握。魏少帝曹芳即位后,司马懿和曹爽一起辅政,后来,司马懿杀掉曹爽,独掌大权。过了两年,司马懿死了,他的儿子司马师继任大将军的职位,大权落在司马师和司马昭兄弟二人手中。后来,司马师又废掉少帝曹芳,改立曹髦为帝。司马师死后,司马昭当了大将军,大权还是掌握在司马氏的手里。

司马昭为人阴险狡诈，权欲极重。曹髦身为皇帝，却没有什么权势，他早就知道司马昭有篡夺帝位的野心，心里是既愤怒又害怕，觉得这样的日子实在不能忍受下去了，就召集了尚书王经等三个大臣商量对策。曹髦说："司马昭的野心，连过路的人都已经知道了，我不能坐着等他来收拾我，今天我要与你们一起去讨伐他。"

大臣们都知道司马昭的势力太强大，要跟司马昭作对，等于是拿鸡蛋去碰石头，于是就劝曹髦忍耐。

曹髦哪里忍受得了，他从怀里掏出一张预先写好的诏书，说："我已下了决心，就是死也要去拼一下！"曹髦带领宫中侍卫等三百多人，向司马昭的府邸进发，曹髦自己拿着宝剑站在车上指挥。在路上，他们遇到了司马昭的亲信贾充。贾充带领了几千名卫兵拦住了曹髦等人的去路，双方就打了起来。贾充命令手下杀死了曹髦，然后向司马昭报告去了。

之后，司马昭又立曹奂为皇帝。从此，魏国的大权便牢牢掌握在司马昭的手里了。

阮籍纵酒保身

阮籍（210—263），字嗣宗，陈留尉氏（今河南开封）人。他文采卓越，年轻的时候，就显示出不俗的政治才干。

阮籍的父亲叫阮瑀，是在曹操和曹丕时代很有影响的"建安七子"之一。阮籍在父亲的教导下，从小就读了许多书，他有时候关起门来读书，一读就是几个月不出门。阮籍喜欢老子和庄子的学说，喜欢游山玩水。他精通音律，特别贪酒，经常一醉就是几十天不醒。别人都说他痴，实际上他是不愿意与司马氏合作，但又没能力公开反对，便借这种消极的办法进行对抗。

当年，司马昭主持魏国的国家大事，想利用阮籍在上层社会中的影响来巩固自己的地位，便派人去向阮籍求亲，要阮籍把女儿嫁给自己的儿子司马炎。可阮籍不愿意，他不想和司马家族攀亲，但又不能公开拒绝，便整天喝酒喝得一塌糊涂。媒人去提亲，跑了一趟又一趟，每次都会看到阮籍喝醉了酒而呼呼大睡。司马昭事情又多，便把结亲这件事丢下了。

阮籍不愿与司马氏合作的态度，不光表现在成天喝酒上，在做官问题上也是忽而合作，忽而又不合作。早在司马懿当太傅，曹爽当大将军把握朝政的时候，曹爽请阮籍出来做官，阮籍就借口有病不干。不久，司马懿杀了曹爽，之后聘请阮籍出来当从事中郎，这一下使阮籍的名声大增。司马昭当晋公时，阮籍也挂名做了个不大不小的官。

有一次，阮籍对司马昭说："我曾去过东平，那里的风土人情很好，您让我去那做官吧。"司马昭很高兴，任命他为东平相。阮籍骑着驴子上任去了。到了东平府，他把围墙拆掉，把大门打掉，让府衙内外直通。他还废除了许多繁杂的法令，把东平郡治理得秩序井然，但是只做了十几天的官就回来了。

阮籍好酒是出了名的，他听说步兵营的一位厨师很会酿酒并且存着三百多斛酒，便要求去步兵营当官。于是，他被任命为步兵校尉。喝完了步兵营的存酒，他就又不干了。喝酒使他终日昏昏沉沉的，但也因此救了他的命。司马昭有一个谋士叫何曾，他知道阮籍瞧不惯司马氏当权，于是建议杀了阮籍，可司马昭对阮籍一直抱着容忍的态度。

阮籍还喜欢发表一些看起来奇怪但实际上很有道理的议论。有一次，阮籍参加一个酒会，大家在谈论某个地方的一个人杀死了自己的母亲，阮籍说："唉！杀父亲还差不多，怎么能杀母亲呢！"出席宴会的都是上层社会中有身份的人，都讲究礼法，见阮籍发出这种议论，都感到奇怪，责怪他不该胡说。阮籍又不慌不忙地说："小鸡、小鸭、小猪、小狗这些禽兽只知道有母亲而不知道有父亲，杀父亲的人就和这些禽兽一样，而杀母亲的却连这些禽兽都不如了！"这话说出来，大家又纷纷佩服阮籍的见识。

实际上，阮籍的内心很不平静，他对是非的判断有一定标准，他自己成天喝酒喝得烂醉，当他儿子也学他的样子成天喝酒时，他又制止儿子，不让儿子喝酒。他还写过一篇著名的文章，叫《大人先生传》，文章说："社会上一些自认为品德高尚、行为规矩的'君子'，成天小心谨慎地说话、做事，自以为很安全，这就像虱子处在裤缝里一样,成天不出裤缝中,自认为又有吃又有喝就很安全,可一旦裤子被火烧着,虱子能逃到哪里去?我们这些文人名士们处在这个社会上,就像虱子住在裤缝里一样!"这种比喻虽然滑稽,但是准确地表达了阮籍对当时社会的认识。

263年冬,阮籍"善终"。在中国古代文学史上,阮籍是个很了不起的文学家,他的代表作是《咏怀诗》八十几篇,均为五言古体诗,大都是写景抒情,表达自己对现实生活的观点和感情的作品,诗中流露出阮籍对社会爱憎分明的认识。阮籍死后,后人把他的作品编成一本集子,叫《阮步兵集》。

才高不谨的嵇康

嵇康(224—263),字叔夜,谯郡铚(今安徽濉溪县西南)人。其实,他家原来姓奚,是会稽(今浙江绍兴)人。后因躲避仇人,迁到谯郡,改姓嵇。他学识渊博,是当时不可多得的文学家、思想家和音乐家。

嵇康和阮籍是同一时代的人,在社会上的名气也和阮籍一样大,和他俩齐名的还有山涛、向秀、王戎、刘伶,以及阮籍的侄子阮咸。因为他们七个人都隐居在山阳(今河南修武县),而且又都喜欢在竹林里游玩、喝酒、写诗作文,所以被世人称作"竹林七贤"。

在"竹林七贤"的主要聚集地山阳,嵇康一住就是二十年。在此期间,他往来于首都洛阳等地,还曾经在洛阳和向秀一起打过铁。他的妻子是曹操之子曹林的女儿,他也算是魏宗室的成员,曾官至中散大夫。司马昭篡魏后,嵇康极其不满司马氏集团对曹氏宗亲的杀戮,非常厌恶他们用虚伪的正统来标榜自己。

"竹林七贤"中,能够和嵇康称得上至交的,只有阮籍与山涛。嵇康虽与阮籍情投意合,但不像阮籍那样喜怒不形于色,远离是非,处处装疯卖傻。嵇康言行坦率,有棱有角,疾恶如仇,很容易感情用事。

嵇康也意识到了这一点,因此他对自己的子女颇不放心。他写的《家戒》这篇文章可以说是用心良苦,他说:"对长官要尊敬而勿亲密,往来要有分寸;不要知道人家的私事,以免给自己招惹麻烦;不要与人争执,要学会醉酒装糊涂。"而他自己,却由于对司马氏集团的极端痛恨,早已把生死置之度外了。

一次,司马昭的心腹钟会别有用心地去拜访嵇康,想借此请教他,并与名士联络关系。而嵇康却崇尚自然,他看不起这些为司马氏集团效力的文人。当时,嵇康与向秀正在大树下打铁,看到钟会来了,向秀便故意把风箱拉得很响,嵇康也装作奋力挥锤的样子,谁也不去理会钟会。

钟会没趣地站了一会儿,只好转身走开。这时,身后传来嵇康充满奚落的追问:"何所闻而来?何所见而去?"钟会受此耻辱,又不甘示弱,只好回答:"闻所闻而来,见所见而去。"嵇康这种我行我素、丝毫不予周旋的脾气,就此种下了祸根。

嵇康的好友,"竹林七贤"之一的山涛,做了晋朝的高官之后,曾经要引荐嵇康做晋朝的尚书吏部郎,而嵇康立即写信给山涛晶断然拒绝,表明态度。这就是著名的《与山巨源绝交书》,巨源是山涛的号。信中痛斥了晋王室的所作所为。

事实上,嵇康未必真的要与山涛绝交,他不过是借此发泄自己的情绪,山涛也未必把绝交真当作一回事。这封向世族儒教宣战的书信传扬开去,更使司马氏把嵇康这样的人视为眼中钉,他们决心除掉他给其他知识分子以示警诫。终于,嵇康的好友吕安被诬,嵇康为其辩护,后遭钟会构陷入狱。司马昭本来还要指责他图谋反叛,要山涛出来做证,但山涛不承认有此一事,这项罪名才没有成立,不过司马昭还是把他公开处决了。

在狱中,嵇康终于反省到自己的冥顽粗心、狂傲不谨,于是写下了著名的《悲愤诗》。临刑前,嵇康从容地弹了一曲他一向珍爱、从未传人的《广陵散》。悲壮的曲调使当时聚集在东市刑场上的三千多名太学生感动得落泪。嵇康死时年仅40岁,他死后,《广陵散》失传,成了绝响。

嵇康一生写了许多诗文,其作品在社会上广为流传,但因为他的诗语言太过尖锐,当时编选文集的人剔除了他的许多作品。在梁朝时其作品有十五卷,到宋朝以后就只有十卷了,现今保存在《嵇中散集》中。

阿斗乐不思蜀

司马昭摆平了魏国的内部争斗,就开始实施统一天下的计划,首先就是要灭掉蜀汉。

当时的蜀汉,在诸葛亮在世时,刘禅事事听从他的安排;待到诸葛亮一死,刘禅顿时失了主心骨,不知道该怎么办。刘禅宠信宫中的一名叫黄皓的宦官,自己却不理国事,只知道寻欢作乐。而蜀汉大将军姜维,则屡屡出师伐魏,一心想着恢复中原。他不顾将士疲劳,连年征战,使得百姓们的负担极重,叫苦连天。

司马昭见伐蜀的机会已到,于是派钟会率领十万人马攻打蜀国。姜维接到情报后,马上报知刘禅。刘禅正与黄皓在宫中游玩,接到报告后问身边的黄皓:"魏国派大批人马进攻我国,我们该怎么办?"

黄皓说:"陛下放宽心,听说城中有一个师婆,能测吉凶,可以召她来问问。"

刘禅命黄皓用小车把师婆接到宫中,然后在后殿陈设香花纸烛,焚香祝告。那师婆披散头发,赤着双脚,装模作样,嘴里还念念有词:"我是西川土神,陛下太平无事,几年后,魏国疆土也归陛下,可不必忧虑。"

刘禅听后,非常高兴,命人重加赏赐。自此之后,他再也不听姜维的话,只与黄皓在宫中宴饮作乐。姜维的告急文书,都被黄皓收到后藏了起来,刘禅一心玩乐,竟毫无察觉。

魏国大将钟会、邓艾等,兵分多路,浩浩荡荡杀向蜀国。蜀国虽有大将姜维、张翼、廖化等人,但因黄皓听信巫师之言,不肯发兵,最后寡不敌众,只能退守剑阁(在今四川剑阁县东北)。由于剑阁地势险要,魏军一时也无法攻破。

邓艾见蜀军主力守在剑阁,于是让其子邓忠带了五千精兵,不穿铠甲,手执斧凿器具,从高山峻岭中强行开出一条小道,然后他带兵神不知鬼不觉地直奔蜀国都城成都。

刘禅在成都接到探子飞报,说邓艾已率军兵临城下,城外百姓扶老携幼,痛哭逃生。刘禅惊慌失措，竟然不顾群臣的反对，命人写降书、树降旗。刘禅的第五个儿子，即北地王刘谌，见父亲如此昏庸，于是一家五口悲愤自尽。

第二天，刘禅自己绑着双手，带领大臣们向邓艾投降。消息传到剑阁，死守在那里的官兵大惊失色，不禁号啕大哭，号哭之声，震天动地。

邓艾攻克成都后，姜维假装投降钟会，企图挑起钟会与邓艾间的矛盾。最后，在混战中，邓艾、钟会、姜维都相继死去。

司马昭见成都混乱，便命人把刘禅接到洛阳，封他为安乐县公，赐给他金钱、美女、住宅。刘禅安下心来，渐渐忘了亡国的痛苦。

一次，在宴会上，司马昭命蜀人上场演蜀戏，蜀国官员触景生情，一个个低下头去，想想国破家亡，自己做了俘虏，还在敌国观看家乡戏，不由得滴下泪来。唯独刘禅，抬着头看得非常起劲。司马昭对贾充说："人之无情，竟会到这种地步，即使诸葛亮还活着，辅助这样的主子，国家也是不会长久的，更何况姜维呢！"

后来，司马昭问刘禅："你还想念蜀国吗？"刘禅不假思索地回答："在这里真快乐，我已经不想蜀国了。"成语"乐不思蜀"就是这么来的。

刘禅身旁的大臣郤正乘着上厕所的时机，对刘禅说："以后如果晋公（指司马昭）再问陛下是否想念蜀国，陛下可回答说'先人的坟地都远在蜀地，我的心里每时每刻都在牵挂，希望有朝一日能回去探望'。这样，晋公或许会放陛下回去。"

刘禅点点头，牢牢记住了这些话，待到司马昭又一次问刘禅是否想念故土时，刘禅微闭眼睛装着哭泣的样子，以郤正的话作答。

司马昭说："这话不像是你说的，倒像是郤正说的。"

刘禅一下了睁开眼睛，惊讶地说："你怎么知道的？"周围的人见此情景都笑了起来。

后来，人们便用"扶不起的阿斗"来讥讽那些昏庸无能而又自甘堕落的人。